U0783308

张颂 主编

应用主持艺术系列丛书

非节目
主持艺术

（第3版）

◎ 郭红玲 杨涛 编著

中国广播影视出版社

编 委 会

主　编　张　颂

策　划　王克瑞　陈　振

编　委　宿春礼　邢群麟　廖春红

　　　　于海英　齐艳杰　焦　亮

　　　　申　楠　姜　波　王光波

　　　　白雯婷　吕凯丽　张　娜

主编的话

应用主持艺术系列丛书是一套启蒙性、应用性、探索性、研究性的读物，适合于爱好者、从业者、管理者、研究者了解、体味、借鉴、参考。

主持人是公众人物，在各自的岗位上默默耕耘、登堂入室，付出了心血，贡献了力量。那个中甘苦、成败得失，日益引起社会的关注。他们肩负着传播先进文化的历史使命，他们加入了国际传播媒体的激烈竞争。中国的主持人一定会以"德才兼备、声形俱佳"自律，一定会积累更丰富、更深刻的经验，继承创新，凸显特色，走向世界。

主持人是一个很受人们关注的职业，很多年轻的朋友希望自己也能够成为一名主持人，电视台的不少栏目常常因为主持人的走红而家喻户晓。不少主持人随着广播电视节目走进了千家万户。随着广播电视媒体的发展，主持人已经成为一个十分引人注目的职业。主持人队伍也日渐扩大。

21 世纪我国的广播电视事业将会有一个更大的发展，主持人这个行业将受到人们更多的关注，主持人这个职业也需要更多的新人来加入。很多人想知道什么样的人才能成为一个主持人？主持人需要一些什么样的素养、能力、知识？成功的主持人是怎样主持节目的？主持人本身应该怎样提高自己的综合素质？

应用主持艺术系列丛书，对主持人的口语表达艺术、主持人的节目策划艺术、主持人节目驾驭艺术、主持人场景应对技巧、主持人的形象塑造艺术、非节目主持艺术等方方面面进行了较全面的介绍。对想走进主持人队伍的读者来说，这是一套启蒙读物，对初踏进主持人行业的人来说是一套非常实用的教材，对想了解主持人这个行业的人来说，读一读这套丛书，会使你对主持人这个行业有较全面的认识。

　　愿这套书受到大家的欢迎和喜爱。

北京广播学院播音主持艺术学院教授、博士生导师　张颂

2002 年 11 月 6 日于北京广播学院

前　言

非节目主持，顾名思义，即节目主持人主持广播电视播出节目之外的活动，比如仪式、比赛、舞会、舞台主持等。这种非节目主持是相对于节目主持而言的，通常的节目主持是主持一些广播电视播出的节目，有常年固定的栏目，也有一些即时直播或录播的特别节目。

不管哪一类节目，它的主持人都有一些符合节目和媒体需要的特点，只不过在面对的任务、主持技巧、仪表等方面有着诸多不同，主持非节目活动的主持人更贴近生活的实际需要，所以某些方面要求更高，比如贴近生活和特殊场合下的规则和礼仪；某些方面要求低一点，比如长相是否上镜，是否符合大众化的审美观点；等等。

中国人是个十分重情感、重交际的民族，在元旦、端午、中秋、国庆等重大节日都要举行一系列庆祝活动，在婚丧嫁娶、寿辰等人生大事上都要进行庆祝或哀悼仪式，在工作上根据需要会有开业剪彩、洽谈会、展览会、赞助会、茶话会等各种活动，这都需要主持人来总览全局，把控节奏。活动不同，主持人所要具备的素质和能力也会有所不同。

鉴于目前市场上没有一本这方面的专门论著，因此我们特意编著了这本书，以飨读者。为了增加本书的实用性，我们在全书的编写中以突出实用的主持需要为主体，加入了许多生动的案例，以便读者可以根据自己的实际需要有针对性地参考。

应用主持艺术系列丛书编委会

目　录

第一章　非节目主持的角色定位和特点

第一节　非节目主持与节目主持的区别 / 1

第二节　节目主持和非节目主持的相通之处 / 3

第三节　非节目主持必需的素质和要求 / 13

第二章　非节目主持的语言艺术

第一节　主持人的语言通用的规则 / 19

第二节　非节目主持的用语技巧 / 32

第三节　非节目主持的称谓用语 / 60

第四节　非节目主持的身态语言艺术 / 74

第三章　舞台主持

第一节　文艺晚会——主持人的又一舞台 / 84

第二节　舞台主持实务与技巧 / 97

第三节　舞台主持程序借鉴与实例欣赏 / 106

第四章　商务典礼主持

第一节　如何主持签约仪式 / 135

第二节　如何主持开业仪式 / 141

第三节　如何主持剪彩仪式 / 151

第四节　如何主持交接仪式 / 160

第五节　如何主持庆典 / 167

第五章　聚会与会议主持

第一节　聚会主持 / 175

第二节　商务会议的主持 / 184

第三节　洽谈会的主持 / 192

第四节　新闻发布会的主持 / 201

第五节　展览会的主持 / 210

第六节　赞助会的主持 / 219

第七节　茶话会的主持 / 223

第六章　婚丧祝寿活动主持

第一节　如何做一个成功的婚礼司仪 / 231

第二节　如何主持好祝寿活动 / 244

第三节　如何主持丧礼 / 251

第七章　舞会主持

第一节　舞会的组织和筹备 / 260

第二节　熟识舞会的流程 / 264

第八章　宴会主持

第一节　宴会的性质、规格和形式 / 268

第二节　宴会的组织和筹备 / 270

第三节　主持宴会的程序 / 279

第四节　如何致辞 / 281

参考文献 / 294

第一章

非节目主持的角色定位和特点

第一节　非节目主持与节目主持的区别

非节目主持也是广播电视节目主持人工作的一部分，有时节目主持人也会因为工作的需要被安排或被邀请去主持一些晚会、仪式或其他文体活动。主持人不能因为觉得自己是主持艺术的行家里手而等闲视之，因为非节目主持与节目主持在很多方面都有不同之处。

一、非节目主持更强调现场感

广播电视中播出的节目很少有真正的现场直播，大多数都是录像，所以主持人在主持节目的过程中如果出现了一些情况或问题，还可以删去或更改，甚至重新录制。而主持任何活动和仪式就不一样了，它是现场活动，只有一次机会，不管你事先准备得如何，如果在主持过程中出现问题，往往无法弥补。

二、非节目主持面对的是小众

节目主持面对的是公开的场合，是成千上万的观众，代表的是国家的宣传部门，主持人说话时要有高度的政治性、寓教于乐性、广泛性，并注意受众文化程度的普及性等。但非节目主持时，主持人面对的是小范围的人，这种对象感很强，正所谓"见什么人说什么话"。小众还可有其独特性，比如都是从事同一职业的，或都是同样年纪的，而且参加非节目主持活动的人员彼此之间多有某种关系，相识甚至是熟识。这种情况下，非节目主持的主持人说话就要更有针对性。

三、对非节目主持与节目主持要求的侧重点不同

节目主持人主持的是节目，要注意节目的艺术性和可观赏性；非节目主持人主持的是活动或仪式，要符合组织者特定的目的和意图，甚至是商业意图。

两者目的不同，所以对主持人的要求自然有差别。一般节目的主持人都会对形象有一定的要求，比如是否上镜，是否长得漂亮可爱，是否有亲和力，等等；而主持活动或仪式的非节目主持人，只要符合特定的需要就可以了，而且符合这种需要的人可能是相关的领导或负责人，也可能是某公司或企业的代表、接待人员，所以不能以是否上镜、是否符合大众审美需要为标准。当然，非节目主持人也要求五官端正。在服饰上，相对节目主持人，非节目主持人的选择相对自由一些，既可以穿出自己的个性，也可以根据仪式或活动现场的要求来选择，只要使自己的服饰、仪式与活动和谐统一即可。

四、非节目主持人的主持只是一次"客串"

节目主持人将主持当作一种职业，职业必然有职业要求和职业习惯，这些要求和习惯是模式化的，需要长期的磨炼和积累。

职业习惯是一种宝贵经验，但如果用在不恰当的地方，就会被人戏称为"职业病"。比如播音员平时说话过于规范，字正腔圆、一板一眼，而缺乏口语化；或者有些主持人在主持节目时一口港台腔，平时说话也油腔滑

调。而非节目主持人在主持活动或仪式时的表现，是由这次活动的性质、类型等因素决定的，因此很难确定其风格和状态。同时，对职业主持人也必然有职业上的要求，比如普通话的水平、注意舆论导向，等等，而对非节目主持人在这方面的要求就不是那么严格了。

五、非节目主持程序化较强

节目主持千变万化，要出新、出巧，不断迎合观众欣赏口味的发展，所以往往是花样越多，技巧越多，带给观众越多新鲜感越好。而非节目主持的活动往往要求比较固定，虽然也需要现场的气氛，但并不一定以出新出巧为第一目的。

第二节 节目主持和非节目主持的相通之处

非节目主持同样需要技巧，它和节目主持一样是一门艺术。在仪式或活动现场，仪式或活动组织者所有的心血将在这里凝结成果实，所有的精心准备和努力将在这里得到检验，而非节目主持人的综合能力也将在这里得到集中的体现。因此，一次成功的主持，靠的不单单是对主持的方法、技巧的熟练掌握，而是对主持艺术规律最有效的实践，和对主持中物我及各种关系最准确的把握。

一、主持人都要自然大方

主持人不应该也不可能去超越自身、去曲意地"演"节目。主持的真实性，要求主持人时刻以听众和观众熟悉的或认可的本来面目出现在节目中，其性格、情趣、习惯都是自己本身拥有的，而绝不是装模作样的产物，也不是对某个明星主持的机械模仿。听众和观众需要的，是一个实实在在、可亲可信的主持人形象，他们期待出现的是一个熟人、朋友、知音，而不希望是一个"相见不相识"或"相识不相知"的陌生面孔，否则就难以交流。即使是舞台主持，主持人的音容笑貌也应该具有自然的本色，让观众的心理所接受、所融合。我们常常可以听到或看到有的主持人在声音语言或服饰举止上刻意"乔装打扮"，故作姿态，这样会使原本已为听众、观众熟悉的形象变得似是而非，拉大主持人与听众、观众的感情距离，这样听众、观众感受到的就不是一种直接的互相交流，而是自作多情的"做戏"。

其实，主持人要做到坚持本色，并不是一件简单的事。"本色"，本义是"本来的面貌"，在这里不仅指主持人的"本来面貌"，也包括主持人主持当中一切言谈话语的"本来面貌"，不言过其实或哗众取宠。这一点尤其重要，因为主持的形式归根结底是依存于语言的，得失、高低成败，一切都在语言上得到反映。恰恰在保持语言运用的"本色"这一点上，我们常常可以挑出一些不足之处。例如，在两人交谈式的主持中不难听到这样的设计：其中一人先问："哎，不知道今天你为朋友们安排了什么节目？"另一位便开始一五一十地介绍起节目来，其实，问者是明知故问，因此这样的节目开头多少会给人一种不真实感。还有一种情况是一方故意装傻，一问三不知；而另一方则大显才智，无所不知、无所不晓，这同样是不真实的。以上两种情况，都是主持人"操演"意识下的结果。

二、主持人都需要敏捷的思维和应变能力

主持活动，从某种意义上来说是对主持人心理素质和应变能力的一种检验，尤其是一些大型活动的主持，难免会遇到一些始料不及的情形。例如，尽管主持人的串联词设计在前，尽管案头工作做得十分周到，但突如其来的意外或变化总是会给主持人出难题。在这种变化莫测的考验面前，主持人必须以冷静机智的态度、临阵不慌的心态和随机应变的能力去"力挽狂澜""转危为安"，使节目出奇制胜。

现场性强的非节目主持人更需要这种素质。有时候，主持人还可以巧用这种突发的情况作为活跃气氛、强化情趣、创造意境、升华格调的难得契机。

上海人民广播电台的著名主持人陆澄，曾经在一个容纳六千多人的体育馆主持某大学艺术节开幕式联欢会的时候，经历过这么一种情形。当校方的主持人对陆澄做了介绍后，陆澄便手持有线话筒走向场地中心。从场外走向场中央有一段距离，没想到长长的话筒线事先未做整理乱成一堆，陆澄只好一边拽线一边前行。这"亦步亦趋"的入场姿态引起了场内大学生观众善意的、轻松的笑声。见此情景陆澄便马上提起话筒说了这么一句话："看来，咱们感情的纽带实在是难分难解啊！"顿时全场响起了掌声。

这题外的一句"开场白"不仅起到了解嘲、圆场的作用，还为下面的正式主持奠定了良好的情感和气氛的基础，也奠定了主持风格的基调。

一般来说，任何活动主持之前都有一个准备的过程，通常称为"案头工作"。充分细致的案头工作将为现场的主持铺设一条通达理想境界的阳关大道。通过前期的准备工作，主持人可以构思一个主持的方案：什么时候说什么，怎么说，等等。根据这个方案，主持人就可以从容上阵，有板有眼地施展一番了。

然而，事情并不全都那么顺心如意。即使你案头准备得十分充分，难以预测的偶发因素也随时可能跳出来，打破你"照本宣科"的计划；但活动进行中出现的这些意外，又恰恰为你的主持提供了绝佳的即兴创作机遇，给了你展示自身优秀主持才能的空间，因此主持人尤其是非节目主持人绝对不要满足于说"现成话"或"背台词"，而要在主持过程中带着一种强烈的创作意识，审时度势，把握机会，做好临场发挥。

临场发挥往往被看作是一种无意的成功，是经验、灵感加"小聪明"的产物，"可意会不可言传"。其实不然，所谓"临场"，固然是难以预料的，有一定的偶然性。但既然是"发挥"，总有一定的前提条件和客观因素作引导，存在一定的必然性。准确的理解应当是，所谓"临场发挥"，是主持人知识面、敏感度和思辨力碰撞出的智慧火花，它是有方法、可言说、能操作的理性的结晶。

"临场发挥"应当遵循这样一条原则，就是必须贴近节目或活动的主旨内容，完善节目的艺术效果。我们不赞成那种信口开河、离题万里的耍贫嘴，更反对无病呻吟、故作姿态的卖乖。

三、主持人都要具有组织和协调能力

主持人的组织协调能力，就是主持人在主持中通过语言、行为、思想、情感来影响和感染听众或观众，掌握控制整个节目或活动的进程和质量，客观地展示主持才华，实现自身价值，从而得到听众或观众认可的能力。一个没有组织协调能力的主持人，可以说不是一个合格称职的主持人。

主持人的组织协调能力，首先体现在主持时懂得立足于活动的最高点，主动地把握活动的总脉搏，不断地把自己的所思所感渗透到活动中，丰富活动的内涵，深化活动的主题，渲染活动的气氛。这种协调不仅是锦上添花、画龙点睛，有时候也能起引航指路、转轨定向的作用。因此，非节目主持人的这种"参与"，说到底是由主持人的职责所决定的，主持人既然"在其位"，当然就要"谋其政"了。

主持人的组织协调能力，还体现在主持时要讲究主持风格与活动整体的融合性。主持人的组织协调能力，是通过参与活动全过程来实现的，参与的内容应当是活动的一个有机组成部分，参与的分寸一定要恰如其分，恰到好处，而绝不是在"自我表现"欲念的支配下为"参与"而"参与"，为说话而说话。如果这样的话就会弄巧成拙，适得其反，就不是"锦上添花"，而是"画蛇添足"了。"参与"也是一种艺术，掌握不好"参与"这种艺术，就会使"参与"变成"掺和"。有的主持人在"参与"时容易喧宾夺主，将本该由别人说的话一揽子"承包"过来，或者将事先准备好的一大堆话一厢情愿、不切实际地强行穿插表述；有的主持人为了显露自己主持技术的老练，过多地插科打诨、哗众取宠；有的主持人则总结出一套固定的"参与"模式，比如在采访中经常说一些"您说得太好了，我代表广大的听众（观众）向您表示感谢"之类的套话，或是在晚会的主持中，无数次地重复"让我们掌声欢迎"这种听起来特别空洞、单调的套话。诸如此类的"参与",实际上破坏了节目的纯度和浓度,同时也会损害主持人的形象。

无疑,非节目主持当中的参与,不纯粹是个态度或意识的问题,它归结为一种实际技能,这种技能也是有规律可循的。

四、节目主持和非节目主持的其他共性

(一)好的开始是成功的一半

在主持节目或活动时,主持人既是组织者,又是指挥者,是统领、引导、推进活动进程的人。从这点来看,主持就像下棋一样,"开盘布局"特别重要,它为后面的纵横驰骋奠定了基础。因此,主持人在主持时特别讲究开场白的"先声夺人",第一句话就要说得新颖、新奇,才能抓住受众的心神,激起受众的好奇心,让他们有继续听下去的兴趣。当然,要做到这一点,需要主持人发挥自身各方面的优势,来强化活动开头的效果。

活动的开头是主持人的第一次"亮相",是活动风格基调的"定性",是与听众或观众情感兴趣的"接轨"。好的开头就是一封漂亮的"介绍信",使听众或观众对主持人"一见如故";好的开头也像一针"兴奋剂",激起听众或观众对活动的极大兴趣;好的开头更是一块"吸铁石",牢牢锁住听众或观众的目光。俗话说得好:"好的开始,是成功的一半。"根据这样的客观规律,有经验的主持人特别舍得在活动开头花力气做文章,讲究情、趣、意、味兼具,力求观众对活动的开展有一个良好的印象。

对晚会、宴会等活动的现场性主持,更是要力求在开头博得笑声和掌声。当然,我们不赞成以哗众取宠的手法去取悦观众,赚取廉价的笑声和掌声。良好的主持效果必须牢牢地建立在一定的艺术格调基础上,那种以故作姿态"搔胳肢窝"的方式来寻求"效果"的做法,只能亮一个"华而不实"的"相",这不是主持人所需要的。

(二)相辅相成,才会成功

不管是节目主持,还是文体活动的主持,一般都习惯用两个或两个以上的主持人,这样便产生一个配合的问题。从总体上讲,合作的各方应该

扬长避短，相辅相成，珠联璧合，形成一种独具特色的组合优势；相互间应是一个不可分割的有机体，而不是"一加一"的几个部分。

要达到这样的默契，主持人需要对两个方面多加注意：

一是语言风格的和谐。以男女合作主持为例，一般说来，人们比较注重声音色彩的统一，中音和中音相搭配，高音和高音搭配。主持人音色的统一固然有它的完美性，但音色的同类型并不是男女主持人搭配的唯一标准。浑厚深沉的男中音未必不能与柔婉清丽的女高音构成最佳搭档，关键在于语言表达风格的有机融合，尤其要根据活动的性质、宗旨、风格等个性特征，设计好与之相适应的主持人的总体形象，然后男女主持人结合自身的条件，确立彼此能够互补的声音形象。

二是表达上的彼此呼应，现场主持还要考虑到主持人神情姿态的相互映衬。无论甲方还是乙方，都应该有一种"绿叶扶红花"的意识，积极主动地为对方"铺路搭桥"，近似相声的捧哏艺术，只是主持人之间互为"捧场"。特别是当一方出现临时意外情况时，另一方应当及时地帮衬"解围"。

（三）都需要情感的交融

人都是感情动物，优秀的节目都是在某种情感上和观众产生了共鸣。毫无疑问，我们掂得出一个"情"字在活动或仪式主持中所含有的分量。关键是我们要有一种强烈的"体现"和"运用"的意识。是的，"真情"如涓涓溪流，应当伴随"实意"自然流淌。但要想使你的主持更有感染力，就必须在主观上积极寻觅动情点，去推波助澜，渲染催化观众的情绪。

中央电视台春节联欢晚会，年年求新意、出新招，唯独有一"招"经年不变，就是在整个晚会当中安排几个情感亮点，掀起若干气氛高潮，真所谓"感人心者莫先乎情"。

到那时／中国的面貌将会被我们改造一新／到那时／到处都是活跃的创造／到处都是日新月异的进步／欢歌将代替了悲叹／笑脸将代替了哭脸／富裕将代替了贫穷／康健将代替了疾病／智慧将代替了愚昧／友爱将代替了仇恨／生之快乐将代替了死之忧伤／明媚的花园将代替了暗淡的荒地……

2019年中央电视台春节联欢晚会上，一首散文朗诵《可爱的中国》，就是当年春晚最大的"动情点"，打动了全国十几亿观众及海外华侨的心。

优秀的主持人都会在主持的过程中恰当地表达自己的情感。在广播电视节目的主持当中，去努力发掘并发挥情感因素，不失时机地把友善的种子播撒在听众、观众的心灵空间，让它结出节目主持的成功之果。有经验的主持人往往就是这样的"播种者"和"收获者"。

央视著名主持人张越在这方面的实践给我们提供了很多宝贵的启示。在某一年的《爱及心灵》保护动物慈善晚会上，张越作为主持人，细腻地捕捉了每一个动情点，用自己的一腔热忱去激发观众心灵的火花。在晚会的高潮时，她道出了晚会组织者们的心声："经常有人问为什么要去救动物？中国还有那么多人的事情还没有处理好？我不相信一个残害动物的人可以对人好。在这个艰难的世界里动物是最弱势的一群，当他们被残害的时候，连申诉的能力都没有。是人的贪婪导致动物的受难。如果你相信因为你比动物有力量就可以随意处置他，那一定有一天会有一个比你更有力量的生命来随意处置你。"

张越这一番真诚的话语，拉近了晚会主题和观众之间的距离，让人不禁深思保护动物的重要性，全场报以热烈的掌声。

这种善解人意的情感行为在竞赛性活动的主持中，同样显得尤为重要。比如在激烈的角逐中，当一方失误或失利时，主持人的几句"情语"，一声安抚，无异于夏日清风、腊月暖阳，给人以无比的温馨与慰藉。

非节目主持人需要这种"以情动人"的机会和方式是很多的，尤其在舞会或在婚丧嫁娶等仪式活动中更需要以情感激发人，打动人。

（四）要有急救能力，该出手时就出手

主持人不但要机智，还要有急智，在戏剧表演领域里流传一句名言——"救场如救火"。在现场性的非节目主持当中，主持人不得不备一手"救火"的本领。来自活动、合作者、参与对象、听众观众等方面的意外情况随时都可能给你来一个突然袭击，给你的主持艺术带来巨大的考验，这时你该怎么办呢？

中央电视台著名节目主持人、我国第一代电视工作者陈铎说得好："主持人的头脑，也许就该是一部好的计算机，需要在极短的时间里超前快速

运转、判断、决策、行动。"陈铎说的这种"计算机效应",体现出主持人必须具备一种良好的专业素质和高超的实践技能。

不过,主持人不仅要具备"救火"的实际本领,更要有高度的责任心。很多时候,主持中突如其来的意外情况并不牵涉主持人自己,主持人"隔岸观火"也无妨,但从活动的全局来看,"城门失火"可能"殃及池鱼",如果主持人处理不好这些意外情况,自身的专业度就会大打折扣,因此主持人应当时刻抱有"赴汤蹈火"的责任感。

2018年湖南卫视春节联欢晚会上,有一个念赞助商名字的环节,交由何炅、杜海涛和梁田合作主持。

何炅按照计划问杜海涛:"你看这一年啊,这个工资啊、奖金啊,你现在可能还能拿到长辈的红包,这钱你放到哪儿你觉得最平安?"

杜海涛赶紧回答说:"我小时候是放在枕头底下、日记本里啊,但大家应该都有这个感觉——慢慢就忘了,现在呢肯定是存到银行里,特别是有着110年历史的招商银行里。"

听到这个答案,何炅马上意识到不对,再问了一遍:"招商银行?"然后拿起手中的台本核对。

杜海涛这时还没反应过来,一旁的梁田却反应过来了,马上补了一句:"交通银行。"

杜海涛这才反应过来,看了看手中的台本,然后一脸惊恐:"哎呀,哎呀,完了,完了!"

这时梁田又赶紧救场:"我跟你讲,梦辰刚刚特意叮嘱我,她有一张交通银行的卡,交通银行的卡,这张!"边说边从身上拿出一张交通银行的卡来。

何炅也赶紧救场,质问海涛道:"你是不是还有别的银行卡没告诉我们?"并让杜海涛说三遍"交通银行"。

杜海涛也赶紧弥补自己的失误:"交通银行,交通银行,交通银行,有着110周年的交通银行,有着专业的财富管理能力,以及优质的服务……"

在杜海涛口误的情况下,梁田赶紧拉出杜海涛的女友沈梦辰来救场,顺理成章地念出赞助商的名字,而何炅也故作生气地质问杜海涛,惩罚他重复赞助商的名字,这才把这次失误圆了过去,巧妙地化解了现场尴尬的气氛。

如果说何炅和梁田这次"圆场",是通过感人和幽默而巧妙化解了尴尬的气氛,那么董卿在上海浦东主持一次活动时,则完全是通过自身的才华排除了一场"危在旦夕"的"险情"。

在浦东的一场活动中,眼看活动流程到了该某个女明星出场唱歌的时候,但等了20分钟都迟迟不见那位明星的踪影。

在长久的等待中,观众开始显得不耐烦。更有甚者开始把目光转向现场主持人董卿:"董卿,你唱一个吧。"一听这话,董卿立刻机智回应:"不行的,主持人是说得比唱得要好听。如果今天我唱了,明天各大报纸会说董卿说不好,只能现场卖唱了。"台下观众仍旧不肯罢休。于是,董卿大方地说:"那这样,我给大家出一道脑筋急转弯,答对了我就唱。"后来,眼看出题也无法拖延时间,董卿清唱了《但愿人长久》。虽然不是专业歌手,但她的歌声也让在场观众欢呼不已。唱完歌,董卿还现场调侃道,是那位迟到的女明星给了她唱歌的机会。

董卿的才华和机智既缓解了现场气氛,又给明星留足了面子,解除了活动中出现的"险情"。

要做到把活动或仪式主持中的意外等不利因素防患于未然,主持人必须时刻保持清醒的头脑,对主持中的各种情况明察秋毫,以不变应万变。

在《我是歌手》第三季总决赛时,歌手孙楠在参加完第一轮竞赛时,突然提出退赛,打了节目组一个措手不及,要知道这次总决赛是直播不是录播,这种突发情况实在是太考验主持人的临场应变能力了。好在汪涵脑筋转得快,思考几秒钟后,立即站出来说道:

"既然我是这个舞台的节目主持人,接下来就由我来掌控一下。

"首先请导播抓紧时间为我准备一个三到五分钟的广告时间,谢谢!我待会儿要用。接下来我要说的这段话有可能只代表我个人的观点,而不代表湖南卫视的立场。我从21岁进入湖南广电,所以我觉得我自己身上的很多优点和很多缺点似乎都打上了湖南广电的很多烙印,包括所谓没事儿不惹事儿,事儿来了也不要怕事儿。

"一个节目主持人在这么大一场直播当中,遇到一个顶尖的歌手、一个顶梁柱一样的歌手，突然宣布退出接下来的比赛，我想应该是摊上事儿了，甚至是摊上大事儿了。但是说实话，我的内心一点儿都不害怕，因为一个成功的节目有两个密不可分的主体，除了这个舞台上的七位歌手之外，还有电视机前的亿万观众和现场这么多的观众。

"我之所以不害怕，是因为你们还真诚地踏踏实实地坐在我的面前，我还可以从各位期待的眼神当中，读到你们对接下来每一位要上场的歌手他们即将演唱歌曲的那一份期许。我还可以从各位的姿态当中，感受到你们内心的那种力量，这个力量足够给楠哥，给红姐，给 The One，给李健，给维维，给黄丽玲，给所有的歌手，给彦斌，已经准备好了，会有千万个掌声要送给他们。楠哥不信，你听。这是我要说的第一层意思。

"第二层意思我想表达的是，我虽然不同意楠哥的一些观点，但是我誓死地捍卫您说话的权利。所以刚才我由话筒听到那一段的时候，我并没有试图打断您要说的话，虽然我可以这么做。其实每一位歌手来到这个舞台，他都有权利选择我来或者是不来。当然，您自然也有权利选择在您认为是对的时刻，依着自己认为对的那个心情做出你要离开的这个决定，所以我相信我们应该尊重一个成熟男人在这一刻做出的决定。当然，我们在这里提出一个希望和请求，就是希望您以一个观众的身份继续坐在这个地方，来看你最爱的弟弟妹妹们向歌王的舞台进军，我也相信我们现场的500 位大众评审已经做好了准备，用掌声来接纳这位不期而至的观众，不信，你听。

"接下来，对我个人，一个主持人不可能有这么快的反应速度，不可能有这么大的权利，来调整接下来因为楠哥的退出而要改变比赛的规则，因为有一个歌手要退出，所以比赛规则要做出相应的改变，所以有请导播在这一刻放三到五分钟的广告，我要跟我们的制作团队，跟我们的领导一起商量，怎么样进行节目上和赛制上相应的调整。各位观众朋友，真的千万不要走开，真正精彩的时刻或许会从广告之后再开始。"

汪涵的这番临时救场台词，可谓主持人救场台词的典范之作，他首先确认事实，目的有两个：一是有明确责任方的意思，二是给自己思考应对的缓冲期；紧接着马上给幕后提出即时应变方案；然后借用自身的经历来渲染气氛，用情感来稳定局面，安抚剩余的歌手和观众，保证节目的顺利播出。

类似这样的"惊险故事"，很多主持人都经历过，但只有优秀的主持人才能巧妙地化解。毕竟，一个真正合格的非节目主持人不仅要在"顺境"中施展才华，更应在"风云突变"的情况下从容不迫，"危难之处显身手"，把"意料之外"的种种因素，都一一化解为"情理之中"的结果。

第三节　非节目主持必需的素质和要求

当代人才学理论十分注重人才素质结构。人的素质是生理因素、心理特点、知识修养、智商条件、品格境界等状况在言论行为上的综合体现。它是一个人事业成功的内因。机遇也好，"缘分"也好，外部条件"万事齐备"，人的素质这一"东风"如果不到，就难以开创事业的新局面；即使到手的成果，也可能"得而复失"。

主持人从某种意义上说是大众的楷模，素质的高低展露在一言一行、一笑一颦中，直接影响着个人形象的确立和对大众潜移默化的审美引导。更为重要的是，非节目主持是一项高标准、高难度的工作，它的现场性决定了出错的不可弥补性，而主持人素质的高低，又在很大程度上决定了所主持的活动的优劣成败。因此，从事非节目主持活动的主持人必须具备基本的素质条件，它包括心理素质、文化素质、交际能力、表达能力等，下面我们将分别加以阐述。

一、心理素质

某主持人平时潇洒豁达，巧舌如簧，而一站到台前，顿时判若两人，拘谨无措，张口结舌。我们不妨分析一下，是他表达能力差，连开场白都难以对付，还是他的准备工作没做够？恐怕都不是。这可以说是一种心理因素在作怪，力有余而"心"不足。我们通常把这种情况叫作"怯场"。

怯场，一般出现在初次登场者身上，然而上述主持人并非新手，为什么仍感拘谨呢？原因是他始终没有超越初时的心理障碍，从心理学上说，他没有破除"消极定势"，久而久之形成了条件反射，因此，便自然而然地"悸"上心头，产生心理负担了。这种定势往往会影响人随后的活动。相反，一个不断地给自己增强"心理免疫力"，心理素质好的新手，可能初次登场就无拘无束，挥洒自如，或者经过短暂的"怯场"阶段，很快就逾越了心理障碍，突破了"消极定势"。

一个主持人有无良好的心理素质，直接关系到主持的质量效果，尤其是在需要与受众"短兵相接"、即兴发挥的现场活动主持中，主持人必须具备良好的心理素质。譬如临场一个突发性情况的出现，就需要主持人"处变不惊"，并"力挽狂澜"，这不仅要求主持人有一定的临场经验和机敏的反应，更要求主持人有足够的心理承受力。

有一次国际"白玉兰"电视节群英荟萃音乐会上，当法国著名歌手多罗黛正款款地走向舞台中央时，音响设备突然发出来"哐"的一声巨响，在场的人顿时有些傻眼，场面十分尴尬，好在多罗黛在法国主持过少儿节目，对这种意外并不陌生，于是当即以特有的幽默举起双手，做了个打枪的手势。主持人曹可凡看到多罗黛的动作，也灵机一动，当即发挥道："多罗黛小姐，刚才是上海观众对您的到来表示欢迎，鸣礼炮一响。"话音刚落，全场就响起了阵阵热烈的掌声，一场尴尬也就消失得无影无踪。

曹可凡这几句"转危为安"的应变语，全建立在他从容不迫的心理状态上，如果没有良好的心理素质，平时纵有再好的口才，也会面露羞涩，语无伦次，狼狈不堪，以致"一失足成千古恨"。

良好的心理素质形成于鲜明的性格、坦荡的情怀、健康的动机和坚定的信心，当然主要的还是离不开扎实的专业基础做依托，这就是所谓的"艺高人胆大"。同时，我们也不难看出：主持人必须具备强大的心理素质，而这种心理素质的内涵，其实就是强烈的责任心和高度的工作热情以及充分的自信心。

主持人的心理素质是完全可以培养和锻炼的。除自身品格情操等方面的综合提高外，从心理控制方面说，主持人应该注意四个问题：

第一，主持时不要总想着自己，而把注意力高度地集中到内容上。"养兵千日，用兵一时"，一旦进入主持角色，不必患得患失，只想还一个真实的"我"给听众或观众，这样反倒显得平静自然了。

第二，不要太在意受众，不要老嘀咕受众满不满意，高不高兴，去观察或想象受众一个个变化莫测的表情。从这个角度上说，主持人要做到"目中无人，心中有人"，首先要经历一个"心中无人"的阶段。

第三，如果已经感觉到了自己的紧张，可以视为正常用以自慰，心里默念"正常发挥"并抓紧用语速的调节加以控制。

第四，未曾开口就已紧张者，可以做若干节拍的深呼吸，接着放松面部，未曾开口先做微笑状，然后从容道来。

除此之外，充分的案头准备、平时的心理锻炼等，也都对主持时心理的平稳，心理素质的提高有帮助。

二、文化素质

充足的文化知识与出色的主持，可以说是源与流、本与末的关系。

"问渠哪得清如许，为有源头活水来"。为了主持艺术"才"源滚滚，我们必须永不停歇地开凿文化知识之"渠"。

主持人的知识，不仅要力求"专"与"深"，还应求取"广"与"博"，有必要当一名"杂家""上知天文地理，下晓 ABCD"。主持人的知识储备越多，主持时越能得心应"口"。教育工作者常以"一缸水"和"一碗水"来比喻知识的储备和传授，对非节目主持人也是如此。知识的积累不是一朝一夕的事，"不积跬步，无以至千里；不积小流，无以成江海"。主持人要做一个敏感的"有心人"，除广泛地阅读书报杂志外，还要读"无字之书"，即要善于留心"窗外事""身边物"，哪怕是街谈巷议、道听途说，也可能酿造出真理的琼浆，提炼出知识的玉液。所谓"事事留心皆学问"，这样点点滴滴，日积月累，知识之"缸"自然会永远充盈，取之不尽了。

主持人还有一个获取知识的重要途径——与人交谈。俗话说得好：读万卷书，行万里路。著名作家麦天枢对此有新的诠释：不仅要读万卷书，行万里路，还要与万人说。在麦天枢看来，一个人读一万卷书和行一万里路的收获是一样的，而不是要人们两样都得到；同样，和一万个人说话的收获，也和读万卷书的收获是一样的。读到这样精辟的见解，总是使人豁然开朗。

主持人的学识和涵养是一种"内功"，它的"修炼"应当摒除杂念，"有意练功，无意成功"，知识的力量会自然而然地为你的主持推波助澜。主持人切忌把知识当饰物，拿知识来装点门面，附庸风雅，那种故作高深或者开口"OK"，闭口"拜拜"的"时髦"，不应该属于真正有文化底蕴的主持人。

三、交际能力

主持人的工作，实际上充满了人际交往的学问。由于主持人是以"我"的真实形象出现在公众面前的，就必然进入一个比较实在的交际环境，除了舞台现场与听众、观众的交流外，还有"幕后"的各种交往。采访就是一种最广泛的社会交际活动。我们在这里谈的交际，是完全脱离了低级趣味的交际，因为主持人的交际意识和行为应当建立在真诚、信赖、友爱、尊重的基础上。

主持人是大众的朋友、"情人"，因此必须心中装得下"五湖四海"，无论是"鸿儒"还是"白丁"，都要引以为友。在实际的交流交往中，主持人应做到不"仰视"名人，也不鄙薄平民，做到"四海之内皆兄弟"。要知道，在采访中往往许多精彩的内容和场面恰恰就在普普通通的人当中，而这些普普通通的真实情景一旦展现在非节目主持中，恰恰会成为最打动人心的内容。在非节目主持中，面对方方面面的人，这种交际能力显得尤为重要，这种能力是在生活中慢慢培养起来的。

四、表达能力

主持人的表达能力，主要指的是口头表达的能力。主持人的艺术，归根到底是一门口头语言艺术，因此出色的表达能力可以说是非节目主持人最基本也是最重要的能力。主持人的表达能力，可以从以下几个方面加以认定。

第一，是准确、敏捷地表达思维的过程。

主持人的语体风格与其他形式语言的不同，在于一个"快"字上。所谓的"快"，指两个方面：一是反应要快，也就是由信息的接受、解码到反馈的过程短暂；二是总体上语速较快，这个"快"的具体内涵，就是连一秒钟的停顿都不能有。说错了，往往是"君子一言，驷马难追"；说慢了，机会稍纵即逝，不能重来。有人把它称为"喉稿"，即需要脱口而出，连腹稿都来不及打。

主持人光靠"快"还不够，还要准确，不能信口开河，言差语错。这就形成了一对矛盾，主持人就是既要做到反应敏捷、语速流畅，又要做到言辞准确。其实语言反应敏捷与思维能力有关系，因为"语言是思想的直接现实"。然而思维发达的人未必就能做到语言的迅达，这毕竟需要在语言表达的基本功锻炼上下功夫。所谓的"台上一分钟，台下十年功"，那些在台上谈笑自如的"脱口秀"主持人，其实在台下都有着长期"磨嘴皮子"的经历。敏捷、准确的语言反应，和主持人台下的苦心积累、常备不懈有关。

当然，主持人要做到准确、敏捷地表达思维，还有一个重要前提，就是一定要"懂"，甚至"通"，对要主持的活动的内容、程序、礼仪都要清清楚楚。

第二，是生动形象地强化语言效果。

我们不难发现，人们总是格外喜爱这样的非节目主持人：一句话从他的嘴里说出来就特别有味道，常听常新，百听不厌。是的，一个具有卓越的表达能力的主持人，总会千方百计地丰富自己的语言储备，以便使自己的语言不单调、不枯燥，为听众或观众奉献更生动贴切、更富有趣味和内涵的语言表达。同样一个意思，但是换一种说法，就能使语言内容活生生地"立起来"，不仅可"闻"，而且可"视"。

语言表达的生动传神，来自主持人丰富活跃的形象思维。形象思维也是非节目主持人所应具备的一种能力。非节目主持从某种角度可以划归艺术的范畴，艺术创造离不开形象思维。形象思维可以从根本上为主持人的表达提高境界，强化感染效果。丰富活跃的形象思维不断地使主持人口头表达生动、新鲜、不落窠臼。

第三，是风趣幽默地体现主持风格。

风趣、幽默是人类精神的一种高尚境界，也是语言表达的一个"高难动作"。我们不难发现，主持人大多自觉或不自觉地追求着风趣幽默的表达风格。人们总是比较喜欢那些由"笑星"们客串主持的节目，原因就是他们手中握着"笑的武器"。

著名相声演员郭德纲在主持某次芭莎慈善晚会时，一上台就尽显他作为相声演员的幽默："我先要抱怨一下苏芒，她说这个事有十三年了，然后她第一次让我来，可能是觉得我知名度不够啊！"这幽默的口才立即逗得台下观众哈哈大笑，纷纷鼓掌。看到观众的反应，郭德纲继续发挥自己的幽默口才，说道："可能是这两天看我上热搜了，她把我叫来了。"这话一说完，台下的笑声和掌声就更热烈了。

主持人口头表达的准确、生动、幽默，被称为主持能力的三种境界，准确是基础，生动是升华，幽默是巅峰。而这三者的共同灵魂，便是一个"诚"字，"修辞立其诚"，好的语言必须以好的思想品德为依托，"言不由衷"是不会闪烁真理光芒的。总之，主持人应当以精神思想的磨炼为途径，在语言表达实践中从"准确"起步，以"生动"为动力，努力登临"幽默"的高峰。

第二章

非节目主持的语言艺术

第一节　主持人的语言通用的规则

主持人使用的词语中，有口语的，有文言的（当然要使用恰当）；有使用历史长些的，有比较新潮的；有意义相同而用法不同的，有用法相同而意义不同的；有意义和用法相近且修辞色彩也相同的，有意义和用法相近但修辞色彩不尽相同的；等等。通常，主持人选择使用词语的标准有三条：一是准确，二是简洁，三是有生命力。每个词语本身固然无所谓准确、简洁、有生命力，但是主持人将词与词组织起来，连成句，构成段，共同表达某个意思的时候，自然就会产生这样的标准。

一、说话要有针对性

俗话说得好，"看碟下菜，量体裁衣"，主持人在说话时要针对各种不同的观众、不同的境况讲出不同的针对性的语言，才能真正打动观众的心。

（一）针对年龄差异说话

由于不同年龄的人对语言形式的识别能力和对语言意义的理解程度不同，主持人在面对不同年龄阶段的观众，应该适应其不同年龄的特点而有所区别。

（二）针对性别差异说话

不同性别的人有不同的心理和习惯，所以，主持人说话时应注意听众的性别。对不同性别的人讲话，应当选择不同的方式。

（三）针对性格差异说话

由于个人性格不同，主持人在与不同的人讲话时应该注意分寸，把握尺度。如同性格开朗的人谈话，你可以侃侃而谈；同性格内向的人谈话，就应注意分寸，循循善诱。

（四）针对爱好差异说话

爱好，是指个人对某种事物具有浓厚的兴趣。由于各人的爱好不同，对话语的"兴奋点"也不相同。你对一位潜心学问的学者大谈"股票""生意经"，他定会嗤之以鼻；相反，你对一位经商的人大谈"治学之道"，他也势必味同嚼蜡，因此主持人在讲话时一定要结合对方的兴趣爱好来说。

（五）针对职业差异说话

职业，是指个人在社会中所从事的作为主要生活来源的专业工作。不同职业的人，在社会生活中扮演不同的角色，其言谈必然带有一种职业色彩，如农民的话语充满了"泥土味"，工人的话语豪爽直率，军人的话语威严沉稳，推销员的话语给人以极强的诱惑力，等等。职业、专长不同的人，其头脑中所具有的信息类型和兴趣点是有所不同的。一般来说，他们对于与自己职业相关的话题具有强烈的兴趣，有着积极探究和钻研的精神。即使同样是知识分子，也会因为他们所从事的专业不同而有区别。一般来说，科学家、学者比较严谨、纯真，"书生气"重；演员、艺术家比较活泼、开朗，浪漫气息重。主持人在讲话时只有注意到了不同对象的职业特点，才会收到预期效果。

二、表达尽量准确

表达的准确，是指说话符合事实，运用词语恰如其分，通过恰当妥善的语言形式正确地表达活动内容。准确、规范、严谨的表达，是主持人最基本的业务标准和要求。

（一）正确的用语

我国的古人是很讲究选词正确的。陶渊明的"采菊东篱下，悠然见南山"句中的"见"字，有的书上写成"望"字。"见"与"望"，究竟哪一个较准确呢？应该说，原来的"见"字准确。陶渊明在篱下采菊之时，偶然抬头望见了山，这种偶然、随意的意境，用"见"字是恰如其分的。它不仅说出"无意望山，适举首而见之"的情景，而且还把陶渊明那种闲逸自得、悠悠忘怀的神情勾画出来；如果改为"望"字，就会给人一种陶渊明一边在篱下采菊，一边抬头望山的感觉，用词过于直白，损害了意象的含蓄美，就不会有什么诗的余韵了。

用语的正确贴切，是衡量语言的重要标志。在说话的时候，对于每一句子要明白易懂，避免用艰涩词语。千万别以为说话时用语艰深，就是自己有学问。其实，这样说话不但会使人听不懂，而且会令人反感。因此，主持人在主持时千万不要装腔作势，说一些似是而非、模棱两可的话语，而要学习准确而富有生命力的语言，既让听众或观众易于理解，又留有可供回味的内涵。

（二）正确的发音

主持人要做到说话时表达准确，首先要做到正确的发音，对于每个字都必须发音清楚。口语的声音是以每个转瞬即逝的音节组成的，某些音节又相似易混，如果发音不准，很难听清。所以，支持人在口语表达上一定要注意语音准确，吐字清晰。

清楚的发音来自平时的练习，注意别人的谈话，朗读书报，多听广播、看电视等，这些均对正确的发音有迅速的帮助。

（三）避免读音错误

汉语的语言非常复杂，尤其是一字多音的异读变化和某些疑难读音，确实难以完全读准，这就需要下功夫苦练。这就要求主持人平时要多掌握一些一字多音的异读，还要特别注意历史上某些词语的音节不能弄错。例如"禅"这个字，凡表示帝王祭地活动或将帝位让给他人时，一律读 shàn，如"禅让"；而用于佛教中，读 chán，如"坐禅""参禅"。

在日常生活和工作中，不识某字、不辨某词的情形，每个人都会遇到，这时我们往往会想当然地"读半边"，从而闹出许多笑话。比如，一位女播音员把"水獭"（tǎ）读成"水赖"（lài），而被戏称"水赖小姐"；一位男主持人把"鬼鬼祟祟"（suì）读成了"鬼鬼祟祟"（chóng），而被人戏称为"鬼祟先生"。

口语表达要做到语音准确，还有一个问题需要注意，就是尽量避免音同而义不同的词语。例如，"译员"与"议员""缺点"与"缺碘""全不"与"全部"等许多含义不同的词，在口语中由于语音相同而容易混淆，造成表意错乱。因此，对于音同而义不同的词，要尽量选用语音不同的同义词。如把"译员"说成"翻译"，就不会与"议员"混淆了。

用词准确，是主持人语言艺术最基本的要求。主持人的语言表达不仅要做到准确，还得做到简洁、有生命力。当然，简洁和有生命力是建立在准确的基础上的，如果没有做到准确，就谈不上简洁与有生命力了。

三、用词尽量简洁

21世纪是个快节奏的时代，注重效率成了许多工作的重要衡量标准，主持工作也不例外。而主持人对效率的追求，主要体现在一点，即用词尽量简洁。用词简洁，是指说话时不使用华丽的词语，而是以最简洁、准确的语言来表达最丰富的含义。古人有"惜墨如金"之说，这是他们从写作实践中得出来的格言。古人为了求得文字的简练，在写文章时十分强调删削"芜词累句"，而不是"韩信点兵，多多益善"。英国文学史上最杰出的戏剧家莎士比亚曾说："简洁的语言是智慧的美，冗长的语言是藻饰。"

主持人在说话时一定要注意推敲用词，千万不要粉饰、做作和卖弄，而要用能写出真意的白描手法，即用一两个词语，点出最形象、最突出的特征，着墨不多，却能生动逼真，反而更容易使人觉得意味深长。如我国著名文学家鲁迅的小说《药》中，在描写杀人的夜晚时，作者没有去细致描写刽子手在形象上如何的阴森恐怖，而只是说"一个浑身黑色的人"；在描写刽子手的凶残时，作者没有去刻画他那脸相的凶残，而只说他的眼光像"尸刀";在描写康大叔的得意扬扬时,作者没有去叙述他高价卖了人血馒头之后是如何的得意忘形,而是单写他在茶馆里只是"嚷",这反而更能活生生地衬托出动人的形象和意境来,语言也自然洗练了。正如蒙古民间谚语所说:"一个深思熟虑的单词,胜过千百句废话。"

现在有些主持人,一说话就总想显示自己的口才,总是口若悬河、洋洋洒洒、堆砌辞藻地说上一大堆,用词造句也往往迁就于形式,有些甚至是叠床架屋,车轱辘话来回讲,根本谈不上简洁。要知道,主持人只有用简洁、精练的语言,才能明确自己的所思所想,否则只会是语意不清、用意不明,让受众听半天却不知其所云。

为了避免上述问题,主持人需要注意避免以下两种情况:

(一)废话太多,语序颠倒

废话连篇的主持人,往往是拉拉杂杂地说了半天,也没进入正题,受众完全不知道主持人到底要表达什么思想。

听和阅读是不一样的,受众在听时是很难分清主次的,只好是你说什么他听什么。主持人废话多了,不着边际的话多了,离题的话多了,必然影响语言的明确性,也会极大地分散和耗费受众的时间和精力,影响其对主要内容的理解和感受。

在需要表达的意思很复杂时,主持人最好用短句来表达,这是出于"说"和"听"的方便。毕竟,在主持时要一面想一面说,组织结构复杂的长句子,是很困难的事情。央视播音主持人一般的语速为每300个字/分钟左右,如果句子太长、太复杂,听众就不容易理解。比如,"×× 集团和 ××× 公司与崇文区(今东城区)金融贸易开发公司联合投资兴办的从事土地成片开发、综合经营的上海富都世界有限公司合同签字仪式,在上海锦江俱乐部小礼堂举行。"一句话用了80多个字,就太冗长,不仅主持人念起来吃力,受众听起来也很吃力。

如果句子中修饰语或联合成分多,句子就会很长。如果把句子的修饰语抽出来,改成分句或单独成分,把联合成分拆开,重复跟联合结构直接相配的成分,形成排比句式,就容易上口,而且容易理解。

在口语上,应该多一些顺序表达,通常情况下不倒装。因为视觉接受信息可以有所选择，听觉则不行，听话只能一句一句接着听，不可能跳来跳去，随意选择听。同时，固定的语序是汉语语法的一大特点。按汉语的正常词序，一般是先说出主语，后说谓语，有宾语就放在谓语后面；如果有定语和状语，就放在被他们修饰的成分前面；使用的复句，就会有偏正关系，要把偏句放在前面，正句放在后面。有的话我们听起来很不自然、不舒服，就是因为句子不符合正常的语序。

（二）修饰太多、太过分，主句不明显

我们常常会有这种感觉，一句话修饰的部分太多，反而会把听的人搞糊涂。比如，"一辆辆风驰电掣的大卡车，满载着首都人民支援汶川地区的救灾物资，向因受突如其来的地震袭击而遭受严重灾害的灾区开去。"这句话显得拖泥带水，毫不简洁，如果去掉一切废话，句子就会干净利落了。如果把这句话修饰的部分拿去，变成"一辆辆大卡车满载着首都人民捐献的救灾物资，向汶川地震灾区开去"，就要简洁、明确多了。

简洁，是句子内容虽然少，但少得恰如其分；如果过分少了，就是"简陋"了，就容易生出歧义来。因此，主持人说话一定要精练，但精练并不是一味求简，并一味求短；而是当长则长，当短则短，当繁则繁，当简则简。不当长而长，是冗长；不当简而简，就是苟简，两者都是不可取的。《庄子》中有这样一段话："长者不为有余，短者不为不足。是故凫胫虽短，续之则忧，鹤胫虽长，断之则悲；故性长非所断，性短非所续。"意思是说，长的不一定就是多余，短的不一定就是不足。凫的腿短，鹤的腿长，是由它们的本性决定的；内容决定文章的长短，短自然有短的妙处，长也有长的必要。

古往今来的大文学家、大语言学家，无不提倡"文贵约而指通，言尚省而趋明"，如果约而不通，省而不明，那就是做文章、说话的大毛病了，这点主持人要特别注意。

四、表达要鲜明、活泼、有生命力

主持人用词造句不仅要求准确、简洁，还要求有生命力。有生命

力，是指说话用词自然亲切、适口悦耳、具体形象，因而富有活力，能感染人。

语言是思想感情的反映，亲切是热情的流露。古人说"情欲信，词欲巧"，意思是说，感情要真诚，语言要精巧，这也可以看作是主持人语言表达的两个准则。那些受到听众和观众喜爱的主持人，必定都有着真诚热切的情感和亲切自然的语言。毕竟，没有人愿意和冷冰冰的主持人接近，没有人愿意听主持人硬邦邦的话语。

主持人语言的亲切自然，不单是主持人的表达技巧问题，更是主持人的辞章技巧问题，这些技巧大致有：

（一）称谓贴切（本章第三节有详细介绍）

（二）第一、第二人称代词的作用

当听到主持人在说"我""我们""你们""你"的时候，我们就会觉得特别亲切，就好像我们自己也参与到活动中去了一样，从而消除了主持人的说和听众的听之间的距离，造成一种直接交谈的氛围，产生良好的现场效应，使听众或观众与主持人同感同受，同思同想，又使受众感到主持人可亲可信，大大增强了主持人语言的感情色彩和感染力。

（三）语气词和叹词的作用

当前许多主持人的通病，就是滥用语气词、叹词。提倡主持人适当运用语气词和叹词，这样非但不会使主持人语言累赘、壅塞，反而会使人觉得自然、轻松、更加准确。

语气词和叹词，最能表达节目主持人各种无法用其他言辞表达的复杂情感。我们可以做一个比较：

（1）"你一个姑娘家独自在外面生活，吃住都会遇到不少困难，再说眼下天气渐渐变凉，不知道你带的衣服够不够？真是让我担心！"

（2）"你一个姑娘家独自在外面生活，吃住都会遇到不少困难，再说啦，眼下天气渐渐变凉了，也不知道你带的衣服够不够？真是让我担心啊！"

例（1）作为一封书信，其语言表达是妥帖的，以书面语言成分为主，适宜观看。而例（2）中仅仅在原文字稿件中加了两个语气词"啦"和

"啊"，但作为主持人语言其效果就大不一样了——有了这个"啦"和"啊"，既可以使主持人的语气变得更加关切、诚恳，又使主持人的语言更加生动，从而让受众感受到主持人的真情流露，让受众自然地对主持人产生一种亲切感。

五、表达应该适口、悦耳

如果主持人没有响亮的声音和动人的声调，受众就不会喜欢听，那么传播效果也就不好。因此，主持人说话不仅要考虑叙事立论、传情达意、准确生动，还要做到每个词语都清晰响亮、明朗生动。

俗话说得好："说出去的话就如泼出去的水"，泼到地上的水，再也收不回来；话从嘴里说出，再也咽不回去，因此主持人必须谨小慎微，对自己说出的每句话、每个字负责。

更何况，主持人面对的受众一般都是被动接受，如果主持人语言不清晰、不响亮、不悦耳，就会给受众造成好似耳边风一刮而过的感觉，虽然听了却像是没听，因为受众什么也听不清，也就什么也听不明白。耳朵要是听不清，就容易使人烦躁，受众兴趣就会大为减弱，从而对问题的理解出现阻碍。

因此，若想使受众对活动内容清晰、明了、爱听，那么主持人语言就必须清晰、响亮、适口悦耳。掌握"适口悦耳"有几个要点：

（一）常见的一些音节响亮的字眼

元音的发音比辅音响亮，元音中又以开口呼韵母（o、o、e、ai、ao、ei、en、ang、eng 等）为最。吐字发音时气流不通畅，声音就不响亮，如"女""鱼""绿""出""突""努""古""苦"等，就是因为发音时嘴张不大，气流在口腔部位受阻，因而声音不响亮。主持人使用这类不响亮字词多了，势必影响受众的收听。为了避免这个问题，主持人应尽量把不响亮字词换成响亮的同义词。如"与"可换成"和"；"至"可换成"到"；"如"可换成"像"；"日"可换成"天"；"迅速"可换成"很快"；等等。

汉语语音四要素——音高、音长、音色、音强，造成了汉字字音强弱、高低、长短的不同。有的字读起来明朗、高亢、响亮，有的字读起来则低沉、幽微、暗哑，这都是由于声带振动形成的，是由发音气流深浅、松紧、大小、强弱、多少所决定的。

（二）平声字词响亮，仄声字词不响亮

古人作诗填词，都要讲究"平仄"。"平"，是指古四声中的平声，念起来声调提得高、长，声音传得远，音感强烈；"仄"，是指古四声中的上、去、入三声，念起来短促，声音传不远，音感不强。在现代汉语普通话阴平、阳平、上声、去声四个声调中，大体上阴平、阳平为平声，如"山""兰""高""忙""长"等；上声、去声为仄声，如"为""剩""怎""往"等。

明朝释真空在《玉钥匙歌诀》中曾说："平声平道莫低昂，上声高呼猛烈强。去声分明哀远道，入声短促急收藏。"《音学辨微》（清代江永著）说："平声长空，如击钟鼓；上去入短实，如击土木石。"

主持人语言中，特别是每句话的末尾，要少用仄声字，最好用平声字，但也要防止句句都用平声字压尾的现象。

（三）双音节词比单音节词声音清晰、明朗

我们平时说话时，双音节词的音波比单音节词长，因此声音就响亮，上口悦耳。如"时——时候""空——空间""响——响亮""友——朋友""已——已经""到——到达"等。

又如量词、动词、形容词中的"条条""个个""道道""学学""看看""翻翻""用用"等。

主持人应尽可能把单音节词换成双音节词，这也是口语化的要求。日常口语中是很少使用单音节词的。单音节词的词义较宽，而双音节词的词义则比较具体。如时间概念词"时"，可组成"时机""时候""时期""时分"等，可根据需要具体运用。

使用双音节词的好处，在主持人语言中是显而易见的，其中最显著的好处，就是可避免同音字误听，增强节奏感。如"向前看"和"向钱看"，就可以改为"向前面看"和"向金钱看"；"全部"和"全不"，就可改为"全都"和"全都不"；"食油（石油）"可改为"食用油"；等等。

六、尽量使用具体形象的语言

主持人只有使用具体形象的语言，才能使受众感到有声有色、亲切活泼、有生气，并在脑海中留下鲜明深刻的印象。

主持人使用具体形象语言的方法很多，特别是有效地使用比拟的手法，往往可以给活动大大增强感染力。比如，"养猪的都想猪仔肥得快，养鸡的都想下蛋多，这不是'梦里吃仙桃——想得美'，现在已经是'包子吃到豆沙边——尝到甜头了'啦！"这句话没有深奥难懂的术语，语言通俗生动、具体形象，富有生活气息，大大增强了活动的可信度和主持人的可感性。

在某期《奇葩说》节目中，按到死亡这个问题时，嘉宾薛兆丰说："我们看这个问题的时候，有一个很重要的观点，是我们必须要有时间的观念，经济有一个金句，我认为是第一金句，是经济学家欧文费雪说的：投资是时间维度上的平衡消费。不同的职业，不同的生活方式，有它不同的收入节奏……"然后薛兆丰用一张收入与年龄的表来讲述三种不同收入节奏——平平淡淡、少年得志、大器晚成，最后得出一个结论：经济学告诉我们，没有哪一种是最好的，我们要追求的是生命周期终生收入的最大化，而这必须知道我们个人的寿命长短。

听完这番经济学的专业阐述，现场观众和辩手都蒙了，完全听不懂嘉宾在说什么。

薛兆丰这时进行了形象具体的解析："如果不知道靠猜的话，很容易失算，比如有些人自己选择了那种大器晚成的职业，所以早年的时候就一直十年寒窗苦苦攻读，谁知道英年早逝；有些人选择了少年得志的生活方式，及时行乐，谁知道自己活得很长，度过了一个漫长而贫困的晚年，这也很悲催。"听到这里，大家才恍然大悟。

主持人出身的蔡康永在阐述这个话题时，就非常懂得语言形象具体的重要性："我们应该要有一个简单的想法，就是很多事情在我们人生就是最后一次，我在遇到那些我喜欢的人的时候，当他跟我握完手转身而去，我看到他的背影就会想到说，这是我们今生最后一次见面，我不觉得我有这么多时间可以再见到这么多很棒的人……如果我们不能接受死亡是一定会抵达的事情，我们其实就没有办法为了自己好好活一次！"

与薛兆丰的解析相比，蔡康永的解析明显要生动形象得多，也更容易理解得多。这是因为蔡康永在多年的主持生涯中，已经学会了善用各种词语的起音和收音，将它们恰当地配合起来，即可造成参差错综的感觉，形成一定节拍。如果把这些节拍依照思想感情的需求和受众口语的习惯，自然地加以排列和对称，缩短或拉长，可以形成语言的和谐，产生音乐感。声调失去配合，说起来就会不顺口，听着也不和谐、不悦耳。如"因人因事制宜""自然姿势""四十四日""聚居区"等，说时好像在念绕口令，不顺口也不容易听懂。

有时候，我们听到一些词，很难理解，既不和谐也不自然，更不流畅，这样的词往往就是生造硬凑出来的，如"让我们一起欢呼跳跃着敬迎21世纪吧"。

主持人的语言艺术只有经过艺术加工、提炼之后，才具有语言艺术形式和音乐美的审美价值。也就是说，主持人语言艺术形式和音乐的审美价值在于：

——不用长定语、欧化句式或洋腔洋调，听来感到别扭。

——不用半文半白、文白夹杂的句子，这种语言在节目中会变得疙疙瘩瘩，既不流畅，也不好懂。

——少用关联词，适当地运用语气词。

——不用或少用诗意很浓的句子。

——不是徒劳无益地全被抽象和所谓华丽的辞藻代替。

——不使用日常生活用语中很少出现的组织结构复杂的长句及倒装句形式。

——适当采用自问自答形式，用提问方式提起受众的注意或用来引出下文，这样使语言有起有伏，语气自然活泼生动。

总之，主持人的语言如果能像淙淙的流水、舒卷的行云，清新流畅，活泼自然，就会使受众"舒心悦耳"了。

七、说话要有互动性

主持人要注意到说话是双方面的，甚至是多方面的。当你面对观众谈话的时候，如果你只一大套一大套地把自己想好的话讲出来，而不了解观众的看法和兴趣，不能观察观众对你的话有什么反应，有什么疑问，不能及时地解除对方心理的症结，那你就不能算是一个好的主持人。

就像著名主持人王凯说的那样："我不认为成功有'学'；如果非要说，那就是沟通能力，任何一种成功都来源于沟通。你能把故事讲好，用打动人的方式把你的思想告诉别人，体会到人家没表达的想法就是成功最好的办法。"

因此，主持人在说话时，既要有你自己的立场、态度和推理方法，还要懂得嘉宾或观众的立场、态度和推理的方法。因为每个人的思想、嗜好和推测都是不同的。要了解别人的思想和爱好，主持人就要懂得让别人先说，一方面是表示你的谦逊，使别人感到高兴；另一方面你可以借此机会，观察对方的语气神色及来势，给自己一个揣度的机会。这不是两全的方法吗？

但不是每一个人都善于说话，因此主持人要懂得运用提问来引导别人说话。在提问时，主持人一定要考虑交谈对象和情境。适时巧妙地提问，可以避免交谈中的利害冲突，让谈话继续下去，有时甚至还有可能掀起谈话的高潮。

一般来说，主持人提问方式主要有四种：

（一）选择型提问

这种提问方式多用于关系比较亲近的朋友之间，表明双方并不在乎如何选择。如果主持人和嘉宾关系亲近，就可以采用这种提问方式。

比如，在某一期《向往的生活》节目中，有人曾问黄磊："你有没有思考过，将来你和爱人谁先走的问题？"

听到这话，黄磊没说话，好像有些不愿意回答，但他最终还是回答了："肯定想过，每个人都要面对的。我们能做的是不忧生死，在还能够健康地在一起的时候，紧紧拥抱。"

问话的人没有得到想要的答案，继续问道："那你觉得谁先走？"

黄磊当即红了眼眶，有点语序凌乱地说："我想后走。"过了一会儿，他又改口："我又想先走。我想后走是因为我想把所有的后面的事都尽力处理好。我想先走是想让她再多享受一天这个世界的美好。"

（二）协商型提问

如果主持人要嘉宾或观众按照你的意图去做事，你可以用商量的口吻提问。比如，当一位歌手唱完一首歌后，好评如潮，现场气氛特别热烈，主持人这时就可以问观众："某某唱得好不好？"观众往往会大声回应"好！"接下来主持人会问："那你们还想不想继续听？"而观众也会继续大声回应"好"！

（三）限制型提问

这是一种目的性很强的提问法，也就是给所提的问题限制一个范围。它能帮助提问者获得较为理想的回答，减少被提问者拒绝回答的可能。

鲁豫在采访著名学者易中天时，想了解学校授课和电视讲座的差别，于是她问易中天："您有这么些年讲课经验，以前积累很多，所以对您来说，电视讲座可能并不是一件太难的事，是吗？"易中天是大学老师，又是《百家讲坛》"开坛论道"的学者，对学校授课和电视讲座的差别有很深的体会，因此鲁豫的这个问题刚好问到了他的心坎里，也就激发了他的诉说欲望，使他当即就做出了回答："难啊……"然后用大段的陈述来说明自己对两种讲课方式的体验，从"以前其他学者在百家讲坛的失败"说到"学校学生和电视观众的听讲环境不同"，从"电视剧和话剧的不同"说到"电视讲座所要借鉴的戏剧要素"。

（四）婉转型提问

婉转含蓄是我国的优良传统，婉转含蓄的语言艺术也是人际交往中最重要的工具之一，对主持人更是如此。主持人在提问时，为了避免对方拒绝回答出现尴尬局面，一般都婉转地提出问题。

比如，演员陈坤有一个儿子，外界传言是私生子，也有传言说是养子，但他对此一直避而不谈，但他越是不想谈，大家反而越是想知道。陈坤在接受《金星秀》访谈时，主持人金星曾直白地问他："孩子这么大了，有时会不会问自己是哪里来的？"陈坤当即就很抵触："你说过不问这种严肃的问题！"金星马上改口说："我只是想知道你面对这种问题的时候，以什么样的智商去应对。"陈坤当即回答说："面对这样的问题，我完全没有智商，智商为零，我都和孩子说你就是我自己生的，没有别人。"

当金星第一次直接提问时，陈坤的反应是抗拒，但当金星改变提问方式，由直接提问改为婉转提问后，陈坤的抗拒感就减轻了，最终回答了这个问题。这就是婉转提问的好处。

第二节　非节目主持的用语技巧

一、要重视开头

想用几句话打动听众，实在不容易，正所谓"万事开头难"。有经验的演讲家在长期实践中得出一个结论：如在最初十分钟内吸引住了听众，后面的演讲将变得很容易。因此，开始讲话的前几句，就应设法像磁铁一样吸引住听众。我们平时看电视和小说，若开篇不吸引人，我们会立刻换一个频道或舍弃那本小说。也就是说，若讲话者最初几句话没能吸引人，想通过第二次甚至第三次的努力去赢得听众的支持是十分困难的。主持人主持各种活动也是这样，如果开头开好了，更容易取得成功。

那么，如何开好头？下面讲的方法可供参考。

（一）制造悬念的故事

有两种故事经常被使用——幽默的故事和一般的故事。但使用幽默的故事一定要注意，讲话者需有幽默的禀赋，切不可平淡、呆板；而后一类故事，可以是现实生活中的逸事趣闻，也可以是中外历史上有影响的事件。主持人讲完故事，后面的内容应该连接得自然。

在《童言有计》节目中，主持人陶晶莹介绍自己："我是有两个孩子的资深睿妈！"一旁的嘉宾主持人撒贝宁立即接口说道："我是有两个孩子的……"然后故意停住了。

听到这话，陶晶莹和观众都有点儿愣住了，撒贝宁什么时候有的孩子？还是两个，难道今天是要大曝光吗？

结果，撒贝宁后面的话是"陶晶莹的弟弟小撒"，观众当即就被逗乐了，现场气氛一下子就热了起来。

（二）利用手中的道具

主持人讲话之前，先拿出一件物品，肯定会让在座的观众挺直身子。他们会猜想：他要表演魔术吗？这就引起了观众的好奇心。一幅画、一张照片、一个物件等，都是很好的开篇词主题，吸引观众的兴趣，让观众开始思考。

（三）引发观众思考

主持人在开场时提出一个问题，听者就会顺着所提的问题去思考，产生一种急欲知道答案的想法。值得注意的是，提出的问题一定要新颖，不要过于简单，尽量提一些能给听者教益和启发的问题。提的问题越有水平，就越有助于展开话题。

在某期《朗读者》节目中，主持人董卿的开场白就引人深思：

"生存还是毁灭，这是一个永恒的选择题。以至于到最后，我们成为什么样的人，可能不在于我们的能力，而在于我们的选择。

"选择无处不在，面朝大海，春暖花开，是海子的选择。人不是生来被打败的，是海明威的选择。人固有一死，或重于泰山，或轻于鸿毛，是司马迁的选择。

"在我们这期节目当中，你会看到的是：徐静蕾选择了挑战和变化，耶鲁村官秦玥飞选择了希望的田野，红丝带校长郭小平选择了呵护与守望。"

（四）用智慧的语言撞击心灵

智慧语言很多，可以是民谣俗语，也可以是名人名言，一般人都崇拜名人，名人的话有一种吸引听者的磁力，但引用名人的话一定要恰当，要符合情境。

在《中国诗词大会》第四季中，主持人董卿是这样开场的：

"'千门万户曈曈日，总把新桃换旧符'，这里是《中国诗词大会》第四季，大家好，我是董卿！

"《中国诗词大会》是与大家一年一度的相约，今年已经是第四个年头了！我们携手走过了一个又一个春夏秋冬。一起看'人面桃花相映红'，一起听'稻花香里说丰年'，一起叹'霜叶红于二月花'，一起盼'风雨送春归，飞雪迎春到'。

"季节有四季，诗词也有四季，代代相传，生生不息！就让我们在《中国诗词大会》花开四季的舞台上，再一次来感受，中华文明的璀璨辉煌！品味诗意人生，看四季风光！"

（五）用令人震惊的事实

它可以使听者从一系列触目惊心的事实中醒悟过来，造成一种"悬念"，使听者急于了解更多的情况，从而集中听众的精力。

（六）用赞颂的话

一般来说，人总是爱听称赞颂扬的话。比如，主持人在开始讲话时，真诚地赞颂该地区的巨大变化和当地人民取得的惊人成就等，这样就把听者和讲者的距离拉近了，气氛很快就会活跃起来，下面的话就更容易说了。

在某期《开讲啦》节目中，撒贝宁在嘉宾出场前，是这样介绍嘉宾的：

"有句话说得好，不怕别人比你帅，也不怕别人身材比你好，怕的是别人既比你帅身材比你好，还起得比你早。今天来的这位嘉宾就是这样，他用他一直以来的努力，成就了一个完美偶像的称号。"

在观众好奇的掌声中，刘德华走上台来。

（七）用涉及听者切身利益的话

主持人把自己讲话的内容与听者的切身利益联系起来，往往比较容易引起听者的关注和重视，吸引听者的注意力。

在另一期《开讲啦》节目中，主持人撒贝宁的开场白又是这样的：

"观众朋友们大家好，欢迎您来到中国青年电视公开课——《开讲啦》，我是主持人撒贝宁。

"首先，在这里，欢迎今天在现场的所有的年轻人们，欢迎你们。年轻人有一个特点，那就是热血沸腾，心里有无数的问题，但是却经常找不到答案。今年的 680 万毕业生，离开高校，踏入社会。你们对未来，会有怎样的打算，会有怎样的想法，我觉得这是今天我们要共同去面对的一个话题。

"说到理想，我想起了在春晚上看到的一个相声，他是用调侃的方式讲出了理想的表达。说一个父亲问一个孩子，你长大的理想是什么，孩子说，金钱和美女，父亲一嘴巴，没出息。重说，孩子想了想说，事业和爱情。父亲说，这就对了嘛。其实在这个笑话背后，我们能感觉得到，也许理想有着不同的表达方式，今天我们要给大家介绍的这位演讲嘉宾是谁呢？请看大屏幕。"

在观众的掌声中，万通控股集团董事长冯仑先生走了上来。

（八）利用共同语言

这些话可以是双方以往相同的经历和遭遇，也可以是双方以前的密切合作，还可以展望双方发展的前景。只要双方产生了共鸣，就可以深深地吸引住听众。

其实，真正主持实践中可以用各种各样的方式开头，也可以多种方式混合用，每一个讲述者都应根据不同场合、不同话题和不同对象，选择适合自己讲话开头的方法。但不管采用哪种方法，吸引听者并打动听众都是最终目的。

二、围绕主旨选话题

谈话时要选择那些容易引起别人兴趣的话题，这样有利于创造一个轻松融洽的谈话氛围，使交谈得以深入下去。

（一）常见话题
——某些特殊的信息；
——社会和他人禁锢、保密的信息；
——新奇的信息；

——以肯定形式出现的信息;

——具有权威性的信息;

——与谈话各方自身利益密切相关的信息;

——与谈话各方的兴趣、角色相关的信息。

一般而言,以上几种话题,容易引起大家的谈话兴趣,但在具体选择时要顾及谈话对象。一个话题,只有让对方感兴趣,谈话才有维持和继续的可能。比如,自己是球迷,就切莫以为别人都是球迷,逢人就谈球赛,遇到对球不感兴趣的人,难免会使对方感到索然无味,丧失兴趣。

(二)从对方的心理需要出发

主持人要想和受众建立起一种相互信任的关系,让受众对方接受自己,就要懂得抓住受众的需求,并满足这些需求。

例如,若采访嘉宾是商业成功人士,主持人可以事先了解清楚其最近的成功案例或关心重点,从而在提问的时候以这样的话题来满足对方的自豪感。同样,采访对象若换为一名刚考上名牌大学的考生,那么不妨以其学习技巧发问,相信可以满足他的心理荣誉感,让他侃侃而谈。相反,如果嘉宾刚因为天灾失去亲人,主持人最好从真诚的关心出发,让对方感觉到自己对其由衷地同情和关心,从而让对方接受自己。

(三)体贴关爱对方会拉近双方距离

每个人都想得到别人的关心和爱护,因此主持人在主持时如果能表现出对受众体贴和关爱,往往能极大地获取对方的好感和信任。

众所周知,格力电器董事长董明珠是一个典型的女强人,如果在采访时一味地提及董明珠在格力电器的丰功伟绩,无异于老话重提,毫无新意。在董明珠接受《面对面》专访时,主持人董倩希望挖掘董明珠强硬外表下的柔软内心,于是她站在董明珠的角度提问:"做了十几年的人大代表了,连续做下来能感受到这种身上的压力、责任是变化着的吗?"

董明珠对此感受颇深,很快便回答道:"我觉得作为四届代表,我感受最深的,就是我越来越像个代表了。"回答的时候,董明珠脸上满是笑容,说明主持人这个问题问到了她心坎里,而且是她乐意回答的。这时候主持人一句"怎么讲",就引得她侃侃而谈。

很多时候，主持人看似简简单单却饱含体贴的一句提问，往往能快速打开嘉宾或观众的心扉，营造出和谐温馨的现场气氛。

三、适时地赞美

美国著名心理学家威廉·詹姆士曾说："人类本性上最深的企图之一，是期望被赞美、钦佩、尊重。"确实，虚荣是人类的本性，每个人都暗暗为自己的优点得意，并希望别人注意和赞美自己的优点。因此，我们要时刻注意去寻找、去发现别人身上值得称赞的地方，并以真诚的态度告诉对方，赞美对方，满足对方的虚荣心，自然可博得对方欢心。

支持人在主持活动时更需要如此，因为只有多一些赞美的话语，现场的气氛就会多一分和谐。

（一）赞美的方式

赞美的方法很多，在此分述一下常用的几种方法。

1. 直接夸奖

夸奖是赞美的同义词。直言表白自己对他人的钦佩，这是平常用得最多的方法。

比如，当一位歌手唱完歌曲的时候，主持人贴心的一句赞美："您今天对这首歌的诠释真是到位。"一句平常的体贴话，一句出自内心的由衷赞美，会让人一天精神愉悦，信心倍增，工作起来更有效率。

2. 逆向夸奖

指责与挑剔，每个人都难以接受。把指责变成赞美，看来是难以想象的，能真正做到实在不易。但在很多时候，主持人应该学会这种逆向夸奖的能力，以便应对一些突发情况。

在一次晚会中，一位歌手不小心唱错了词，因为是一首观众耳熟能详的经典的歌曲，所以大家马上就发现了这点，因此场面顿时就有些尴尬。等歌手唱完后，主持人灵机一动，对歌手说："谢谢××今天即兴的创作，让这首广为人知的歌曲有了新的感觉。"这样一句话，让歌手的心情立即转阴为情，观众也笑了，现场的尴尬气氛立即就消失了。

3. 出乎意料

出乎意料的赞美，会令人惊喜。如果你对对方的赞美出乎他的意料，他对你的印象会更好。

在一次剪彩仪式上，由于工作人员的失误，摆错了嘉宾的桌牌，这让其中一位嘉宾很不高兴，当即就要起身离开。这时，主持人凭借之前对每位嘉宾情况的了解，走上去跟那位嘉宾说："听说您的女儿今年考上北大了，真是厉害，恭喜恭喜啊！"听到这话，这位嘉宾十分惊讶，接着脸上露出了笑容，离开的事也就不再提了。女儿是那位嘉宾最大的骄傲，主持人对自己的了解，让他感觉受到了尊重。

4. 肯定赞美

人人都有渴望赞美的心理需求，在一些特定的时机更是如此。例如，在人多的时候说了一句俏皮话，或在报上发表了文章，或成功地完成了论文，或苦心钻研多年的项目通过了鉴定等，他都希望得到别人的肯定。这时，不失时机地给予真诚的赞美会使被赞美者高兴万分。

在《中国诗词大会》的舞台上，面对各位选手，主持人董卿总是能够适时地给予赞美。

面对断臂女孩张超凡，董卿会赞美说："我们每一个人都不完整，只不过有些是看得见的残缺，有些是看不见的，用乐观、坚强，勇敢追求一颗完整的心灵和完整的精神世界，是值得钦佩的。"

面对一位只读过四年书但一直爱好写诗作词的农民大叔，董卿是这样赞美的："一位只读过四年书当了一辈子农民的大叔，那诗啊，就像那荒漠中的一点绿色，始终带给他一些希望，一些渴求，用有限的水去浇灌它，慢慢慢慢地破土，再生长，一直到今天。所以即便您答错了，那也是在我们现场最美丽的一个错误。"

一位选手的父亲是盲人，但却爱好诗词，因此从小就用口口相传的方式来教儿子诗词，董卿当即就想到了阿根廷著名作家博尔赫斯的经历，并用博尔赫斯的诗来赞美这位父亲："上天给了我浩瀚的书海，和一双看不见的眼睛，即便如此，我依然暗暗设想，天堂应该是图书馆的模样。"

主持人对选手的这种肯定的赞美，无疑大大增强了选手的自信心，也让他对自己的价值有了更深的认识。

5. 目标赞美

在赞美别人时，为他树立一个目标，往往能让他坚定信念，为这一目标而奋斗。

周星驰是一位优秀的喜剧演员，但后来他逐渐从演员开始向导演转型，其执导的《少林足球》《长江七号》《西游·降魔篇》《美人鱼》等电影深受观众的喜爱，屡屡打破中国内地电影的票房纪录。

在一次新闻发布会上，记者问到他为什么能成功转型时，周星驰坦言道，是刘镇伟的挖掘和鼓励让他走上了导演之路。他说："在我演《赌圣2》时，刘镇伟鼓励我做导演。他是第一个告诉我有潜力做导演并且鼓励我做导演的人，他认为我做导演会比做演员还棒。"

刘镇伟对周星驰的赞美，就是一种目标赞美，帮助周星驰思考如何从演员转型成为导演。

（二）赞美别人时的注意事项

赞美有时候没有必要刻意修饰，只要源于生活，发自内心，真情流露，就会收到赞美之效。但要更好地发挥赞美的效果，需要考虑以下5个要点。

1. 态度要真诚和热情

漫不经心地对对方说上即使一千句赞扬的话，也等于白说。缺乏热诚的空洞的称赞，不能使对方高兴，有时还可能由于你的敷衍而引起对方的反感和不满。"嗯，你这条围巾挺漂亮的。"谁都明白这是一种敷衍。若具体地说："这条围巾挺漂亮的，和你衣服的颜色搭配起来很协调。"显然比空洞的赞扬真诚度要高得多。

2. 赞美主要起激励的作用

鼓励能让人树立起自信心。自信是成功的一半，用赞美来鼓励对方，能达到事半功倍的效果，尤其在"第一次"。干任何事情，都有开头，有第一次。如果你的受众第一次在现场表现得不怎么好，你也应该真诚地赞美一番："第一次就有这样的成绩，已经很不容易了。"对第一次唱歌的人，第一次跳舞的人，第一次上台朗诵的人……赞扬是对他们最好的帮助，将给他们留下深刻的印象。当我们想鼓励对方时，不妨多赞美几句。

3. 赞美要客观、恰当

当你准备要赞美时，首先要掂量一下：这种赞美，对方听了是否会相信，第三者听了是否会不以为然，一旦有人提出异议，你是否有足够的理由来证明自己的赞美是有理有据的。因为过度的恭维，空洞的奉承，或者恭维、奉承频率过高，都会令对方感到难以接受，甚至感到肉麻，令人讨厌，结果适得其反。就像意大利剧作家哥尔多尼所说："过分的赞美会变成阿谀。"只有适度的赞美，才会令对方感到舒服。赞美的适度因人、因时、因事、因地而异，需要不断摸索积累，掌握好这个"度"。

这也要求我们赞美必须用词得当，讲究分寸。作为非节目主持人，如果受众是学生，你说："你们都是好孩子，活泼、可爱、学习认真，能够在这里为你们主持活动，我很高兴。"这样的赞美就比较客观，有分寸，很容易拉近主持人与学生们的距离。但如果你说："你们都很聪明，将来会大有出息，比其他班的同学强多了。能够在这里为你们主持活动，我很高兴。"这样的赞美就显然有些过分了，也太绝对了。

4. 赞美越具体、越详细、越深刻越好

如果你要赞美别人，越具体、越详细、越深刻越好，因为一旦人们知道了自己什么地方做得很好，人就会去努力把这一地方做得更好，这就是心理学上的波什定律。毕竟，抽象的东西太难把握，也就难以给人留下深刻印象。

如果主持人在主持过程中称赞一个初次见面的嘉宾或参与者说："你给我们的感觉真好。"这句话往往起不到什么作用，说完便过去了，不太会给人留下任何印象。但是，如果主持人能根据对方的职业进行具体的、有针对性的称赞，效果就不一样了。

比如，对一位教师而言，引以为荣的往往是他教过的学生在社会上很有出息，你为了表达对他的赞美，不妨说："你的学生 ××× 真不愧是你的得意门生啊！现在已经自己出书了。"

对一位一生都默默无闻的母亲，引以为荣的往往是她那几个有出息的孩子，你可以对她说："你有福气啊，两个儿子都那么有出息。"她一定会

高兴不已。

如果对方是一个优秀的销售员，你就可以赞美他说："有一点非常难得，就是无论给他多少货，只要他肯接，就绝不会延期。"

要做到赞美具体，就需要我们注意挖掘对方身上不太显著的、处在萌芽状态的优点，发掘对方的潜质，增加对方的价值感，这样的赞美起的作用会更大。

需要注意的是，赞美只能在事实的基础上进行，不可浮夸，一旦过分，就会让人反感。

5.用大家的口气赞美对方

很多时候，当面直接赞美对方，比如当着面直接对对方说"你看来还那么年轻"之类的话，不免有点恭维、奉承之嫌，很容易给人一种"拍马屁"的感觉。但如果你换个说法，以"第三者"的口吻来赞美对方，比如说："你的皮肤真是白皙、光滑，难怪某某一直说你看上去总是那么年轻！"这样的赞美，对方听了往往会很高兴，而且没有阿谀之嫌，使对方感到你对他的赞扬是真诚的；而且还可以让对方感觉到他所拥有的赞美者为数众多，从而心里获得极大的满足。

在一般人的观念中，"第三者"说的话是比较公正的。如果这个"第三者"还是个权威人物，这个赞美的作用就会更大，因为人人都有一种崇拜权威的心理，因此权威人士的评价往往最具说服力，引用权威言论来赞美对方也最能让对方感到骄傲与自豪。

（三）赞美对方如何因人而异

善说恭维话，别人听了舒服，而且有利于自己的言行，何乐而不为？主持人在主持各种活动和仪式时，面对千人千面，恭维也须因人而异。我们举下面几类典型人物：

1.官员。你如果说一个官员生财有道，肯定会发大财，享不尽的荣华富贵，他不大骂你一顿才怪。但你如果说他为国为民、清正廉洁、劳苦功高，他肯定会眉开眼笑，因为这是一个优秀官员的标准。

2.知识分子。你如果说一个知识分子功底深厚、思想新潮、笔下生花，他听了一定会高兴，文人最骄傲的地方不就是这些吗？

3. 商人。你如果说一个商人学问好、道德好、清廉自守，他听了只会觉得你"拍马屁都不会拍"；但如果你说他脑子灵活、手腕高明、红光满面、日进斗金，他听了就会很高兴，因为这是他所期待的。

4. 年轻人。年轻人大多朝气蓬勃、信心十足，自以为前途无量，你如果举出几点证明他的将来大有作为，他一定会高兴地引你为知己；但你如果称赞他父母如何了不起，他就不一定愿意听了。

5. 老年人。老年人历尽沧桑，已经走到人生末年，对于人生中还未达到的预期目的，大多不再抱有多少希望了，而是把目光更多地投向了儿孙。因此，如果你夸一个老人的儿子学识能力都胜过他自己，真是出类拔萃，当面抑父扬子，他口头上虽然会说"未必，未必，你过奖了"，其实他的心里比喝了蜜还甜，认为你是慧眼识英雄。

四、善用幽默

幽默是思想、才学和灵感的结晶，它使语言在瞬间闪出耀眼的火花。美国心理学家赫布·特鲁说："幽默可以润滑人与人之间的关系，不仅可以消除陌生的紧张感，减轻交往的压力，还能够使生活充满了轻松的乐趣。幽默可以把人们从自己的世界中解放出来，促使他们一见如故；幽默也可以帮助人们摆脱困境与窘迫的烦恼，在坎坷的人生路上笑着前进。"因此，优秀的主持人都懂得运用幽默的力量，来为自己的主持增光添彩。

"幽默"这个词起源于古罗马人的拉丁文，形成于古法文，起初是个医学术语，指人的体液。它作为美学范畴的一种特定含义是 16 世纪以后的事情。汉语中最早出现"幽默"一词，据考是在《楚辞·九章·怀沙》中，是寂静无声的意思，与现在所说的"幽默"不同。我们现在说的"幽默"一词是英语"humour"的音译，有"会心的微笑""谑而不虐""非低级趣味的、只可意会的诙谐"等意义。这种解释只是书面上的。现实生活中，幽默的含义极为丰富，各家各派因此众说纷纭，至今仍未形成一个十分确定的含义，但是幽默的情状倒是十分明晰，以下几点就是它的情状表现。

（一）幽默的特征

1. 幽默总是机智诙谐的

著名文学家老舍先生曾这样评价幽默：幽默文字不是老老实实的文字，它运用智慧、聪明与种种搞笑的技巧，使人读了发笑、惊异，或啼笑皆非，或受到教育。

有这样一段对话：

"昨天你骑马骑得怎么样？"

"不太坏，不过我那马太客气了。"

"太客气了？"

"是呀！当我骑到一道篱笆的时候，它让我先过去了！"

人们一听便知道是马把这位先生摔下来了，而他却自我解嘲说是"马太客气了"，这种实际情况与口头描述的反差，产生了一种逗人发笑的效果。

2. 深度的幽默中往往也有修辞

在心理学家看来，幽默是聪明人的一种智慧游戏，是心智的释放，也是心理优越感在瞬间的能量积聚，但从本质上来看，幽默是一种积极修辞现象，离不开各种修辞手段的运用。在幽默这场智慧游戏中，语言成了形式，而修辞手段则成为载体。人们通过运用词语别解、夸张、排比、明喻、暗喻、反语等修辞手段，释放出深刻的智慧。

在某期《开讲啦》节目中，主持人撒贝宁问了嘉宾刘德华一个问题："周星驰比你出道还晚，今天他已经从星仔变成了星爷，为什么你还是华仔？"听到这个问题，全场观众哈哈大笑，掌声不断。

刘德华想了一会儿，机智地说："我告诉你，我没染过头发。"全场观众爆笑！

撒贝宁马上幽默地说道："我也要告诉你们，如果哪一天周星驰来了，周星驰会说，你以为我是真的白头发吗？我是染的！"全场观众再次爆笑，刘德华也为撒贝宁的幽默机智不住鼓掌大笑。撒贝宁正是运用词语别解的修辞手法，营造出了非常好的幽默效果。

3. 幽默并不一定直白，有的令人回味无穷

著名学者王蒙曾说："幽默是一种成人的智慧，一种穿透力，一两句就

把那畸形的、讳莫如深的东西端了出来。既包含着无可奈何，更包含着健康的希冀。"确实，真正的幽默从来不是哗众取宠的嬉笑，而是含义幽远，讲求寓深远于平淡，藏锋芒于微笑。

在某些特殊情况下，幽默甚至有着尖锐的刺痛作用或一针见血的穿透力。幽默的这种穿透力，一两句话就能把那畸形的、讳莫如深的东西端出来，对一切卑微可笑的东西当头一棒。但幽默的尖锐刺痛并不是破口大骂，仍具有含蓄深刻、一语中的的特点，这是高层次的幽默。

有一次，英国著名剧作家萧伯纳为庆贺自己的新剧本演出，特发电报邀请当时的英国首相丘吉尔看戏："今特为阁下预留戏票数张，敬请光临指教，并欢迎你带友人来——如果你还有朋友的话。"丘吉尔看到这封电报后，立即复电："本人不能参加首场公演，拟参加第二场公演——如果你的剧本能公演两场的话。"

面对萧伯纳的幽默挑衅，丘吉尔也以幽默的方式给予反击，这种幽默才是高层次的幽默。

4. 幽默中有温情

听了别人说的笑语能发笑，这是正常人起码的幽默感。自己能来点幽默，让别人笑，这人则具有相当的幽默感。若拿自己开玩笑——自嘲，这是最高品位的幽默。可见，富有平等意识和人情味是幽默的重要特征之一。很多语言高手都是擅长自嘲的人。

我国著名书画家、教育家启功先生在参加某大学的一个活动时，曾这样介绍自己："刚才你们老师给我封了许多头衔，我实在是不敢当。我们家的祖先原来生活在东北，是满族，古代叫作胡人。所以我今天所讲都是'胡说'，同学们不必太过认真。"这番幽默的开场白引得台下的学生哈哈大笑，说者和听者的距离一下子就拉近了。

有的幽默体现了人心善良的一面。幽默者不论是指出那些可怜或可鄙的小古怪，还是指出他人的愚笨可笑，总是在取笑别人的同时也取笑自己，其情绪是自尊和自嘲的混合。因而在化解困境、嘲讽丑态之中，能体现出真正的人情味，所以，幽默往往会拉近双方距离。

（二）幽默的作用

无论是在日常生活中，还是在重大的活动现场，都离不开幽默的谈吐。幽默在人际交往中可以发挥如下作用。

1. 幽默让你放松，减轻压力，使环境更协调

运用幽默技巧，可以缓和紧张形势，进而缩短双方的心理距离，钝化与他人的对立感，营造一种友好、和谐的气氛。

在一个学校的新生舞会上，由于新生们彼此都还不熟悉，大家都有点放不开，于是主持人故作严肃地说："看来是我们选的场地的空调太好了，把大家的热情都给冻住了。我让工作人员把空调关了好不好啊？"听了这席话，所有人都明白了他的意思，一阵大笑之后气氛便变得轻松多了。

2. 幽默中有智慧的光芒

幽默之所以被称为一种智慧，是因为幽默带来的笑声完全不同于小丑在众人面前的要宝，它需要在智慧积淀的思维基础上，以优雅的风度来呈现出自己的睿智。

在一次文艺活动中，主持人刚刚上台报完幕："尊敬的女士和先生们，下面我们将请在国际比赛中多次获奖的世界著名演奏家×××先生，用小提琴为我们演奏几首美妙的乐曲。"

结果，报幕完后，那位演奏家却没有上场，主持人只好退场去询问情况，这时候那位演奏家才不好意思地对主持人说："可我根本不是什么小提琴家，我是钢琴家。"

于是，主持人再次上场报幕："女士们和先生们，告诉大家一个坏消息——很遗憾，因为我们的小提琴出了一点儿故障，我们没办法听到×××先生的小提琴演奏了，但这里还有一个好消息，就是×××先生决定为大家演奏几支钢琴曲。这个机会实在是太难得，请大家热烈欢迎×××先生上台。"台下顿时响起了热烈的掌声和欢呼声。

3. 幽默会让人忘记酸楚和劳累

学习、工作疲惫时，读一则小幽默，会使你感到轻松，而在登山旅游或长途跋涉中感到筋疲力尽、情绪低落时，说上几则风趣幽默的小故事，你就会顿时情绪振奋，感到愉快。

在某年 6 月中旬，中国民族声乐比赛初评在武汉举行，著名词作家、剧作家乔羽是评委之一。在炎热的武汉一天三班地连续听录音，对 60 多岁的乔羽来说可不轻松。为了解闷，乔羽不断地抽烟，一边抽还一边念念有词："革命小烟天天抽。"

著名的歌唱家邓玉华也是该比赛的评委之一，特意为乔羽补充了三句，成了一首打油诗："革命小烟天天抽，遇到困难不犯愁；袅袅青烟佛祖嗅，体魄康健心长愁。"

乔羽听了，微微一笑，他联想到邓玉华每餐节食的情景，也回敬了一首打油诗："革命小姐天天愁，腹围过了三尺九；干脆天天吃肥肉，明天又到四尺九。"

众人听后都捧腹大笑，连日来的劳累也顿时烟消云散。

4. 幽默是最好的保健品

所谓"笑一笑，十年少"的说法并不夸张。例如，患抑郁症的人经常参加一些娱乐性的活动，看看小品，听听笑话，病情自会减轻。

5. 寓教于幽默，拉近了教育和被教育者之间的距离

在适当的场合，幽默的谈吐可以增强交际的生动性，增加亲切感。

（三）主持人培养幽默感的途径

幽默是交际语言的"润滑剂"，能使语言生辉。那么，怎样才能具有幽默感呢？

1. 要具有高尚的情趣和乐观的信念

幽默的谈吐是建立在说话者思想健康、情趣高尚的基础上的。幽默者要心宽气朗，对人充满热情，有较高的涵养。

钢琴家波奇一次在美国密歇根州福林特城演奏，发现全场有一半座位空着，他很失望。演出完毕，他还是大步走到台前，向听众表示谢意，并对听众说："朋友们，我发现福林特这个城市的人都很有钱，我看到你们每个人都买了两三个座位的票。"于是，这半屋子听众放声大笑，使劲鼓掌。

波奇的设想令人惊奇，他的结论令人会意。当大家发现表演场只坐满了一半人数的时候，大家或许会为波奇觉得尴尬，然而波奇的话语却完全颠覆了大家顾虑，他用极其幽默的话语，出乎意料地表达出了自己对来宾的欢迎，以及对空座位太多的豁然。他不仅使自己摆脱了困境，而且赢得了听众的尊重。

2．要有较强的观察力和想象力

提高观察事物的能力，进一步丰富想象力，培养机智、敏捷的应变能力，是提高幽默的一个重要方面。因此，一个善于幽默表达的人，必须是一个具有敏锐观察力和丰富想象力的人，只有这样，说出来的幽默才能既生动、准确、充满趣味，又能反映出事物的本质。

当然，在幽默的同时还应注意，重大的原则总是不能马虎，不同问题要不同对待，在处理问题时要极具灵活性，做到幽默而不俗套，使幽默为人们的精神生活提供真正的养料。

3．扩大知识面

幽默是一种智慧的表现，它必须建立在丰富的知识基础上。一个人只有具有审时度势的能力、广博的知识，才能做到谈资丰富，妙言成趣，从而做出恰当的比喻。因此，要培养幽默感，必须广泛涉猎，充实自我，不断从浩如烟海的书籍中收集幽默的浪花，从名人趣事的精华中撷取幽默的宝石。

五、注意语调和句调

抑扬顿挫是所有主持人讲话都希望达到的一种声音效果，如果能做到这一点，你的语言就会富有吸引力，不仅容易激起听众的兴趣，而且也能更好地表现你的思想、情感与韵味。而要做到讲话抑扬顿挫，主持人首先要注意语调和句调的运用。

（一）培养受人欢迎的语调

语调是语言表达的第二张"王牌"，所谓语调，就是说话的腔调。从严格定义上说，语调应表述为：整句话和整句话中某个语言片段在语音上的抑扬顿挫，包括全句或句中某一片段的声音的高低变化，说话的快慢（音的长短和停顿）以及轻重等。

在口语交际中，语调往往比语义能传递更多的信息，能对听众的心理产生极其微妙的特殊作用。语调还起着润色语言的作用，促进思想沟通，使语言表达更加清晰明确，从而增强语言的表现力。因此，学会运用语调，对于主持人提高语言表达能力是十分重要的。

1．语调反映情感和态度

语调能反映出你说话时的内心世界，表露你的情感和态度。当你生气、惊愕、怀疑、激动时，你表现出的语调也一定不自然。从你的语调中，人们可以感到你是一个令人信服、幽默、可亲可近的人，还是一个呆板保守、具有挑衅性、好阿谀奉承或阴险狡猾的人。你的语调同样也能反映出你是一个优柔寡断、自卑、充满敌意的人，还是一个诚实、自信、坦率以及尊重他人的人。

所以，我们说话时，要能够渗进人们心中，这样才能达到说服别人的目的。因此，在表示有疑问的时候，你可以稍微提高句尾的声音；要强调的时候，声音的起伏可以更大些；要表现强烈的感情时，可以把调子降低或逐渐提高。

2．掌握语调的分寸感

一般来说，语调越多样化，越生动活泼，其吸引力就越大。分寸感是语调正确的首要条件。每句话都可以用不同的语调来说，但不同的语调给对方的信息刺激也是不同的。同样一句话，由于语调不一，就可能给人不同的理解，文明语言可能揭示不尊敬对方的信息；相反，有些不礼貌的语言在非常亲近的人当中，却给人揭示一种亲密无间的信息，关键在于语调分寸感的使用。恰当地运用不同的语调，是衡量一个人口头表达能力的重要标志。

（二）掌握各种有特色的句调

一句话富有表现力，因为它声音有高有低，有快有慢。声音的高低是由声带的松紧决定的，声带拉紧，声音就变高；声带放松，声音就变低。我们说话可以自由地控制声带的松紧，使之发出不同的高低音。一句话声音的高低变化叫作句调。句调是语调中主要的内容。句调可分升调、降调、曲调、平调四种。升、降、曲、平四调，各具特色。只有掌握句调的特点，才能灵活表达出各种句调。

1．降调

这种句调先高后低，但声音不是明显下降，只是逐渐降低，句末音节短而低。在口头交际中，降调的使用最为常见，它多用于情绪平稳的陈述句、感情强烈的感叹句、表达愿望的祈使句。

2．升调

这种句调前低后高，整个句子的后半句明显升高，句末音节高亢，一般用于提出问题、等待回答、感情激动、情绪亢奋、句中顿歇、意犹未尽、发号施令、宣传鼓动、惊异呼唤、出乎意外等场合。

3．平调

这种句调变化不大，平稳、舒缓，多用于表达分量转重的文句，如庄重严肃、冷淡漠然、思索回忆、踌躇不决等。

4．曲调

这种句调由高转低，自低升高，或由低转高，再降低。曲调能表达出复杂的情绪或隐晦的感情，所以常用于语义双关、言外有意、幽默含蓄、讽刺嘲笑、意外惊奇、有意夸张等处。

六、调整说话的语气

所有使用有声语言的场合，都离不开语气。在一句话中，不但有遣词造句的问题，而且有用怎样的语气表达，说话才准确、鲜明、生动的问题。

若想成为一个说话富于感染力的主持人，就一定要熟练掌握驾驭语气的能力，要善于运用合适的语气来表达复杂的内容和不同的思想感情。

（一）掌握语气的特点

语气包含思想感情、声音形式两方面内容，而思想感情、声音形式又都是以语句为基本单位的。因此，语气的概念又表述为具体思想感情支配下的语句的声音形式。语音作为语言的物质外壳，是语气表达所必须依据的支持物。语言有表意、表情、表志的作用，语气相应也分为三种：

1. 表意语气

表意语气，指的是向对方传递某种信息。如陈述、疑问、祈求、命令、感叹、催促、建议、商量、呼应等。这种语气词或独立成小句，或用于小句末，或用于整个句子末尾。指明事实，提请对方注意，用"啊、呢、咯、嗯"等；催促、请求用"啊、吧"；质问、责备用"吗"，如与副词"难道"搭配，语气更为强烈；说理一般用"嘛"和"呗"；招呼、应呼用"喂"；揣测用"吧"。

2. 表情语气

表情语气是谈话中表现的感情。如赞叹、惊讶、不满、兴奋、轻松、讽刺、呵斥、警告等。赞叹用"呵、啧"，句中常有"多"字搭配；惊讶用叹词"啊、哎、哟、咦"；叹息用"唉"；制止、警告用"嘘、啊"；醒悟用"哦"；鄙视用"呸"；等等。

3. 表志语气

表志语气，就是对自己的说话内容表示某种态度。如肯定、不肯定、否定、强调、委婉、和缓等。肯定用"得了（是）……的"；缓和用"啊、吧"，语气显得平淡，不生硬；夸张用"呢、着呢"。

（二）改变不良的习惯语势

人在社会化的过程中，由于受社会、家庭和个人的某种语言习惯的影响，形成了每个人的独特的习惯语势，因此要尽早克服那些不符合语气要求的习惯语势。

有的人讲话声音变化很大，总是一开口声音很高、很强，到后来越说越低、越弱，句尾的几个字几乎听不到。这种头重脚轻的语势使语意含混，容易造成听话人的疲劳感。有的人讲话，总是带有一种"官腔"，任意拖长音，声音下滑，造成某种命令、指示的意味。有的人讲话，则喜欢在句尾几个字上用力，使末一个字短促，语力足，给人以强烈感、武断感，容易让人不舒服。把握语气主要是做到句首的起点要参差不一，句腹的流动要起伏不定，句尾的落点要错落有致，这样就能使语气千姿百态，丰富多彩。正确地运用语势，就会对每句话的表达从语意上给以具体把握。这种把握是驾驭语气的基本内容。

（三）根据不同场合调整语气

主持人要想让自己的讲话富有吸引力，必须要考虑场合、对象、时机等因素，根据不同场合、不同时机、不同环境和不同对象的语言交流特点，灵活恰当地运用语气的多种形式，做到适时而发。

1. 因人而异

驾驭语气最重要的一条是语气因人而异。语气能够影响听话者的情绪和精神状态。语气适应于听话者，才能同向引发，如是喜悦的会引发出对方的喜悦之情，是愤怒的会引发出对方的愤怒之意；语气不适应于听话者，则会异向引发，如生硬的语气会引发出对方的不悦之感，埋怨的语气会引发出对方的满腹牢骚等。判断说话语气的依据是一个人内心的潜意识。语气是有声语言的最重要的表达技巧。掌握了丰富、贴切的语气，才能使我们的思想感情处于运动状态，不时对谈话人产生正效应，从而赢得交际的成功。

2. 因地而异

把握语气要注意说话的场合，这是十分必要的。一般来说，场面越大，越要注意适当提高声音，放慢语速，把握语势上扬的幅度，以突出重点。相反，场面越小，越要注意适当降低声音，适当紧凑词语密度，并把握语势的下降趋向，追求自然。场合不同，应运用不同的语气。在谈话的场合和演讲的场合、论辩的场合和对话的场合、严肃的场合和轻松的场合、安静的场合和嘈杂的场合等，都要根据情况使用不同的语气。

一般而言，较大的场合要注意适当提高声音，放慢语速，使语势呈一定幅度上扬，以突出重点。反之，小场合则要注意适当降低声音，增强词语密度，使语势呈下降趋势，追求自然效果。不同的场合运用不同的语气，比如，主持谈话的场合和主持演讲的场合，主持论辩的场合和主持对话的场合，主持严肃的场合和主持演讲的场合，主持安静的场合和主持嘈杂的场合等，都应该根据具体场合使用不同的语气。

3. 因时而异

同样一句话，在不同时候说，效果往往大相径庭。抓住时机，恰到好处，运用适当的语气，才会产生更好的效果。

七、控制说话的节奏

人们在说话、朗读和演讲中，速度的快与慢、情绪的张与弛、语调的起与伏、音量的高与低等，变化对比，就形成了节奏。缺乏节奏感的语言是平淡呆板的，而节奏感强的语言抑扬顿挫，富有表现力，是吸引听者的最大秘诀。

节奏不是外加的东西，它取决于说话的内容和交谈双方的语境，靠起伏的思绪遣词造句，靠波动的情感多层衍进。人们在表达欢乐、兴奋、惊惧、愤怒、激动的思想感情时，语流速度一般较快；在表达忧郁悲伤、痛苦、失望或心情沉静、回忆往事的心理活动时，语流速度一般较慢。当然，也有例外的情况，如内心的思想感情是很紧张、很激动或很愤怒的时候，语流速度表现出来的却是平缓的，而听众正是从说话者的平缓的节奏中，感觉到说话者内心感情在强烈地变化。

节奏感强的、动听的、连贯的语言，同唱歌和音乐有许多很相近的特点和因素。有些词语需急速地念出来，就像音乐中的 8 分音符和 16 分音符；另有些词语必须表现得有分量些，必须拖长些，就像全音符和二分音符；而连贯一气的词语，就像是二连音或三连音。因此，要使自己的口头语言如同音乐般优美动听，就必须注意语言的节奏。

就语言的节奏类型来说，一般可分为六种。

1.轻快型。明快清晰，多扬少抑，听来不费力，让人感到活泼、流畅。日常对话中经常运用此类型节奏，一般性辩论也常采用此类型节奏。

2.凝重型。既不高亢，也不低沉，清晰沉稳，不滑不促，多用于某些语重心长的说服教育、发表议论和抒发情感等场合。这种节奏庄重、严肃，听来一字千钧，发人深省。

3.高亢型。声音偏高，语气昂扬，语势上行，给人以雄壮威武的感觉，多用于鼓动性强的演说和使人激动的重大事件。

4.舒缓型。说话从容舒畅，起伏不大，声音适中，是一种稳重、自然的表达方式，多用于学术探讨和阐释性、说明性的叙述。

5.低沉型。声音偏低偏慢，语气压抑，语势多下行，给人以庄重、沉闷的感觉，多用于悼念及具有悲剧色彩的事件的叙述。

6. 紧张型。语速较快，句中停顿较短，但声音不一定高，多用于须加以澄清的事实申辩和紧急情况的汇报等。

在不同场合、不同环境，可以分别侧重使用某一种节奏型，并以其他节奏型为辅，互相渗透融合，从而使说话、演讲和辩论的基调明确，不呆板单调。

此外，主持人还要练习每个词、词组和句子成分的节奏，因为每个词、每句话，都将影响一个人的说话语气与节奏。

节奏和说话者的心理状态关系密切，并随着心理运动的变化而变化。环境的更换，情绪的起伏，交际对象的差异，都会引起说话节奏的变化。

八、把握说话的语速

语速同声调一样，按一定节律变化，即构成一种节奏美。主持人如果能正确地把握语速的变化，不仅可以淋漓尽致地表达自己的观点，还能更好地激发听众的心理共鸣。

有些主持人讲话，忽快忽慢，快慢错位，不善于运用语速技巧，就会影响表达效果。如果主持人讲话的速度过快，经由耳朵传至大脑的信息过于集中，又会使人应接不暇、顾此失彼，甚至搞得人精神紧张。

有些主持人说得快而清楚，比如著名主持人华少在主持《中国好声音时》，就凭借超快速而清晰的语速——他在 47 秒内连说 350 个字，平均每秒约 7 个字，并且不卡壳、不出错、不含糊，而获得了"中国好舌头"的美誉。但能做到华少这样的主持人不多，大多数主持人语速快起来都是快而含混，说话太快而致字音不清，别人根本听不清在说什么。更何况，即便你有说话快而清晰的本领，但听者不一定都有听话快的本领。

主持人一定要明白，我们说话的目的在于使人全部明了，如果别人听不清楚，那就相当于做了无用功，白费口舌。因此，主持人在训练自己说话时，要注意声音清楚、快慢合度，做到你说一句，别人就听懂一句，不必再问，毕竟观众没听清也不会让你重说一遍。

一般来说，普通人的语速为每分钟 120 个字至 160 个字，听起来会比较清楚。但主持人的速度通常要比日常说话快，比如《新闻联播》的主持人语速就达到了每分钟 260 字至 300 字，男主持人平均语速较女主持人语速稍快，而综艺类节目主持人的语速则要根据场景适时转换，该快则快，该慢则慢。

对于非节目主持，语速也不宜固定，因为思想、情绪会影响音速，增加效果的停顿及速度变化都能丰富句子的变异。而且，语速也受制于讲话的语境。

（一）说话环境及说者心理状态影响语速

比如，情况紧急时，语速就要快些；情绪激动时，或兴奋，或恼怒，也会不由自主地加快语速；为了加强语势，引起听者注意，也需要加快语速。

（二）讲话内容也影响语速

无关要紧的事，语速快慢皆无妨；重要内容，需强调的内容，语速应适当放慢，让人听得清，便于理解。

（三）讲话对象也制约着语速

对方是老人、孩子及文化水平不高者，语速要适当放慢；对方年轻，听辨能力强，或是个急性子，语速应适当加快。一般情况下，以中速为宜。

当然，非节目主持虽然语速不定，但还是要确定一个基本语速，在这个基础上根据语境变化而变换语速。

总之，当众讲话时要掌握好语速，何时快，何时慢，何时停顿，要能恰当自如地做节奏调整。善用语速技巧的讲话者，无疑会增添讲话的吸引力，给人以稳重、自信之感。工作头绪纷繁，紧张忙碌，易导致讲话失调。总之，当快则快，当慢则慢，快慢适中，圆润顺畅，这是掌握语速技巧的真谛。

九、适时地停顿

停顿是主持人语言艺术中的第一大要素，恰当地处理说话中的停顿，不仅是主持人表达说话意图的需要，而且是增强语言表现力和精确性的需要。

停顿，是指口头表述中，词语之间、句子之间、层次之间、段落之间在声音上的间断。主持人说话时如果不注意语音停顿，是无法传情达意的；如果停顿得不恰当，反会造成表意的错误。因此，停顿是有声语言表情达意的必要手段。

适当的停顿，可以准确表达语言的内容和感情，同时，也给听者领会和思索的时间，还可使说话者得到换气歇息的机会。停顿可分为以下四种：

（一）语法停顿

标点符号是语法停顿的主要依据。不同的标点符号包含着不同的内容，因此其停顿的时间、方式也不一样。一般的说话，段落之间的停顿时间最长，句号、问号、感叹号停顿的时间次之，逗号、分号、冒号再次之，顿号的停顿时间最短。

（二）逻辑停顿

逻辑停顿，是指语言中有标点的地方一般需要停顿，但在一个句子中间，为了准确地表达语意，揭示语言的内在联系，可根据文义，合理地划分词组，做一些适当的停顿。词组之间的停顿千变万化，是停是连还须以表意准确清晰为出发点，做出适当的选择。

（三）感情停顿

感情停顿也称"心理停顿"，是为了表达语言蕴含的某种感情或心理状态所采取的停顿。恰当地运用感情停顿，可使悲痛、激动、紧张、疑虑、沉吟、回忆、思索，想象等各种感情和心理状态的表达更加准确。感情停顿是一种极其重要的语言表达技巧，它能充分展现"潜台词"的魅力，使听众从"停顿"中体会语言的丰富内涵和难以言表的感情，从而使语言更加生动。

（四）生理停顿

生理停顿，即停下来换口气，一般来说，生理停顿是与以上三种停顿结合在一起进行的。这种停顿必须服从语法、逻辑和事态的需要，一般不单独进行。

主持人要掌握说话中的停顿艺术，还要把握停顿的疏密长短和停顿的气息处理。一般来说，句子越长，内涵越丰富，停顿就越多；句子越短，内涵越少，停顿也越少；表现回味、想象等心理状态和凝重、深沉的感情，停顿较多，时间较长；表现明快的节奏和欢快的心情，停顿较少，时间也短。

停顿的气息处理，必须根据语言的内容合理控制，有时急停，有时徐停，有时强停，有时弱停。这种气息强弱急缓的变化，是停顿表情达意的必要手段。

停顿训练要从语法停顿、逻辑停顿、感情停顿、生理停顿等概念的理解和各种标点如何停顿的方法的介绍开始进行，逐步深入到个体语言现象的分析，归纳出语流中的间隙停顿的规律。在此基础上，进行语段训练，录音后逐句评析。

主持人可以根据要求做以下停顿设置练习：

1. 领属性停顿练习："他当过营业员，在报社干过记者，还做过电工。"（在"他"后作比后面逗号更长的停顿）

2. 并列性停顿练习："过去我们没有被困难吓倒，现在我们也不会在困难面前畏缩不前。"（在"过去""现在"后安排停顿）

3. 呼应性停顿练习："现在播送中央气象台今天早晨6点钟发布的天气预报。"（在"播送"后停顿，以表明与"天气预报"的响应关系）

4. 做区分性停顿练习："中国队打败了美国队获得冠军。"（若在"了"后停顿就会产生歧义，应在"美国队"后停顿）

5. 做强调性停顿练习："自古被称作天堑的长江，被我们征服了！"（在"被我们"后作较长停顿，以突出征服长江的英雄气概）

6. 做回味性停顿练习："心灵中的黑暗必须用知识来驱除。"（这句名言在"暗"字处停顿，给人留有思辨回味的余地）

7. 做生理性停顿练习："我……我丢了佛莱思节夫人的项链了。"（在"丢了""夫人"后增设停顿，表现因惊惧而口舌不灵）

8. 做情绪转换性停顿练习："本以为可以看到壮美的日出，却淅淅沥沥

下起雨来。"（在"日出"后延长停顿，表达热切希望心情的延续与情况突变的心理暗示）

十、注意谈话禁忌

所有的说话大致可分为两种：一种是让人愉快的，另一种则是让人生厌的。每个人都喜欢说让人愉快的话，而每个主持人也都希望成为受人欢迎的主持人。

正如谈话有技巧一样，谈话也是有禁忌的。我们不能满足于我们知道或掌握了多少技巧，还要谨慎地注意谈话的禁忌，避免闯入那些谈话的雷区。谈话的禁忌有许多，需要在日常谈话中不断总结积累，我们在此只做简单的概括。

（一）忌枯燥无味

有一类人说话别人不爱听，并不是因为说话太多，喋喋不休，而是因为说的话太枯燥乏味，没有一点儿波澜和惊奇。他们常常是自说自话，观念单调，言语乏味。这类人不开口则已，一开口便使人感到厌倦了。

没有重点、没有观点、平淡无奇、像白开水似的话，很快就会让聆听者失去耐心。

（二）忌插嘴插舌

插嘴插舌者总是在你说话说到高兴处，冷不防半腰杀进来，让你猝不及防，不得不中途偃旗息鼓而退。他不会预先告诉你，说他要插话了。插嘴插舌者有时会插到别的话题上，有时是把你的结论代为说出，以此得意扬扬地炫耀自己的光彩。无论是哪种情况，都会让原来说话的人顿生厌恶之感，因为插嘴插舌者不懂得尊重别人。

也许，对付插嘴插舌者最好的办法，就是让他与喋喋不休的抱怨者同处一室，那样场面一定精彩，他们双方不是争个你死我活，就是乐在其中。

（三）忌空泛说教

当然，不能完全把说教一棒子打死，有时的确也有正确的忠告，但这些忠告也经常因带有说教腔引起谈话对象的逆反情绪而不被接受。既然是要说服教育别人，那么就该注意如何使别人接受你的意见，不是要高高在上，目空一切，而是要拿出鲜明、生动、形象的事例让别人心悦诚服地接受。

其实，说教者说的这些话，应该是在别人接受观点时，自然而然地从心里产生的想法。而由说教者嘴里说出，说得再多也只是空洞的说教而已，收不到任何效果，反倒惹人生出抵触情绪。

（四）忌自我吹嘘

大言不惭的人也许会引起人们一时的兴趣，他所说的那些背离事实的故事，在疲倦的时候听听倒也无妨，而且他讲得往往有声有色，故事完整，波澜起伏。只是他讲的主题只有一个，即他自己。如果你留意一下，几乎每句话都会出现一个同样的字——"我"，这个无限重复的"我"很容易让人失去耐心。

心理学研究发现，一个满嘴"我"的人，一个独占"我"字、随时随地说"我"的人，注定是一个不受欢迎的人。因为"我"字讲得太多并过分强调，会给人突出自我、标榜自我的印象，这会在对方与你之间筑起一道防线，形成障碍，影响别人对你的认同。因此，我们在讲话时要少说"我"，多说"我们"，可以很好地拉近说者和听者的心理距离。

当你不可避免地要讲到"我"时，要做到语气平淡，既不把"我"读成重音，也不把语音拖长。同时，目光不要逼人，表情不要眉飞色舞，神态不要得意扬扬，你要把表述的重点放在事件的客观叙述上，不要突出做事的"我"，以免使听的人觉得你自认为高人一等，觉得你在吹嘘自己。

（五）忌说长道短

笑话、幽默、奇人逸事不失为一种良好的语言润滑剂，但一旦过了头，沉浸于那些不堪入耳的黄色玩笑，或出言粗俗，就会被人认为是缺少思维能力和知识浅薄的家伙，而失掉自己的人格尊严。

（六）忌小题大做

爱小题大做的人，常将很多的时间与精力，放在一件很渺小而不合乎需要的事物上。若要他讲述一段遭遇，他一定会不厌其烦地反反复复地用五倍以至十倍的时间来讲述他的故事。你等他讲了好久，已经被他众多散漫的细节弄得晕头转向，却还没有听到他讲述的故事的要点。如果在他讲述的过程中，你想抓住故事梗概，问他一句："喂，你所讲的那位穿灰色风衣的女人究竟如何呢？"他仍只是轻描淡写地回答你："不用急，我就要讲到她了，你先听我把这个说完。"接着，他又啰里啰唆地说出很多无关紧要的话。

假如这位小题大做者能看出别人之所以耐心地听他讲故事，完全是出于一种社交礼貌，那么他必定会把要说的话整理完后才讲；如果他能看出别人对他的故事并不感兴趣，他也会做出种种努力，以便把故事讲述得更紧凑一些。遗憾的是，他们根本不关心这一点，自然也就始终察觉不出听众的反应。

（七）忌自作聪明

有一类人，总觉得自己比别人聪明，摆出一副什么事都知道的架势，因此在言语行为上，总认为别人说得不好，考虑得不周，其实他自己的意见也高明不到哪儿去，或者根本牛头不对马嘴，让人既好气又好笑。

自作聪明的人往往还特别爱说话，总认为自己的意见比谁的意见都好，爱大嗓门到处嚷嚷，以炫耀自己万事通的本领。

（八）忌言而不实

言而不实的人说话很少有个准数，要么与事实本身不符，要么说一套做一套，极易失去别人的信任。

（九）忌语言刻薄

有的人似乎特别伶牙俐齿，说话总是咄咄逼人，攻击性特别强，而且往往伴有冷嘲热讽，给人不留情面，实际上他只是言语刻薄，这类人常被形象地称为"刀子嘴"。

（十）忌主持变成辩论

有的人说话好像就是为了与他人辩论似的，不是为了真理，而只是为了辩论而辩论。他总要拿出不同的或相反的观点与别人对垒，似乎这样很有趣。

第三节　非节目主持的称谓用语

一、如何称呼别人

称呼，一般是指人们在交往应酬中彼此之间所采用的称谓语。选择正确的、适当的称呼，既反映了自身的教养，又体现了对他人的重视程度，从中还表明了双方关系的亲疏。

称呼，表示着人与人的关系，反映着一个人的修养和品德，也影响着社会的风尚。在社交场合，人们对别人如何称呼自己非常敏感，亲切恰当、礼貌得体的称呼不仅能表示对被称呼者的友好与尊重，同时也反映了称呼者的修养与文明，从而能够促使双方产生心理上的融洽，让交际进行得顺利、愉快。由于说话场合以及说话双方的身份、年龄、文化背景的影响，人们对同一个人的称呼是多种多样的。所以，我们要充分了解有关称呼的各种知识，在具体的人际交往中因时、因地制宜，得体地称呼别人。

（一）我国称呼语种类

称呼语有许多方面的内容，我们简要介绍一下目前的称呼方式。

1. 面对群体

面对众人说话时，有泛称和类称两种称谓方式。

所谓泛称，是将听众中不同年龄、性别、身份和职务的人都包括进去的称呼。这种称呼往往反映的是称呼者与听众之间共同的、唯一的关系，它不因个体或者群体中一部分人的特征而发生变化。例如，"朋友们"这三个字就是泛称，它意味着说话者与听众之间亲切、平等、友好的关系。

所谓类称，是根据听众的性别、地位、身份不同而分别称呼的方式。比如，在一次大规模的代表大会上，有来自各个方面的人士，这时候用类称就比较合适，如"女士们""先生们"等。

2. 面对个体

人们在日常的生活与工作中，更多的是与个体的人打交道。面对个体的称呼也可分为两种：尊称和泛称。

尊称是指对他人尊敬的称呼。尊称在面对长辈、领导、服务对象或陌生人时用得比较广泛，它体现了说话者对被称呼者的敬意和谦恭，是说话者讲文明、讲礼貌的表现。

——"您""您好"是使用频率最高、应用范围最广的称呼。有的时候，是否用"您"来称谓陌生人甚至能分辨出不同人的文化程度和思想修养。

——"老"字是专指德高望重的老人的，如"郭老""望老"（对著名语言学家陈望道先生的尊称）。

——在我国长期的文化传统流传、发展的过程中，积累了许多约定俗成的尊称，如"令尊""令堂""贵庚"等。

面对个体时的泛称，有别于面对群体时的泛称，它指的是对个人的一般性的称呼，常常在事务性关系、熟人，或者关系介于亲密和拘谨之间的人们使用。

在正式场合中，常见的个人泛称有：

——姓或姓名＋职衔／职务／职业／爵位，如王教授、刘厂长、李老师、爱德华公爵；

——直呼姓名，如吴丽华；

——泛尊称或职业称，如先生、小姐、大使先生；

——老／小＋姓，如老李、小张。

在非正式场合中，个人泛称有：

——姓＋辈分称呼或直接用辈分称呼，如李伯伯、阿姨；

——名或名＋同志，如振宇、振宇同志；

——特点＋的，如掌柜的、当家的。

3. 民间的称呼

由于我国地域辽阔，民间习俗差异较大，在称呼上也表现不一。下面介绍在民间家族中的一些特殊称呼。

曾祖父：曾爷爷、太翁、太公、太爷

祖父：太爷、公公、王父、阿翁

祖母：奶奶、王母、大母

外祖父：姥爷、大父、外公、外翁、外爷、外大父

外祖母：姥姥、老老、老娘、外婆、好婆、家婆

父亲：爸爸、爹爹、阿爸、阿爹、爷、大、爹

母亲：妈妈、妈、阿母、阿娘、阿妈、娘、姆妈

伯父：伯伯、大大、大伯、大爷、在父

伯母：伯娘、大妈、大娘

叔父：叔叔、爷叔、仲叔、季父、从父、阿叔

叔母：婶母、婶子、婶婶、婶娘、婶、季母

姑母：姑妈、姑娘、姑姑、姑儿、姑

姑夫：姑父、姑丈

姨母：姨妈、姨娘、阿姨、姨儿、从母

姨夫：姨父、姨爹、姨丈

舅母：舅娘、舅妈、妗子、妗母

舅父：舅舅、娘舅、母舅、阿舅

公公：公爹、阿公

婆婆：婆母、阿婆、阿姑

岳父：岳丈、丈人、阿爸、岳翁

岳母：岳母娘、丈母娘、外母、外姑

丈夫：爱人、先生、老公、家主公、夫

妻子：爱人、夫人、老婆、太太、妻室、家主婆、妻

哥哥：兄长、阿哥、昆、兄

弟弟：兄弟、阿弟、弟

姐姐：姐姐、阿姐、阿姊、女兄、姐、姊

妹妹：妹妹、阿妹、妹子、女弟、娣

嫂子：嫂嫂、阿嫂、大嫂、姆姆、嫂

姐夫：姐丈、姊丈、姊夫、姊婿

弟妇：弟妹、阿婶、婶

妹夫：妹丈、妹婿

儿子：儿子、子、囝、男

女儿：闺女、闺爱、姑娘、囡、女

媳妇：儿媳、儿妇、子妇、媳

女婿：子婿、婿郎、半子、女夫、娇客

侄子：从子、犹子、阿咸

侄女：从女、犹女

外甥：外男、外侄、甥

4．传统的称呼

中华民族历史悠久，文明源远流长。在长时期的人际交往中，形成许多称谓。直到今天，一些称谓在一些场合仍然适用。

父母：高堂、椿萱、双亲

岳父：泰山、冰翁

岳母：泰水

别人的父母：令尊、令堂

别人的兄妹：令兄、令妹

别人的儿女：令郎、令爱

自称父母兄妹：家父、家严、家母、家慈

干爹、义父：自称为义子

兄弟：昆仲、手足

夫妻：伉俪、佳偶

夫称妻：内室、内人、内子、拙荆、荆妇、荆妻、山荆

妻称夫：夫婿、郎君、外子

当初结婚的夫妻：结发、原（元）配

后娶妻：续弦、续室

父死后：先父、先严、先考

母死后：先母、先慈、先妣

夫死称妻：寡、孀

妻死：亡妻

妹死：亡妹

老师：恩师、夫子

非节目主持艺术

学生：门生、受业

同学：同窗

妇女：巾帼

男子：须眉

女婿：东床、姑爷

媒人：月老、冰人

您：足下

我：鄙人

结婚：花烛、合卺

称别人家：府上、尊府

称自家：寒舍、舍下、草堂

妮：女性代称

倩：男子的美称

嫡：古代正妻所生的子女

娥：对古代女性的称呼

处子：未婚女子

妇：已婚女子、妇女通称

孥：妻儿统称

姝：美女

士：男子

5.年龄的称谓

孩提：指幼儿时期。也有写作"孩抱"或"提孩"的，韩愈诗中就有"两家各生子，提孩巧相如"句。

初度：指小儿周岁。后来亦泛指生日为"初度"。

垂髫：指古代儿童犹未束发时自然下垂的短发。因而就用"垂髫"称幼儿或指人的幼童阶段。也有说"垂发"的，意思相同。如《后汉书·吕强传》就有"垂发服戎，功成皓首"句。

总角：古代幼童把垂发扎成两结于头顶，形状如角，因而也用"总角"来代指人的幼童阶段。在这里，"总"就是聚拢束结的意思。

童龀：《说文》中有"男八月生齿，八岁而龀，女七月生齿，七岁而龀"的说法。可以看出，孩子乳牙脱落，长出恒牙，称为"龀"。"童龀"，往往是指人的儿童、少年时期。也有说成"髫龀"的，如《后汉书·董卓传》："其子孙虽在髫龀，男皆封侯，女为邑君。"

　　竖子：一般指小孩。也有代小子。如《荀子·宥坐》："百仞之山而竖子冯而游焉。"又如《晋书·阮籍传》："时无英雄，使竖子成名。"这里的"竖子"，均指小孩。

　　儿：儿童、儿子、少女的代称。《史记·扁鹊传》："闻秦人爱小儿，即为小儿医。"这里的"儿"，指儿童。《木兰诗》："阿爷无大儿，木兰无长兄。"这里的"儿"指儿子。古诗《为焦仲卿妻作》："兰芝见阿母，儿实无罪过。"这里的"儿"，是年轻女子的自称。

　　藐：指幼年。潘岳《寡妇赋》："孤女藐焉始孩。"

　　倪：指小孩。《旧唐书·玄宗本纪下》："垂髫之倪。"

　　孺：指幼童。《后汉书·范式传》："见孺子焉。"

　　束发：通常指十五岁以上的青少年，也指八岁以上的少年。因古时男孩成年时束发为髻。

　　及笄：本来指古代盘发用的簪子。及笄，即女子到十五岁左右，就要把头发簪起，表示已成年，如《国语·郑语》："笄既而孕。"

　　破瓜：指十六岁女子。旧时文人把"瓜"字拆开，成为两个"八"字。又因八乘八为六十四，也称六十四岁为破瓜。

　　姹女：指少女。《后汉书·五行志》："河间姹女工数钱。"

　　女郎：指年轻女子。《木兰诗》："同行十二年，不知木兰是女郎。"

　　待年：指女子成年待嫁，亦称"待家"。

　　花信：二十岁左右女子的代称。

　　弱冠：古代男子二十岁叫作"弱"，这时就要行"冠礼"，即戴上表示已成人的帽子。"弱冠"，即年满二十的男子。

　　而立：指三十岁左右。语出《论语·为政》。

　　不惑：四十岁的代称。《论语·为政》："四十而不惑。"言社会经验较多，遇事能分辨是非，不再疑惑。

艾、半百：指五十岁。

徐娘半老：四五十岁妇女的称谓。

媪：对老年妇女的敬称，如《战国策·赵策四》："老臣以媪为长安君计短也。"也作妇女的统称，如《南史·袁昂传》："昂年五岁。乳媪携抱匿。"

妪：指年老的妇女。如《史记·滑稽列传》："即使吏卒共抱大巫妪投之河中。"也作妇女通称，如《南史·邓郁传》："从少妪三十。"

夫：指成年男子。

壮：指三十岁以上的男子。贾谊《治安策》："在国之玉，幼弱夫壮。"

考：指老年。《诗经·小雅·楚茨》："使君寿考。"

耆艾：年老或老人的意思。《荀子·致士》："耆艾而信，可以为师。"

知命：五十岁的代称。《论语·为政》："五十而知天命。"五十岁时，就懂得天的意旨了，故称五十岁为"知命之年"。

花甲：指六十岁。我国古代用干支记时间。所谓干支，是天干地支的简称。天干有十，地支十二，十天干和十二地支按照顺序搭配成六十个单位，通常就叫作"六十花甲子"，也称"花甲"。把这种记时间的词语移用到记人的年龄上，就以"年届花甲"或"花甲之年"来指人到六十岁了。

古稀：七十岁的代称。杜甫《曲江》："酒债寻常行处有，人生七十古来稀。"古代活到七十岁，也就很不容易了，后人就依此诗，称七十岁为"古稀之年"。

耋：八十岁的代称。《毛传》："耋，老也。八十曰耋。"

耄：指人的高寿，一般指七十岁以上。《礼记·曲礼》："八十、九十曰耄。"《左传·隐公四年》："老夫耄矣。"

期颐：指百岁之人。《礼记·曲礼》："百年为出'期颐'。"人生以百年为期，期即指已到百年，"颐"养之意。

6. 不同对象的称呼

在工厂里比较通行的是称"师傅"，在学校称"老师"，比较熟悉的可以称"老某""小某"。

对领导同志（除部队外），按照中央精神应称为"某某同志"，而不要称职务。在某种场合为了工作需要，说明某人的身份而称一下职务也是可以的。

对于老年人要称之为"老大爷""老奶奶"。对于年纪稍大的称为"大叔""大娘"，也可称为"叔叔""伯伯""阿姨"等。

对于低年级的学生和幼儿园的小孩儿，可根据年龄称他们为"小同学""小朋友"。

对于年纪相仿的人，有些青年人习惯于称"大哥""大嫂""大姐"。这些称呼也是可以的。但"哥儿们""姐儿们"一类称呼就显得不庄重了。

对海外同胞，则可根据年龄、性别称为"先生""夫人"等，不可滥用"同志"这种称呼。

对解放军战士应称"同志"，不要用"当兵的"代替。

总之，要根据对象和场合，使用文明礼貌的语言称呼。

7. 国际交往中的称呼

在国际交往中，一般对男子称"先生"，对女子称"夫人""女士""小姐"。已婚女子称"夫人"，未婚女子统称"小姐"。对不了解婚姻情况的女子，可称"小姐"，对戴结婚戒指的年纪稍大的可称"夫人"。这些称呼均可冠以姓名、职衔等。如"布莱克先生""议员先生""玛丽小姐""秘书小姐""护士小姐""怀特夫人"等。

对地位高的官方人士，一般为部长以上的高级官员，按国家情况称"阁下"、职衔或先生。如"部长阁下""总理阁下""总理先生""大使先生"等。但美国、墨西哥等国没有称"阁下"的习惯，因此可称"先生"。对有地位的女士可称"夫人"，对有高级官衔的妇女，也可称"阁下"。

对医生、教授、法官、律师以及有博士学位的人士，均可单独称"医生""教授""法官""律师""博士"等。同时可以加上姓氏，也可加"先生"，如"卡特教授""法官先生""律师先生""博士先生"等。

对军人一般称军衔，或军衔加"先生"，知道姓名的也可冠以姓与名。如"上校先生""莫利少校""维尔斯中尉先生"等。有的国家对将军、元帅等高级军官称"阁下"。

对服务人员一般可称"服务员"，如知道姓名的可单独称名字。但现在有很多国家也倾向于称服务员为"先生""小姐"。

对教会中的神职人员,一般可称教会的职称,或姓名加职称。如"怀特神父""传教士先生""牧师先生"等。有时主教以上的神职人员也可称"阁下"。

有的国家还有习惯的称呼,如称"公民"等。在日本,对妇女一般不称"女士""小姐",而称"先生"。

人们在与本国人或本民族人打交道时,由于接受的是类似的教育和文化熏陶,接触的是结构相近的人际关系网络,因此在称呼对方时一般不会出现重大的错误。相对而言,了解生活在不同文化背景下外国人的称谓则显得更重要。

——"先生"是西方人对成年男子的称呼。在美国,12岁以上的男子就享有"先生"的称号;日本人对身份高的女子也称"先生"。称先生的同时可以冠以姓名、职称、衔称等。如"密特朗先生""市长先生""教授先生"。

——"女士"是西方国家对成年女性的通称,一般冠以她自己而非丈夫的姓名。也可以称"夫人",冠以丈夫的姓名或丈夫的姓以及她自己的名;已离婚的妇女可冠以她自己的姓名或前夫的姓以及她自己的名,而不能仅用前夫的姓。成年而未婚的女子称"小姐",冠以她的姓名。对不了解其婚姻状况的女子可泛称"小姐"或"女士",已婚的女性被别人称作"小姐"时,会愉快地接受这一"误称"。这些称呼之前也可以冠以职称、衔称。

——对有官衔的人称官衔,而对部长、将军、主教以上的男女高级官员,可酌情称"阁下",并冠以职衔。如"部长阁下""撒切尔首相阁下"。但有些欧美国家,如德、美、墨西哥等国往往称"先生"而不称"阁下"。

——在君主制的国家,按习惯称国王、皇后为"陛下",称王子、公主、亲王为"殿下",对有爵位的人称爵位,也可称"阁下""先生"。

——对有知识或具有博士学位的人,称职衔或学位。尤其对具有博士学位的德国人,最好时刻把对方的学位记在心头,并且不厌其烦地使用"博士"这个称呼。有些国家助理医生也称"医生",副教授也称"教授"。

在英国，对内科医生称"医生"，对外科医生称"先生"。

——对军官称军衔或先生，或者直呼其姓名。

——对于宗教界神职人员应该尊重他们的宗教信仰，称呼他们的宗教职称，或加姓名、先生，如"牧师先生""阿卜杜拉阿訇"等。

（二）称呼语禁忌

1. 考虑风俗习惯

（1）一方面，由于我国幅员辽阔，方言土语繁多，同一称呼在不同地区含义会大相径庭。因此，对一些地方方言土话不熟悉时，要特别注意称呼。例如，安徽省某些地区称妻子或已婚女子为"奶奶"，但是如果在北方也称某人的妻子为"奶奶"，势必会闹出大笑话。

（2）在跨文化、跨国界的交流中，如果生搬硬套，也会造成交际中的障碍。例如，"老"字在我国是尊称，但是一些西方国家就忌讳说"老"。

有些称呼带有旧时代的烙印，残留着剥削阶级思想意识的痕迹，如剃头的、伙夫、戏子之类的称呼，是对劳动者的蔑视，应当淘汰，并将其分别改称为"理发员""炊事员""演员"。

2. 注意级别之间的区别

当代社会的上下级和长晚辈关系，已经不是封建社会的等级关系，使用恰当的称呼，体现尊敬与亲切，是十分必要的。对长辈要使用尊称，对领导最好称其职务，对小朋友则可去姓呼名，或使用昵称。

3. 还要考虑对方的心理因素

同样的称呼，有人乐于接受，有人则讳莫如深，因此，我们要注意对方的心理和忌讳，以免称呼不当。例如，渔民忌"沉"字，如果有个渔民姓陈，在他出海、下河前，切勿跟随其后"老陈""老陈"地叫个没完，这会让他感到不吉利。所以称呼也要对应场合，因人而异。

二、如何介绍自己

自我介绍，是指人们在一定的场合中向他人介绍自己的过程。自我介绍是推销自己的形象和价值的一种方法与手段，因此，这种"推销"的成功与否，常常决定着深层次的人际交流是否能够实现。对于主持人来说，成功的自我介绍是吸引观众、征服观众的基础，是实现节目传播效果和达到活动主办目的和要求的先决条件。恰当得体、别具一格的自我介绍能把自己美好、独特的形象推入对方的视线，而且会给对方留下深刻、良好的印象，从而为双方进一步沟通与了解铺平道路。反之，平白无奇的自我介绍只会使自己在他人面前如过眼云烟，不能给对方留下任何可供回忆的痕迹；而在介绍自己时飞扬跋扈或自卑怯懦又会勾起对方的厌恶或者鄙夷。由此可见，自我介绍并不仅仅意味着简简单单的自报姓名，在某种意义上，自我介绍也是一种学问和艺术，需要我们掌握必要的技巧和尺度。

自我介绍是交际中常用的一种口语表达方式；从某种意义上说，自我介绍是进行社会交往的一把钥匙。这把钥匙，运用得好，可使你在社交活动中百事如意，反之，就可能给你带来种种困难。那么，怎么做自我介绍才能获得交流沟通的成功？

（一）要自然亲切、把握感情的尺度，增强自信意识

自我介绍的目的是让别人了解自己，努力搭起自己与别人之间相互沟通、相互信任的桥梁。所以，我们应该表现得诚恳而又热情，使对方感受到我们的友善与随和，从而愿意接近我们，与我们深入交往。

例如，在婚礼仪式上，婚礼主持人可以这样介绍自己："我叫×××，今天非常荣幸能够为今天的新人主持婚礼。别看我长得个子矮，其实我跟今天的新人同样是来自山东的，所以我们都是一家人。在座的各位爷爷奶奶、大叔大娘、兄弟姐妹们，谢谢你们来参加咱家的婚礼。"主持人用简单的自我介绍和亲切的称呼拉近了自己和新人、来宾的距离，让人感到亲切自然。

马克思说："人们之间的交往是一切社会心理现象的基础和根源。"从实际心理看，人们初次相见，彼此都有一种要了解对方的愿望，都有一种渴望得到尊重的心理。我们坐在办公室里，听到敲门声，就知道有人来了。开了门，看到进来的是一位陌生人，立刻想到：他是谁呢？来干什么？一种渴望了解对方的强烈愿望油然而生。如果你能在这个时候，及时、准确、简要地做出自我介绍，"自我袒露"出来，使其渴望了解的愿望得到满足，这是对对方的一种尊重。接着，对方也会及时地向你做自我介绍，也把自己"袒露"出来，双方就可以坦诚相见，一拍即合，后面的事情就好办多了。相反，见面之后羞羞答答、遮遮掩掩地不愿"亮相"，老半天也不做自我介绍，就会使对方感到失望，特别是当对方已经猜测出你是谁，来干什么之后，还不能及时地做自我介绍，场面就更难堪了。得体地介绍自己，也不是那么容易，有人洒脱自然，有人拘束呆板。因此要注意以下两点。

1. 从容不迫。用眼睛联络，不要总盯着别人的某一局部，不要缩手缩脚，也不要做作；要自然、大方、机敏。声调不要过高或过低，过高显得浮躁，过低显得怯懦，应以受众听清为原则。

2. 克服羞怯心理，增强自信意识。从人的心理看，初次相见，彼此都有一种要了解对方的愿望和希望得到对方尊重的心理。因此在求职时，准确、简要地自我介绍，使对方的愿望得到满足，这是一种尊重。

（二）掌握分寸

分寸感特别重要，因为做自我介绍不仅仅是对自己基本情况的客观陈述，也包含自我评价。哪怕是简单的自我介绍，也缺不了自我评价的内容。在上面说到的简单介绍里，只要他们报出了自己的职务名称——采购员和推销员，也就足以显示各自的身份、地位、职权范围等，这实际上也包括自我评价在内。做自我评价，既不能过高，也不能过低，关键在于掌握分寸，否则容易给人以不良的印象。

首先要有自知之明。俗话说：知人者智，知己者明，知人易，知己难。要对自己做出准确的评价，就非有自知之明不可。正确地对待别人的赞誉，严格地剖析自己的短处，才能得出实事求是的结论，做出令人信服的自我评价。

著名主持人窦文涛一向以能"侃"闻名，但他私底下却有一点社交恐惧症，害怕与陌生人说话，也就不太接受媒体的采访。但在成都为一次活动做主持时，却经不住《华西都市报》记者的再三请求，接受了采访。

采访过程中，记者称赞窦文涛在节目中的"侃"功了得，而窦文涛却没有接受这个赞美，而是给予了真诚的自我评价："说，其实是一门非常高深的艺术。你看，孔子说的话成了《论语》，诸葛亮一句话能退百万雄兵，多厉害啊。要掌握这门艺术并非易事，他们都是在用心说，并非单是语言技巧。我整天都在琢磨这事，很不满意，我失败感很强……我这人有点怕生人，交际能力很差，严重的说法是有些自闭。别看我在镜头前嬉笑怒骂，调动控制对面聪明绝顶的嘉宾游刃有余，其实，都是给'逼'出来的。但是自卑的人就要去'现'、去丢脸。所以到现在，自卑感只在生活中才有，录影棚的灯一亮，就不去想这些，录完了节目又会觉得刚才太笨，哪句话没说到位……我的一生都在'劳改'，不断地发现自己的缺点、错误，并不断改正它。"

窦文涛并没有借别人对自己的赞誉之辞自吹自擂，而是在自我介绍中严格剖析自己在"能侃"的盛名之下，其实难副的所在，如实地历数出自己的弱点。列宁说："认识了自己的缺点就等于改了一大半。"像这样的自我介绍，不仅不会失去别人对你的信任，相反，对方会从你的自我介绍中看到自知之明的睿智和严于律己的品格而更尊重你、更信任你。

还要谦虚谨慎。谦虚本身就是一种美德。在做自我评价时，应适当地留有余地，一般不宜用"很""最""极""第一"等表示极端的词儿。正如孟德斯鸠在《波斯人信札》中说的那样："夸奖的话，出于自己口中，那是多么乏味！"

央视著名主持人白岩松在成名之后，一直保持着清醒而谦虚的自我认知，面对朋友和同事的恭维，他曾谦虚地说道："我能走到今天，如果说赢得了别人的掌声，那完全是因为我的幸运。好比在一大片荒地里，大家看到了一片植物，哪怕长得七扭八歪，也会给它掌声，其实这个世界上还有更多的植物，有更美的鲜花，只不过这片七扭八歪的植物先被大家看到。我就是这七扭八歪的植物，我是幸运的，坐上了中国电视新闻改革的头班车。"

作为一个参与创办《东方时空》，主持了香港回归、三峡大坝截流等节目，参与报道 1998 年抗洪救灾，参加了澳门回归直播、国庆五十周年庆典转播，参加了北京申办 2008 年奥运会、中国加入 WTO 的报道，担任了伦敦奥运会闭幕式、里约奥运会的解说工作，主持 G20 杭州峰会特别直播节目，享受 2018 年国务院政府特殊津贴的一个优秀主持人。白岩松是有资格骄傲的，但他没有半点骄矜之气，说话总是那么谦虚，让观众觉得特别亲切。

骄傲自大就像刺猬的针刺一样让人敬而远之，虚伪的浮夸更无法得到别人的信任。因此，我们在自我介绍时要有谦虚求实的精神，谦虚能体现自己的良好修养和对对方的尊重，实事求是能向对方展示真实的自我，从而赢得对方的信任。

有一种聪明的介绍自己方式是自嘲。嘲是嘲讽、戏谑，本是一种贬斥人的行为。自嘲就不同了，自我嘲讽、自我戏谑，是于自贬中包含自解、自慰。自我介绍中用自嘲更能于诙谐幽默的自我揶揄之中露出一点自信和自得之意，既能增强言语风趣，又不流于自夸。自嘲融合了自谦和自知、自信。

网络综艺节目《奇葩说》每次一开场，都是以几个主持人的自嘲式自我介绍开始。比如，在 2018 年的某一期《奇葩说》节目开场时，几个主持人的自我介绍是这样的。

蔡康永："大家好，我是蔡康永，我是一个没有感情的辩手，因为我觉得在《奇葩说》里面，你们可以看到所有其他的辩手感情都比我丰富，所以请珍惜他们！"

李诞说："大家好，我是李诞，我是一个没有感情的受害者，因为我发现网上到处都是没有感情的杀手，他们很孤独！"

薛兆丰说："大家好，我是薛兆丰，我是一个没有感情的经济学家，因为海量的陌生人才是每一个人真正的衣食父母！"

高晓松："大家好，我是高晓松，我是一个没有感情的网红，因为如果你要做网红，有感情的话你会特别痛苦，因为网络上血雨腥风，所以必须成为一个完全没有感情的人，随便说，随便骂！"

马东："大家好，我是 MM 马，我是一个没有感情的衣食父母，因为我给谁钱我都不高兴！"

几位主持人的这番自嘲式自我介绍一说完，就逗得台上台下笑声一片。

自嘲，常被称为幽默的最高境界。能自嘲的人，是有气度、有智慧的人。自嘲，常常需要人们拿自己的失误、甚至是生理缺陷来开涮，把自己的不足放大、夸张、剖析，所以，能自嘲的人大多有豁达、乐观、超脱的心态和胸怀，自嘲外衣包裹下的幽默内核本质上是一种人生态度。

第四节　非节目主持的身态语言艺术

众所周知，身态语言是主持人用来表情达意的一个重要的辅助工具。身态语言实际上也同修辞有相当的关系，修辞须同它相应合，它能指示说话时的情境，而身态语言本身也是说话时的情境之一。在舞台上，或在主持现场，或在与受众直接见面的各种场合，往往需要借助某种表情、动作和姿态的作用，才能表现用言辞难以表达的意思，这种表达方式使观众更了解主持人的意图。

虽然主持人对要主持的活动或者仪式都做了非常充分的准备，精心设计了语言，但往往词不尽达意。有时候，也会由于语言表达能力的影响，而使主持人口中表达出来的信息，不完全等于心中所想要传递的信息。因此，不仅节目主持人需要借助身态语言的辅助作用，而且受众也需要借助主持人面部表情、身体动作、仪表举止来捕捉隐藏在语言之内或之外的"真意"。有声语言和身态语言并用是一种复合的过程，因此主持人将这两者结合起来确能帮助受众更清晰、更准确地获取信息，减少信息传递中的误差，增强信息传递量，以达到更好地了解和沟通。身态语言运用得好会使主持十分"出彩"。

人类有丰富的思想和行为，据有关研究估计，全人类约有 70 万种可用来表达不同思想意义的姿态动作。节目主持人若要自如地进行信息传递，就要准确地洞察受众的深层心理，在提高有声语言运用技巧的同时，还必须把握身态语言的运用技巧。身态语言包括：表情语言、动作语言、体态语言、仪表语言等。这些语言都是口语表达的有力补充。

一、表情语言

每个人有自己的表情，表情语言指的是主持人的面部表情所传递的信息。在身态语言中运用最多的是面部表情。面部表情是主持人与受众达成思想沟通、情感融会的媒介，是节目主持人内心情感的反映，也是心理状态的表露。面部表情的"词汇"最丰富，也最有表现力。面部表情不仅能最迅速、最灵活、最充分地反映主持人的喜怒哀乐、恐惧犹疑，而且从面部表情的微妙变化中可以看到各种感情之间错综交叉的复杂形式，内心越丰富的人，表情也越丰富。

面部表情主要由脸色的变化、肌肉的收展以及眉、眼、鼻、嘴的动作所组成，相互配合形成各种"语言"。

（一）脸色的变化

很多主持人在意自己的声音和服饰，却不在意自己的"脸色"。其实受众不仅能从脸色了解主持人的健康状况，也能从脸色观察主持人的心理状态。例如，红光满面、容光焕发是兴高采烈的表露；脸色绯红是害羞的表现；脸色苍白也许是紧张，也许是身体不适等，受众都是观察者。

（二）面部肌肉的收展

不光脸色变化，面部肌肉的收展也是感情的自然流露。喜笑颜开、笑容满面（肌肉舒展）是心情愉快的象征；而蹙额锁眉是忧虑不安的反映；铁板着脸说明心里不高兴，在生气，所以主持人要善于调控表情。

有研究表明，眉毛的动作也有 20 多种，它能起到弱化或强化眼睛所传递信息的作用。

（三）眼神的变化

面部表情中起主导作用的是眼睛。眼睛的功能首先体现在它丰富、复杂的动作上。在现代汉语中，仅描述"看"这个动作的词就有 50 多个。这些描写眼睛表情的动作都能惟妙惟肖地传递各种信息。

主持人要"心眼合一"，瞬息万变的眼神和目光是丰富思想和内心情态的不自觉流露。坚定自若的目光本身就会产生一种力量；正直敏锐的目光则会赢得受众的好感和信赖，促进沟通；游离不定的目光传递出的信息是心神不宁或心不在焉，会使受众对主持人心存芥蒂，拉大双方的距离。主持人既可借助目光来丰富感情，也可借助目光来追踪捕捉受众内心的隐秘。在具体运用时要注意与活动内容相统一。比如，主持婚庆就要眼露热情，主持追悼会眼神就要哀切。

人们向来看重"眼睛是心灵的窗户"，在戏剧表演中很强调眼神的运用，关于"眼法"的谚语很多。比如，"一身的戏在脸上，一脸的戏在眼上"，说的是唱、念、做、打，如果没有眼神的配合就没有生命力；而对人物复杂丰富的内心活动的表达，更是离不开眼睛。又如，"天凭日月人凭眼""眼神似内心明镜，表情像蓝天白云""眼法眼法，替心说话""上台全凭眼，喜怒哀乐全"等，又突出了眼睛在表演中的功能及其重要性。这些，对我们的主持是颇有借鉴意义的。

（四）不同的笑的含义

嘴不只用来说话，传达信息的能力也很强，而且是构成面部笑容的主要因素。如嘴巴微开，上齿微露形成轻笑；唇部并拢呈向上的弧形，不露齿，形成微笑；嘴巴张开呈弧形，上下齿都露出，形成大笑等，主持人不要压抑自己的感情表达。

因为微笑有亲和力，会给受众以愉快、亲切或甜蜜的感觉，因此主持人运用得较多。当与受众的谈话取得一定效果时，微笑就可产生"共振效应"，从而消除隔阂，增进与受众的理解和友谊，多笑笑无妨。

不同的笑有不同的含义。主持人的轻笑不仅是招呼受众的手段，而且还是一种婉拒的手段。当主持人不便直接拒绝回答受众的某些询问时，就可以轻轻一笑了之，既可达到拒绝的目的，又不致太得罪受众。笑也要用得恰当。

二、动作语言

人不是静止的，动作在主持中最具参与性和表现力。尽管在主持中反对"手舞足蹈"，但几乎可以说没有一个主持人是在绝对无动作的状态下完成主持的。有时候我们需要"以动作助说话"，动静结合，有"声"有"色"，收到"立体"形象的效果。动作可以体现热情、兴奋、悲哀、庄重等感情。

主持人不仅是主持活动，还在于促进大家交流。动作语言更积极的作用是直接参与交际。有声语言在表意上具有一定的直向性，在传播上又有时间的占有性，这些特点在一定的场合下变成了它的局限性。节目主持中，有时候并不需要主持人喋喋不休的话语。当言语内容不宜或难以直接表述时，动作语言就可以发挥它"无声"的表意作用，利用它的可视性、模糊性和简洁性达到特殊的语境效果。

例如，在现场主持中，有的主持人为了对表演者表示友好和鼓励，"鼓掌"两个字总不离口。其实这无可商榷，"鼓掌"与否一般是对表演者的一种态度和评价，应当出于自愿。就算有时观众忽略了"掌声"，主持人也不宜过多地用话语来"讨"掌声，这样多少有些勉强。倒不如带头鼓掌做个"提示"，这样就来得更加自然得体了。

又如，当演员节目表演开始、结束或邀请演员返场时，主持人因需要发出一系列的信息，诸如"欢迎上场""可以开始""祝您成功""非常圆满""谢谢合作""请您退场""请您留步""再来一个"等，这些意思如果全然挂在嘴上岂不啰唆俗套？然而，诉诸态势，只需要含笑、对视、点头、欠身、伸手，就把这些含义全表达清楚了，而且简单明快、儒雅潇洒。主持人要善于运用这类动作语言扩展有声语言的表现领域，同时也可借以完善自己的外部形象。

动作语言多种多样，其中手势是表情达意的重要手段。主持人的手势语汇是十分丰富的，如自然、大方地主动握手表现了热情友好；双手紧绞在一起，显得主持人精神紧张；用手指或笔击打桌面，或在纸上涂抹，显示出对谈话内容不感兴趣、不耐烦；手掌相互搓或不自觉地摸衣服、脸部等，表示了内心紧张，等等。

有人称主持人的手是第二张脸，通过手的不同动作所传达的意义还有很多。主持人需要在平时多做观察，逐渐积累，久而久之就能掌握恰当的手势动作去传达所要表达的意义了，免得太夸张惹人耻笑。

总而言之，动作语言的运用贵在真实自然，要防止表演的倾向，尤其是有过表演艺术实践的主持人，在主持中的"一举一动"应当抹去舞台表演的痕迹。一旦让别人看出你在表演就让人反感了。

三、体态语言

英国哲学家培根认为，相貌的美高于色泽的美，而秀雅合适的动作的美，又高于相貌的美，这是美的精华。

现代传播学和社会心理学的研究证明，在人际交流过程中非语言符号可以传达 40%~65% 的信息，而主持人的体态语言就是非语言符号的一种。对主持人的体态语言的总体要求，就是准确、适度、自然、得体、和谐、统一。

第一，准确、适度。

所谓的准确、适度，就是要根据说话内容、说话环境、说话对象、说话目的的需要，准确恰当地运用。

第二，自然、得体。

就是要求体姿语的运用不故作姿态，要适合自己的身份和交际场合。无论是从审美的角度，还是从表达功能的角度，体姿语的运用，都要自然、得体，做到既符合审美的原则，给人以美感，又符合特定的情况。

第三，和谐、统一。

包括两个方面：一是体姿语言和有声语言配合统一，才能准确地表达自己的思想感情和愿望，否则，就不能收到既定的效果；二是各种体姿语言要求一致而协调。

主持人的体态语言一般包括站姿、走姿和坐姿三种。

不同的站姿、走姿和坐姿能传达不同的信息。如站立时脊背挺且直，是主持人充满信心、乐观豁达的表现；自然地与嘉宾、受众并肩站立，是友好与亲近的表示；直腰而坐，是表示对对方或谈话有兴趣，同时也是一种对对方尊敬的表示；斜着身子坐，表示心情愉快或自信优越，等等。对这些主持人都要了解。

（一）站的姿态

主持人首先要会"站"。站立的姿势很常见，正确、健美的立姿应该是：头、颈、躯干和脚的纵轴在一条垂直线上，挺胸、收腹、梗颈、两臂自然下垂，形成一种自然挺拔的形态。这样，人体所固有的脊柱形态的曲线美也就表现出来了。

自古以来，中国人在站立时都讲究"站如松"，即站得像一棵松树那样挺拔、优美、典雅。对需要长时间站立的主持人来说，"站如松"更是最基本的要求质疑。

主持人要做到"站如松"，需要注意以下几点：

1.站立时，应头正颈直，双眼平视，嘴唇微闭，下颌微收，挺胸直腰，上体自然挺拔，双肩保持水平，两臂自然下垂，手指并拢自然微屈，双手中指压裤缝，腿膝伸直，脚跟并拢，两脚尖张开夹角呈 45 度，身体重心落在两脚之间。

2. 男子站立时身体重心放在两脚中间，不要偏左或偏右；双脚与肩同宽而立；手可自然下垂，向体前交叉或背后交叉也可以。总之，男子的站姿应给人一种刚毅洒脱、挺拔向上、舒展俊美、精力充沛的感觉。

3. 女子站立时身体重心在两足中间脚弓前端位置，双脚呈倒"八"字站立；手自然下垂或向前向后交叉放置。女子的站姿应给人一种庄重大方、亲切有礼、秀雅优美、亭亭玉立的感觉。

4.站立后，竖看要有直立感，即以鼻子为中线的人体应大体呈直线；横看要有开阔感，即肢体及身段应给人以舒展的感觉；侧看要有垂直感，即从耳与颈相接处至脚的踝骨前侧亦应大体成直线，给人一种挺、直、高的美感。

（二）走的姿态

其次是"走"，人人都会走路，但并不是每个人都能正确地走路。正确地走路，是力求做到"行如风"，即行得正确、优雅、轻盈，有节奏感，这是走姿的最基本要求。

主持人除了保持站立时正确优美的姿势外，还要注意保持走姿的优美平稳，即在行走时做到以下几点：

1. 稳定重心

要想营造走姿的美感，你还需要注意稳定身体的重心，走路时，应微微挺胸、收腹，使身体的重心略微向前靠，使其正好落在脊柱的前方，才能在心理上产生一种前进感。同时，上半身应保持相对稳定，不要左右摇摆。手的摆动幅度也应与速度相宜，如果头前倾或后仰，身体左右摆动过大，手的摆动幅度过大等，就可能造成"重心位移"，走路的姿态变成摇摇摆摆，很不稳定。

2. 步态要轻

"莲步轻移"之所以在人们心中留下了难以磨灭的美好印象，就在于行姿的轻巧。轻巧的行姿往往给人以敏捷、轻松的感觉。因此，起步时身体微向前倾，身体重量落于前脚掌，行走中身体的重心要随着移动的脚步不断向前过渡，不要让重心停留在后脚，并注意在前脚着地和后脚离地时伸直膝部。

走路时大腿抬起的幅度不宜太大，如果幅度太大，就会造成上半身向后倾斜，加大全身的摆动，让人觉得"很吃力"，小腿迈步则显得很轻盈。

此外，从美学的角度讲，落步时脚掌先支撑着地，两脚后跟几乎在一直线上，两腿交替前移，弯曲度不要太大，步伐要稳健均匀，能减少全身的摆动与颠簸，给人一种轻巧感。

3. 速度适宜

人们在行走时，一种节奏感。人的双脚一前一后地反复出现，就可以给人以节奏的美感。走路时，速度不可太快或太慢。太快就形成"碎步"，会使全身出现摇摆，尤其以女性更为显著。身体的前后摆动太大，或周身肌肉的抖动太大，都会使人的空间视觉形象失去平衡；太慢则失去了行走的节奏与力度，给人一种疏懒与精神不振的感觉，更谈不上和谐美感。

此外，男主持和女主持人的走姿及步态风格也要有所区别。一般来说，男主持人的步履应雄健、有力、潇洒、豪迈，步伐稍大，展示出刚健、英武的阳刚之美；女主持人的步履应轻捷、蕴蓄、娴雅、飘逸，步伐略小，展示出温柔、娇巧的阴柔之美。女主持人大多都会穿高跟鞋，主要目的不仅在于增加身高，而且在于能收腹挺胸，显示自身走路的动人的身姿和曲线美；而步态高度艺术化的时装模特儿，与其说是展示千姿百态的时装，不如说是在展露高雅美妙的走姿。

（三）坐的姿态

主持人有时候也会坐着与嘉宾、观众交流，这时就需要格外注重坐姿，力求做到"坐如钟"，即坐得端正、稳重、温文尔雅。

要做到"坐如钟"，需要注意以下几点：

1. 入座时，应轻、缓、稳，动作协调柔和，神态从容自如。人应走到椅子前，转身背对椅子平稳坐下，若离椅子较远，可用右脚向后移半步落座。女子入座尤其要娴雅、文静、柔美，若穿裙子则应注意收好裙脚。一般应从椅子左边入座，起身时也应从椅子左边站立，这是一种礼貌。

如要挪动椅子的位置，应当先把椅子移到欲就座处，然后坐下去。坐在椅子上移动位置，是有违社交礼仪的。

2. 落座后，应双目平视，嘴唇微闭，面带微笑，挺胸收腹，腰部挺起，重心垂直向下，双肩平正放松，上身微向前倾，手自然放在双膝上，双膝要并拢。亦可双脚一脚稍前，一脚稍后；两臂弯曲放在桌子上或沙发两侧的扶手上，掌心向下。坐椅子时，一般只坐满2/3，脊背轻靠椅背。

端坐时间过长时，可以将身体略为倾斜，头面向嘉宾或观众，双腿交叉，足部重叠，脚尖朝下，斜放一侧，双手互叠或互握，放在膝上。对穿紧身裙的女主持人，最好不要交叉两脚，而是并靠两脚，向左或向右一方稍倾斜放置。起立时，右脚先向后收半步，然后站起。

四、仪表语言

仪表语言是主持人身态语言的重要组成部分。仪表主要是指服饰、美容化妆和发型等。下面我们仅就与主持人关系最为密切的服饰来展开介绍。

"人靠衣服马靠鞍"，服饰语言是主持人外在形象的重要组成部分，它直接参与视觉形象的塑造，是一种传递信息的无声语言。受众通过主持人的服饰，可以不同程度地了解主持人的文化修养、审美情趣、思想个性和精神风貌，也影响受众对主持人的第一印象。

穿衣服要有个性，服饰的个性特征与主持人的个人因素结合时，可以创造出和谐统一的美感。服饰的明暗对比、色彩的强弱变化可以强化节目主持人线条的美感，从而使主持人与服饰搭配产生一种整体的效果。反之，缺少色彩对比且个性不强的服饰会影响甚至削弱主持人原有的个性风格，主持人一定要着装得体。

（一）服饰要有美丽的色彩

生活因色彩而美丽，时装设计大师皮尔·卡丹曾说，我创作时，最重视色彩，因为色彩老远就可以看到。车尔尼雪夫斯基也说，两种完全不相似的颜色配合是好的，两种相同的十分接近的颜色配合，就会产生不愉快的印象。可见服饰的色彩美是十分重要的。有人认为各种颜色中较为柔和的颜色是美的，有人主张以上身衣服的颜色为基调，配以与上衣颜色相合拍的裤子、裙子、帽子、袜子、围巾、皮鞋、提包、手套……相互衬托，在对比中求得调和，在调和中求得对比，这样才美。真是仁者见仁，智者见智。通常，三种搭配方式最通用。

1. 色彩之间相似

由浅至深，将类似的颜色相配合，以求统一的和谐美。比如：主持人上身穿浅黄色条纹衬衣，下身穿白色裙或裤，会给受众以温和协调的感觉。要注意的是颜色深浅不宜太近似，太近似易造成含混不清。当然，颜色的深浅色差太大也不好，所以色彩差别也要适度。

2. 强烈的对比使人印象深刻

对比有好多种，主持人利用色彩冷暖对比，可给受众以鲜明的印象；利用色彩纯度对比，纯的色彩是鲜明的、跳跃的，不纯的色彩是含混的、隐伏的，纯度高的色彩在不纯的色彩衬托下，会显得格外鲜明、清新；利用黑白的明暗对比，会使人产生明快、活泼、清爽的感觉，正所谓大俗即大雅。

3. 色彩的相对色配合

有一种配色易被人忽视，相对配色法是把色彩轮上呈 180 度对角的两种色彩配合起来使用的方法。配色时要注意相对色的主从关系，配好很有味道。

主持人服饰的色彩美，不单纯在于配色，还与个人体形有密切关系。如瘦人不宜穿黑色，胖人不宜穿白色；肤色较白者，容易选择颜色，肤色较黑者，宜选择中间偏深的色彩，不宜穿像粉红色、奶黄色等浅色或鲜艳色彩的衣服。

（二）共性和个性共同缔造主持人风格

共性和个性都重要，在共同的社会实践中，每一个年龄层都形成了难以变更的服饰审美的共性与个性。年轻人极力宣泄青春活力美；中年人沉着地表现成熟美；而老年人的慈祥和蔼以及儿童的天真烂漫，更是在不经意中形成了人类服饰美的共识。一般情况下，庄重、大方是主持人在服饰选择上的共性，它体现了我国民族的传统审美观念，也是最稳妥的选择。

主持人的个性美要根据实际情况决定，客观地说，女性节目主持人并非都是天生丽质，男性节目主持人也并非全都体态端庄，加之每个主持人的年龄、性格、体形、肤色等的不同，这就需要用选择服饰的不同手段弥补先天的不足。如脸圆者不宜用封闭式领口而可选用 V 字形领或开放式领；脖短者不宜选用高垫肩，溜肩者则应选用带垫肩的服装；腿粗的女性节目主持人最好不要穿短裙或窄裙、一步裙；腰粗者不要穿紧身衣；个子较矮的女性节目主持人最好穿高跟鞋；较高大的则相反；等等。

（三）适当追求时尚，走在时代前列

主持人是众人关注的焦点，一个时代有一个时代的时尚，一代人有一代人的追求。时尚才更贴近大众。

学会选择。面对纷繁多变的服饰世界，主持人首先要对自己有一个正确认识，除了个人的因素外，还要了解活动类型、内容、对象、季节、场合等，了解了这些，才能选择和搭配好服饰。

总之，主持人在运用身态语言技巧时，不能把任何动作、表情、姿势看得太绝对，必须结合具体的人、具体的内容、具体的情境、具体的背景，才能始终保持畅通无阻的信息交流。每一个节目主持人都应该掌握好这一有效的手段。

第三章

舞台主持

第一节 文艺晚会——主持人的又一舞台

文艺晚会原本是文体活动的一种形式，自从与广播电视联姻以来，其发展速度突飞猛进，影响面日益扩大，影响力度日益加深，以至于我们更多地把它看作电视文艺或广播电视节目。其实，文艺晚会对于主持人来说，与主持广播电视节目有所不同，它更多地讲究舞台艺术和小众化传播（当然如果在演播室专门为电视转播录制或直播的晚会除外），况且有更多直接面向观众，并不被放在广播电视节目中播出的晚会存在。所以我们把晚会的主持即舞台主持，作为非节目主持的一种来探讨，虽然它与广播电视综艺主持有太多的相通之处，甚至有些时候就是同一事物。

一、文艺晚会的类型

舞台主持一般可分为两大类型：一类是节庆纪念性的综合文艺节目；一类是表现行业特色的综合文艺节目。张凤铸教授主编的《中国电视文艺学》一书，对此专门做了较为详细系统的概括归纳，下面我们简要介绍。

（一）节庆纪念综艺晚会

世界上每个国家、民族都有本国和本民族的节庆和纪念性的日子，而且既有国际性的又有国内性的节庆。在中国有国际性的节日，有民族传统的节日，有周年纪念日。在一年中，每逢遇到这三种日子，许多地方和部门都举办不同规模的综合文艺晚会，进行庆祝或以示纪念，这已形成一种定式。

1. 国际国内节庆综艺晚会

在我国"十一"国庆节、"七一"中国共产党的诞生日、"八一"建军节三个日子属于重大纪念性的节日，是必须庆祝的。"十一"国庆节，是中华人民共和国诞生日。她标志着中国劳动人民摆脱了三座大山压迫而成为真正当家做主的主人；她是向世界宣告从此中国人民在世界上站起来的伟大日子。

2018年是中华人民共和国成立69周年，为了庆祝这个盛大的节日，展示我国在21世纪所取得的巨大成就，反映新时期广大人民群众的精神面貌，丰富和活跃人民群众的精神文化生活，中央广播电视总台特别推出了《拥抱新时代祝福你中国——"中国梦·祖国颂"2018国庆特别节目》，以"隆重、欢快、热烈、温馨、动情"的整体基调，高歌激情唱响新时代主旋律，精品力作谱写伟大祖国颂，充分彰显不忘初心、砥砺奋进的时代精神。

"七一"是中国共产党的诞生日。从1921年7月1日起，中国共产党人便有组织地领导中国人民开始了反封建、反殖民主义、反帝国主义的斗争，拯救陷于水深火热之中的苦难大众，建立了中华人民共和国。每逢纪念党的生日，各大电视台都会举办大型电视文艺晚会进行庆祝。

2018年7月1日晚，中央电视台音乐频道播出了庆祝中国共产党建党97周年主题歌会，以"唱支山歌给党听"为主题，气氛深沉、凝重，气势磅礴而又生动感人，为党的97岁生日献上了一份精彩荟萃的文化大礼。

"八一"建军节是中国人民解放军建军的节日。1927年8月1日，中国共产党领导的南昌起义之后，组建了保证中国革命胜利的人民军队，由于这支军队在战争年代打天下，在和平时期保家卫国，功勋卓著，这一天也是一个必须纪念的日子。

2018年是中国人民解放军建军91周年，为了庆祝这个盛大的节日，中央电视台军事节目中心倾情推出了"八一"特别节目《我是一个兵——强军新时代》，不仅从多场景、多角度展现了基层官兵的昂扬斗志和战斗风采，而且汇聚了一大批充满血性阳刚的战斗歌曲，使整个节目都充盈着澎湃的战斗激情。

这三大节日都是固定的、有纪念意义的日子。因为她们是我国人民生活中最具有政治色彩的重大纪念日，也是全国人民所要颂扬的日子。

除去国内的重大纪念日，从"元旦"开始，每个重大节日来临时——元旦节、清明节、端午节、五一劳动节、五四青年节、六一儿童节、中秋节等，电视台都会举行相应的晚会来庆祝。

比如，"三八"国际劳动妇女节就是重要的节日，妇女顶住半边天，妇女组织常和电视文艺中心联合举办综艺晚会来纪念节日。

2019年恰好是中华人民共和国成立70周年，也正值中华全国妇女联合会成立70周年，而每一位中国女性，都是中国力量的贡献者。于是，在中华全国妇女联合会的大力支持下，中央广播电视总台综艺频道特意制作了《花开中国——时代女性盛典》三八国际妇女节特别节目，节目以致敬时代女性为主线，以"热爱""勇气""坚持""力量"四个关键词构成篇章主题，并从各行各业的时代女性中选出四位代表人物，并通过分享她们的励志故事，来展现时代女性的社会公德、职业道德、家庭美德以及个人品德新风貌，向中国优秀女性致以新时代的最高礼赞。

除了元旦节、劳动节等常规节日外，还有一些国际性的行业性节日，比如国际护士节、国际读书日、世界反法西斯战争胜利纪念日等，有关单位也会与电视台联合举办综艺晚会进行纪念。

2. 民族传统节日综艺晚会

中华民族最大的传统节日是春节，它是中国人民历来最珍重的节日。春节不仅浓浓地浸透着中国人民对生活独有的情感、热望和追求，也集中地体现出中华民族的向心力、亲和力和凝聚力。每一次过年，都是这种凝聚力的一次强化。现代化的传播媒体——电视台举办的春节联欢晚会，对整个社会的心理、行为、文化意识以及生活方式的潜移默化都有不可低估的影响。

每逢春节来临，不仅各大电视台要举办相应的春节联欢晚会，各个机关单位、私营企业、工厂学校、商场社区，乃至是大家庭小家庭之内，也都会举办各种各样的庆祝活动，来丰富人们的精神文化生活，这已经成为春节这个传统节日中不可缺少的一部分。就像著名作家冯骥才撰文说的那样："这种以电视为传播媒介的文艺晚会，不仅走入千家万户的节日之夜，而且将亿万家庭的节日生活连成一片，这是对传统文化（特别是年俗文化）多么伟大的创造！春节晚会这种新的年俗文化的形式，正是历届春节晚会的编导、演员与工作人员共同努力来实现的！"

3. 周年纪念性的综艺晚会

这类综合文艺节目，多以伟人或名家及有特殊意义的历史事件的周年纪念为对象而举办的纪念活动。

（1）伟人及名家诞辰日的纪念晚会

在我国人民的伟大领袖毛泽东同志 100 周年诞辰这一天，由文化部（今文化和旅游部）、总政治部（军改后新名称：中国共产党中央军事委员会政治工作部）、北京市人民政府、广播电影电视部、中国文化艺术联合会 5 家联合举办了《纪念毛泽东同志诞辰 100 周年文艺晚会》。

晚会以一曲《浏阳河》拉开帷幕，"诗意地表现一代伟人从韶山诞生，开始他那波澜壮阔的一生"。继而将晚会分为"高山篇"和"大河篇"。在"高山篇"中，"借对山的赞颂来赞颂中国革命，'高山'是一种象征、一种寓意、一种诗的概括。它既象征毛泽东及其思想是人类历史上一座雄视千古的高峰，又象征毛泽东领导的中国革命，象征以工农为主体的革命武装像山一样顶天立地的气概和倒海翻江的力量"。在"大河篇"中，"大河"的寓意也是多方面的："它既象征毛泽东开创的革命事业犹如一条奔流不息的历史长河，从过去走到现在，走向未来，又象征中国共产党人乃至整个中华民族百折不挠的斗争意志和精神，象征党和人民、领袖和百姓同甘共苦、休戚与共的感情和风范。"

（2）各种职业的纪念日的晚会

如 9 月 10 日是教师节，在教师节 34 周年时，中央电视台和教育部联合举办了《寻找最美教师 2018 年大型公益活动颁奖典礼》，并举办了《春华秋实》2018年教师节特别节目，以"感恩有您、终身铭记"为主旨，用巧妙且极具特色的节目编排，向全国教师致以崇高敬意，也再次提倡大家尊师重教、铭记师恩。

（3）政治革命运动的历史纪念日的晚会

如2019年适逢五四运动100周年，中央广播电视总台联合中宣部、教育部、共青团中央制作推出了纪念五四运动100周年特别节目：《我们都是追梦人——2019年"五月的鲜花"全国大中学生文艺会演》，节目以"我们都是追梦人"为主题，以"把握时代脉搏，聆听时代的声音"为宗旨，激励新时代中国青年要继续发扬五四精神，以实现中华民族伟大复兴为己任，树立远大理想，热爱伟大祖国，担当时代责任，勇于砥砺奋斗练就过硬本领，锤炼品德修为，才不会辜负党的期望、人民期待、民族重托，不辜负我们这个伟大时代，

（4）战争纪念日晚会

1945年9月2日，伟大的中国抗日战争以日本无条件在投降书上签字为标志，圆满地画上了句号。半个世纪以后，当人们回首往事时，不仅又听到了历史沉重的呼吸，也看到了历史蹒跚的步履。中国人民不会忘记那段屈辱的历史，不会忘记日本帝国主义给中华民族带来的深重灾难，更不会忘记那些英烈们和他们创立的光辉业绩。

2015年是世界反法西斯战争暨中国人民抗日战争胜利70周年，为了纪念这个伟大的节日，由中宣部、文化部（今文化和旅游部）、广播电影电视部、中国人民解放军总政治部（军改后新名称：中国共产党中央军事委员会政治工作部）和北京市人民政府联合主办了大型文艺晚会——《胜利与和平——纪念中国人民抗日战争暨世界反法西斯战争胜利70周年文艺晚会》。

整场晚会以抗战重要历史节点和典型事件场景为主线，选取《怒吼吧！黄河！》《山丹丹开花红艳艳》《延安颂》《太行山上》等气势磅礴的抗战经典歌曲，悲壮感人的舞蹈《救亡进行曲》《抗日将士出征歌》，以及催人泪下的情境表演《松花江上·抗联英雄》《卢沟烽火·南京——永不忘却》，整个晚会的基调大气磅礴，催人奋进，不仅讴歌了那些勇于抗击侵略的民

族英雄，抒写了中华民族共御外侮的壮丽史诗，还突出表现了中国共产党在抗战中的中流砥柱作用，颂扬了中华民族的抗战为世界反法西斯战争的胜利所作出的不可磨灭的贡献。

（5）重大历史事件的周年纪念日晚会

2017年是香港回归祖国20周年，中央电视台联合香港特别行政区政府，特别推出了《心连心·创未来——庆祝香港回归祖国20周年文艺晚会》，晚会用舞台连成桥，象征本次晚会"心连心 创未来"的主题，用《回归颂》《东方之珠》《我的中国心》《香港·我家》《友爱长存》等经典歌曲，唱响了对祖国对香港的挚爱；用虎虎生威的武术表演、慷慨激昂的钢琴合奏《黄河船夫曲》，展现了香港人们对中华历史文化的热爱，表达了中华儿女坚持梦想、不断奋进的共同心声。

这类节庆纪念综艺晚会的特点是：取材都集中在固定的节庆和有特殊意义的纪念日。在节庆中举办的综艺晚会是为了给电视观众送去节日的欢乐和祝愿；纪念性的综艺晚会一方面是回顾历史和缅怀伟人，但更重要的方面则是为了展望未来，催人奋进。

（二）行业专题综艺晚会

所谓行业性综艺晚会，包含着比较宽泛的内容，它往往具有某种行业特点，晚会围绕着行业所规定的范围确定主题思想。在主题思想的统帅下撰写文学台本。其中包括宣传公益事业活动、文化、艺术、体育上的重大活动以及各种颁奖活动的综合文艺晚会。

1. 宣传公益活动的综艺晚会

公益活动晚会多数具有宣传的性质和倡导的意思，用文艺形式使观众喜闻乐见，起到潜移默化作用，唤起众多的人参与某项社会公益活动或以周年纪念活动介绍本行业的特点，使观众对它们有所了解。

2010年6月，为了唤起整个社会对动物保护及救助事业的关注和支持，中国小动物保护协会和旅游卫视联合主办了中国内地首场以保护动物为主题，名为《爱及心灵》的慈善晚会。

周年行业性晚会也有宽泛的内容，它往往配合某一领域所取得的成就，或者宣传某一方面行业的内容，借周年之际搞庆祝活动扩大自己的影响。

2018 年是中国改革开放 40 年，由中共中央宣传部、中华人民共和国文化和旅游部、国家广播电视总局、中央军委政治工作部、北京市政府联合推出了《我们的四十年——庆祝改革开放 40 周年文艺晚会》。整场晚会以改革开放 40 年的伟大征程为主线，全面展现了在中国共产党的领导下，中国人民从站起来到富起来再到强起来的历史性跨越，体现中国特色社会主义道路引领中华民族走向伟大复兴的历史规律。

2. 宣传文体活动的综艺晚会

这类节目集中反映艺术界、体育界的重大活动内容。晚会的主题和构成晚会的节目内容大都表现文艺界和体育界中的艺术作品。

（1）在艺术界有国际性的艺术节，也有我国自己举办的艺术节活动。比如，国际性的有秧歌艺术节、国际电视节、国际服装节等；国内的有中国艺术节、中国电影节、中国戏剧节等富有文化色彩的艺术活动。举办综艺晚会在电视台播出往往放在开幕式上进行。

2019 年 5 月 20 日，由文化和旅游部、上海市人民政府主办的第十二届中国艺术节在上海大剧院拉开帷幕。来自全国各地的 51 台优秀剧目在上海的 19 个剧场为观众演出，大量优秀现实题材作品涌现，为广大市民和全国观众带来了我国规格最高、最具影响力的国家级综合性文化艺术盛会。

而且这届艺术节呈现了三个"第一次"：第一次运用了新媒体全程展示艺术节，充分运用了大数据、云计算、移动互联网等新技术；第一次组织了文华奖、群星奖、美育讲座等近百场惠民服务，并提出了"十百千"的目标和计划，即"十万观众进剧场，百万观众在现场，千万观众在线上"，让艺术真正走近人民大众，打造人民参与度最高的艺术节；第一次将艺术节的剧目和作品融入旅游产品，启动"百万市民看大戏游上海"系列活动，获得了上海市民的一致好评。

文艺界的这种宣传性的综艺晚会具有报道的性质，但这种报道性与新闻报道的不同点是它遵循着文艺的特有规律，用艺术的形式表达出来，使观众在欣赏艺术美的同时获得较多的信息和知识，这些信息和知识对他们起到了潜移默化的作用。

（2）在体育界运用文艺手段进行宣传更为突出。这类综艺晚会常常集中在有较大影响的体育活动上。

在中国利用电视荧屏播出表现体育界活动的文艺晚会，影响最大的恐怕要数张艺谋导演的《2008年北京第二十九届奥林匹克运动会开幕式文艺演出》了，其演出场地选在了可容纳9万多人的国家体育场"鸟巢"。

开幕式的文艺演出由上篇《灿烂文明》和下篇《辉煌时代》组成，充分展现了中国5000多年的文化和现代化的发展。有国外媒体认为张艺谋在这场演出中将"神话变成了现实"，并称"这是艺术之美的杰作，中华文化的缩影"。

3. 颁奖活动的综艺晚会

在我国，每年的评奖活动较多，有企业界的，有科技界的，有文化界的，较大型的评奖活动之后，往往要举行一台文艺演出，以示评奖活动告一段落，在进行颁奖的同时，电视观众欣赏到文艺节目的表演。

比如，电视剧的有上海电视节白玉兰奖颁奖晚会、中国电视剧飞天奖颁奖晚会、中国电视金鹰奖颁奖晚会等；电影的有中国金鸡百花电影节典礼、北京国际电影节颁奖典礼、上海国际电影节颁奖典礼等；音乐的有全球华语音乐榜中榜颁奖礼、音乐风云榜颁奖礼、中国风云榜颁奖礼、唱工委音乐奖等。

二、文艺晚会的特点

文艺晚会，是一种特殊艺术表现形式，故而它具有不同于其他艺术门类的独特审美特征。

（一）综合多样性

文艺晚会又称综艺晚会，它几乎囊括了人类漫长历史过程中所创造的一切文艺形态：音乐、歌曲、舞蹈、戏曲、曲艺、杂技等。也就是说，人类所创造的一切文艺形态，均可以在文艺晚会中得以利用和体现，所以说多样性是文艺晚会的一个重要审美特征。文艺晚会还具有较强的综合性，它实际是多种文艺样式的"大杂烩""大什锦"形态。观众多、口味杂、要求高，而文艺晚会恰好可以将各类文艺节目融于一堂，满足广大观众的不同审美要求。

近几年，文艺晚会有了进一步的发展，除了传统的文艺演出形式外，还穿插了新闻人物、社会名流、大企业家等名人的出现，给观众提供了更大的信息量，拓展了文艺的内容，丰富了文艺的形式，真正做到了百花吐艳、绚丽多姿、妙趣横生。正是这种多样性的综艺样式，给观众带来不同的审美情趣，满足其多方面的审美要求。

面对如此丰富多样的表演形式，文艺晚会必须有一个深刻的主题来确定基调，才能使晚会做到多而不杂、忙而不乱。正如国家一级导演、中央电视台高级编导邓在军所说："一台晚会的主题，直接关系着节目创作、演员选择、风格色彩等各个方面，一台大型综合性文艺晚会，如果没有明确的主题贯穿始终，就会显得东拼西凑、杂乱无章，即使有好的节目也给糟蹋了，或者只有个别节目能给人留下印象。"因此，导演在统筹文艺晚会的节目时，要按照一定的原则安排合理的出场顺序，把正常晚会分割成几个不同的板块，把主题相似的节目安排到一个板块，板块之间还必须有一个衔接点，这样才能把所有节目有机地组合起来，从而保证晚会的整体性。

（二）同步互动性

文艺晚会是现场面对观众的，不像其他文艺形式可以提前录制，创作与欣赏也就不再有个分离的先后过程，而是同时进行的。因此，文艺晚会的艺术传播效果的实现就需要依靠现场观众的参与与反馈，晚会的成功也要建立在主持人、表演者与现场观众的互动与沟通的基础上。这时候主持人的串场方式、串场内容就显得尤为重要了，他必须用一大段一大段的说白，来为前后借做铺垫和渲染，保证节目之间的衔接性。但如果说白过多，或者主持人的形象声音过于单调，又很容易分散观众对节目的注意力，引发冷场的尴尬局面，因此主持人必须以一个热情洋溢的形象、满怀激情的声音，将节目与串场有机地联合起来，比如用节目串节目，或者与观众进行游戏互动，往往能够极大地渲染现场气氛。

（三）群众参与性

文艺晚会目前拥有最广大的观众，特别是节日文艺晚会，例如春节联欢晚会，有多少个家庭、多少名观众饶有兴趣地观赏，实在难以数计。正是由于这种观赏的群众性，就更需文艺的创作者严密的组织、精心的安排，将最好的文艺节目奉献给观众。这既是一种极大的责任，同时也是一种莫大的幸福。

2018年中央电视台春节联欢晚会导演杨东升在接受记者采访时，就被问到这样一个问题："这次歌舞类节目大家评价是照顾到了老中青不同年龄段观众的欣赏需求，最初是怎么考虑的？"

杨东升导演回答说："我觉得春晚的舞台，它是一个国家舞台，它本身就是要照顾到不同的观众，因为它不仅是面向全国，而且是面向世界的观众，所以大家能看到我们今年追求的就是这种国际化，然后时尚化，然后有民族化和多元元素节目的搭配。

"大家都说春晚就是一道丰盛的年夜饭，一道大餐。那就像我们每一家餐桌上的年夜饭都是有荤素的搭配，然后有不同口味不同菜色的搭配，其实在春晚也是一样的，不仅仅是做给这些对春晚有情怀的观众看，更重要的也是一定要吸引年轻的观众的参与和关注。春晚它能够经历了三十几年走到今天，我们也希望它能够通过节目的这种不同的样式，通过节目的这种丰富多彩，能够成为每个家庭最好的陪伴。"

三、舞台主持人的特点

（一）舞台主持人应有艺术气质

"气质"看上去是一个意义不太明确的词，但经常被用于对人的形容。我们认为它应该包括一个人的个性、仪态及语言风格。

文艺节目主持人在未开口说话之前，首先给观众的印象，就是仪态、形体。主持人表述和串联活动内容时，应当以什么样的举止来配合，都是在把握活动时所要细致考虑注意的，这是主持人是否能赢得观众信任、打动观众内心的第一步。

比如，《新闻联播》主持人海霞外形端庄大方、妆容得体、音色清亮、动听，主持风格稳中有激情，得到了许多观众的赞扬；《海峡两岸》的主持人李红形象高雅，主持风格端庄大气，因此深受观众喜爱；央视著名主持人张蕾外形甜美可人，主持风格却简洁大方，知性沉着，被观众誉为"央视新锐女主播第一人"。

当然，艺术型气质的体现是多方面的，它还包括内涵与口才的完美结合。传播学学者在研究中发现有两类人易被受众接受，一类是在他们谈论的领域中有威望的人，另一类是与他们自己相似的人。文艺活动的主持人不是专家、学者，没有权威性的影响力，因此要保持一个亲切、平民化的形象，做一个与受众相似或熟悉的人，努力和受众成为朋友。

（二）舞台主持应有良好的语言表达能力

语言是表达感情和思想的最好工具。当主持人拿着话筒面对观众进行串联活动时，语言就不仅是主持人释放魅力的重要工具，还是渲染现场气氛、调动观众情绪和控制活动节奏的关键要素。语言的表述、停顿、节奏和音色无不展示着主持人的魅力。一个外貌姣好、风度翩翩的主持人，如果在语言表达和用词上出现差错，其形象在观众中就会大打折扣。

语言风格，指语言的内容和表达形态。语言的内容决定其表达形态，但语言形态有相对独立的特性，在中文表达中有许多讲究。如词汇运用的精彩，声调的起伏动听，音色的优美悦耳，句子的排列讲究对仗、排比，句式多用四字句、五字句、七字句等，语言形态本身就有一定的魅力。

当然，主持人的语言表达形态在不同类型的节目当中各有特点：新闻类节目语言讲求精练准确，生活类节目语言讲求亲切自然，文艺类节目语言讲求浪漫动听。

比如，新闻节目主持人大多采用客观深刻、犀利尖锐的语言风格，语速快而稳，音色不一定要求如何优美，一般发音硬实，多用中低音区。这要求主持人具有良好的文化内涵、较高的智商和敏捷的反应能力，对国内国际新闻动态有密切的关注，遇到突发事件时能够迅速做出反应。比如，央视名嘴白岩松的语言风格就自成一派，形成了独特的"白氏风格"：语锋犀利、思想深邃、含蓄深沉。

而文艺活动主持人常常追求散文化和诗化的语言，或机智幽默给人以娱乐消遣之趣，故感情起伏较大，语气更委婉，语调抑扬顿挫，语速有快有慢，音色一定要优美，发音以悦耳的中音区为多。比如，《快乐大本营》中的何炅就致力于打造一个阳光的形象和接地气的亲和力，他没有高高在上的高冷气质，也从不会故作玄虚地耍酷，说话总是温和体贴，深入人心，并总能机智敏捷地化解各种尴尬情境，说话总是温和体贴，因此给人一种邻家大哥哥的亲切感，这种亲切感很自然地拉近了主持人与观众的距离，也拉近了节目与观众的距离，提高了观众对节目的认可度。

不过，优秀的主持人都懂得根据节目或活动需求适时调整自己的主持风格，但同时要推出自己的个人特色。一般有经验的主持人在拿到稿件后，往往还要根据自己的思维方式重写或进行调整，把它化为带有个人习惯的语言。比如何炅就经常导、编、播一人承担，尤其是在现场的即席发挥，常常令同行称赞不已。

（三）舞台主持人应具备多方面的素养

在气质的各元素当中，人的外表可以通过后天的训练而很快改变，而语言风格的依据是内在修养，只靠一时的修炼和工作热情无法具备，而是需要长期的积累，并随时随地地加以丰富。主持人应该对自己所从事的艺术门类的历史、现状或将来，表现形式或理论特征，进行系统学习并有一定程度的钻研。实践中我们可以随处发现，许多文艺活动的主持人都有文艺特长，是行家，他们能把艺术表演特长与活动更好地融合。

比如，央视著名主持人李思思从小学习舞蹈，具有深厚的舞蹈功底，因此时常在节目中一展舞技。在《回声嘹亮》节目中，作为主持人的李思思就化身嫦娥，霓裳飘飘，轻舒长袖，翩然起舞，与音乐唱作人徐子崴扮演的后羿演绎神话浪漫神话《嫦娥》，迷倒了万千观众。央视少儿频道主持人月亮姐姐，在主持少儿节目时与孩子们温馨互动，极具亲和力，到了晚会的舞台上又能一展歌喉，以一首优美动听的《传奇》触动人心。

可见，主持人不仅需要具备优秀的语言才能，还要具备其他艺术才能，这些艺术才能一旦展示给观众，往往能大大收获观众的好感，非常有利于主持人整体艺术形象的塑造。所以我们主张文艺节目主持人应该有音乐、舞蹈、美术、表演等方面的素养。

在一次现场直播中，中央电视台的一位知名主持人把曹操"横槊赋诗"

说成"梅"槊赋诗，不仅令观众对她大失所望，而且影响了节目的播出质量。可见她是在不求甚解地背稿，而且缺乏文学基础知识修养。

当然，有更多的主持人在工作的同时还在努力地学习，特别是老一代的主持人。他们在走上工作岗位之前并没有大学文凭，也没有系统地学习过专业知识，如沈力、倪萍等著名主持人，但他们都通过自己后天的不懈努力，成为主持行业的佼佼者。

当然，随着时代的变化、年龄的增长、阅历的提高、经验的积累，主持人的形象定位还会有所变化。

（四）舞台主持人要有表演才能

在各类型的节目主持人中，舞台主持人的表演成分更重要。因为活动本身主要就是依靠演员的表演来完成，与新闻等节目依靠现实生活本身就可构成或完成是有很大区别的。文艺活动是对生活的再加工、再创造。这类活动的内容，往往都是经过了精心设计，主持人的言行，也于事先做好了安排。主持人对自己的定位，就是在确定自己所要扮演的角色。于是，所有美丽的女主持人都要把自己扮演成"天使"或"女神"，或活泼大方、清纯亮丽，或亲切温柔、韵味十足，而无论她在生活中有多么泼辣、干练。即使不够美丽的也要在包装上下功夫，扮成独具魅力的艺术品。而男主持人一般也都是英俊潇洒、风流倜傥，成为现实中众望所归的形象，或者就是"丑"星形象，以诙谐、机智、幽默见长。

无论如何，言谈举止皆是经过思考或平时自觉训练的结果，或事先已有大致的设计，而非生活中的本来面目。在演播之前，主持人背诵台词、走台、彩排、选择服装、寻找镜头内的最佳形象角度、与对手交流，等等，都与表演是相通的。在演播中，主持人也随时处于自己理智的监督之下。主持人语言行为的情感把握、轻重缓急，演播区人员方位的调度，都与节目整体节奏和气氛有密切联系，对观众也起引导和暗示的作用。在实践中，许多优秀的文艺活动主持人都是演员出身或接受过一定的表演技能训练的，如王刚、瞿颖、金铭、倪萍……而新闻节目的主持人，更多的是从记者队伍中产生。

有的主持人对表演的钻研非常认真，甚至去寻求应该属于哪一个表演的流派：属于斯坦尼斯拉夫斯基"第四堵墙"内的"当众孤独"，还是布莱希特"打破第四堵墙"的"间离效果"？从真正的表演实际来说，演员的表演不能纯粹从属于哪一个流派。从根本上说，主持人的表演最重要的是要有主持人本人的真情实感，以自己的真实个性作为表演的出发点来真切感受活动内容与现场气氛，才能焕发出自然、真切、动人的表演，这也许和中国戏曲表演"当众自如"的所谓"真情体验，理智把握"更为接近。

第二节 舞台主持实务与技巧

一、串联词、解说词的写作技巧

文艺活动中的串联词是活动的有机组成部分。它不仅影响舞台气氛，而且影响原作，关系到人物形象塑造和情节结构，所以串联词、解说词写作是一种特殊的语言写作，要求具有一定的语言艺术技巧。

（一）串联词的三种形式

串联词的写作分为下列三种形式：

1. 报幕式

这是最简单的串联词。它的任务是让观众知道主办单位是哪个、是哪个活动时间，这台晚会的宗旨、内容，这些活动内容的演出者等，如果其中还有什么特殊的情况，可向听众做简短的介绍。

2. 交流式

语言像和观众的对话，能产生情感交流，以引起观众对节目的兴趣。这种"交流式"串联词有单向交流和双向交流的区别。所谓"单向交流"，是主持人揣摩观众群体的心理，以和听众亲切谈话的口吻写出来的串联词。比如，"各位朋友，不知道您去过云南没有，那里不仅山清水秀，人杰地灵，而且民歌如海，引人动情。您听，有这样一首民歌……不知您喜欢吗?"所谓"双向交流",是主持人与观众双方同时交流,并发生了联系,串联词必须反映出这种联系。这样的串联词更显得有交流感,更亲切活泼。

近年来,文艺活动的逐渐"综合板块"化,使各主办方越来越重视主持人和观众的交流方式。这种节目串联词必须像生活中面对面的交谈,使"书面气"完全消失,甚至多为即兴谈话,用"谈话"代替了"写话"。

3. 介绍式

通过介绍作品内容、背景、风格、唱词大意等,把整台活动引出来,不仅利于观众听懂作品,而且能起到引起观众兴趣的作用。这种介绍应特别重视清晰、明快、引人入胜。如典雅的一波三折的昆曲《牡丹亭》之"寻梦"选段,大多数听众不了解内容背景,很难进入欣赏,但如果在前面加上相关的介绍,就会唤起听众欣赏的欲望,帮助观众领会唱段的感情。

……杜丽娘在丫鬟春香怂恿下去花园游玩,进入园中见一派姹紫嫣红,不觉伤春困倦,在牡丹亭畔睡去。睡梦中见一风度翩翩的少年柳梦梅来到身边,两人互相爱慕。两人正在牡丹亭畔欢叙的时候,杜丽娘被母亲唤醒,由此郁郁不乐,情伤意缠。杜丽娘怀念梦中情景,又到园中去寻找梦境,可是她哪里找得到梦中的情人呢?不由得无限惆怅。她在一棵老梅树边表明心迹,如果活着不能和情人欢聚,死后愿埋葬在梅花树下。

这段介绍词清晰明快地介绍了背景,而且吻合作品特色,写得情意缠绵,具有很强的文学性。昆曲唱段还没出来时,介绍词已经引导观众进入特定情境,在唱段和观众心理之间铺下了一条相沟通的通道。

串联词根据节目特点不同,现场观众对象不同,更具体的写作方法是各种各样的。上述三种形式,就其在活动中的作用来说各有"优势",怎样选择,完全根据具体活动的具体要求而定。

串联词在活动中具有承上启下的作用,不能不顾活动任意挥洒。

(二)串联词的三种常用技巧

1. 开门见山

主持人上场向观众问好,三言两语介绍活动后进入第一个节目。

2. 即景抒情

借用与活动相关的环境景物抒发情感，这种形式在大型文艺演出中常用。

3. 幽默风趣

通过说些风趣的话语，使观众心理上产生一种乐趣，调动他们的兴趣，然后导入第一个节目。

无论哪一种形式的串联和开场语，都要根据活动类型、内容的不同来设计。优秀的文艺活动主持人，无不妙语连珠，能使现场气氛热烈，台上台下相互融合。要想做到潇洒自如、游刃有余，关键要有扎实的基本功和深厚的文化素养。

二、舞台主持人的包装

"包装"一词最初使用在商品领域里，即利用包装手段保护商品，并进一步宣传商品，促进销售；以后逐渐扩大延伸到人际关系领域里，指用各种手段宣传某一个人，扩大其影响，使其所从事的事业产生更大的社会效果。

在美国，主持人决定一家电视网的成败。主持人一言九鼎，主持人就是收视率，所以对主持人的选拔和包装是颇费心机的。作为一名舞台主持人，有下列几种包装方式。

（一）立体包装

为主持人设计一种风格、一种表演基调、一种活动形式，并为他们提供屏幕时间，得以展示才华，不只是平面包装，还需要调动媒体对主持人实施屏幕外的立体包装。要利用各种报纸介绍主持人的生活逸事，鼓励主持人参与社会活动，丰富主持经验。

主持人在化妆、衣着和形体动作方面，有意突出某部分的特点，会对观众产生特殊的魅力。

主持人在突出身体效应时，还应该注意某些容易出现的缺陷。主持人应学会修饰、完善身体的局部，使立体包装的艺术形象永葆个性风采。

（二）内涵包装

决定主持人风格的因素很多，任何一种因素的变化，都会影响主持人个性的稳定和变化。

主持人不同的风格是由活动性质决定的。主持人要正确根据自己的天赋条件和固有气质，来选择适合自己的活动，这对形成主持人个性魅力和保持魅力是有利的。主持人自身的条件差异决定了主持人风格的多种多样。不同的活动类型，对主持风格都有不同的要求。主持人一定要确立与活动性质、目的、内容等方面特点相统一的风格。风格是主持人的灵魂。树立自己独特的风格，是赢得受众的秘诀。

主持人风格的形成需要长期的积累。首先要把握的是在观众面前展示真实的自我，因为风格是个性的体现，只有真实地流露才是最自然的表现，才能最准确地反映出主持人的个性特征，即个人风格。在风格的培养和树立过程中，应先找出自身的特点和优势加以利用，并不断地修正完善。初级阶段可以模仿与自己性格相似的主持人。当牢固地掌握了有关基本技能之后，就可以结合自身特点及其他方面的各类要求，建立一个风格目标，通过不断的学习，形成自己的风格特征。一个主持人风格品位的高低，往往反映出这个主持人学识、修养的高低。广博的学识、良好的修养，能赋予主持人良好的气质和超众的能力。每一个主持人都不能忽视这一步。只有不断地加强自身修养，才能将主持风格品位不断地提高。这就是由内到外的包装。

关于个性和风格，杨澜的体会是："美有无数种，我偏爱自己纯朴又不失智慧的一种，就像在无数色彩中，我还是偏爱宁静纯粹的天蓝色。我觉得主持人要赢得观众，就要树立自己的个性，用自己的语言说自己真实的思想和感受。任何拔高和矫饰都逃不过观众的眼睛。"

（三）形象包装

1. 形象定位

主持人在形象自我定位时要考虑三方面的因素：

（1）形象要有个性

个人特质指主持人的外形、性格、爱好、专长、文化修养等。主持人必须先认清自己的条件，才能判断自己适合哪种活动类型。这正是主持人日后风格形成的基础。正如靳羽西所说："我所具有的东方味，是我成功的秘密武器。"

仪态包括面容、发型、服饰、表情、姿态、动作等外部形象因素。因为文艺节目从始至终展现和追求的都是美，与之相谐调，在诸多类型的节目主持人中，文艺节目的主持人的仪态是唯美的，而且都应顺应时代的审美倾向。

主持人的面容、发型、服饰可以通过后天的修饰来完善，优雅的表情、姿态、动作也可通过形体或舞蹈训练来促成。这不由得令人想到美国电视剧《丑女贝蒂》中所叙述的女主人公在不长的时间内由一个完全不会打扮的"丑女"被训练成优雅的时尚杂志编辑的故事。

在实践中，也有极少数"其貌不扬"的文艺活动主持人，但他们仍会多方努力追赶美的浪潮。如一些"丑星"型的主持人，往往以有强烈的独特性的表现征服受众。如中央电视台的主持人李咏，虽然长相普通，但他以机智幽默赢得了观众的好感。

（2）形象要成为公众代表

在日常生活中，主持人不是单个存在的个体，而是"社会人"。主持人的言行常常是公众舆论经常关注的热点，通过对他在日常生活中表现的观察，人们会对他的个性进行评价，从而又影响到对他所主持的节目的态度。所以，作为公众形象，主持人要争取成为社会优秀分子的代表，培养自己具备高尚的品格和趣味，有良好的公关素质和交际才能，还应该经常参加社会公益活动，增强自己形象的魅力，这也有利于活动整体形象的塑造。

（3）形象要与活动特点协调

主持人是活动形象的代表，活动的特性，正是主持人赖以生存的土壤。只有主持人理解活动的特性，掌握活动内容的有关知识，主持人才能与活动和谐共存。如果主持人的特质与活动有距离，那么主持人要无条件地向活动靠拢。

人的性格是多重而且多样的，文艺活动主持人的性格应该以开朗、活泼、外向为主导，情感丰富而充满激情，反应敏捷、机智而表达优雅、风趣，思维富于想象；由于常常有带观众的现场演播，因此还要特别善于表达自己的思想，善于与人交流；在新闻类节目中主持人常常需要严肃面孔，而许多文艺活动主持人正是以谦和的态度令受众易于接受自己，以"微笑"作为工作中的基本感情状态，创造轻松愉快的场上气氛。

2. 化妆

化妆是主持人塑造屏幕形象的重要手段。主持人通过化妆产生的效果，同样辅助主持人传情达意，是无声的语言。主持人的化妆是一种特殊的艺术。它既不同于演员妆，也有别于日常生活妆。它有其独特的要求：

（1）干净大方

主持人是活动的代表，切忌浓妆艳抹，矫揉造作。不同性别的主持人可以分别突出阳刚之气与阴柔之美，但必须把握分寸。过分强悍或过分妩媚都不适宜。

（2）贴近活动类型和观众

不同类型的活动对化妆都有不同的要求。有时需要庄重沉稳（如各种纪念性仪式活动），有时强调亲切活泼（如娱乐游戏活动），有时也需要重妆出场（如大型的演唱会和热闹、环境大的晚会）。有时需要生活妆，甚至不化妆，如外景采访和自然光下，就要求亲切自然，贴近生活和被采访者，这样才能拉近和观众的距离。

（3）强调轮廓

化妆的目的是实现上镜的最佳效果，最主要的就是轮廓。通过高光和阴影的处理，使整个五官轮廓鲜明，脸部富有立体感。电视显像管的扫描以横线条为主，因此，上镜后的脸会"胖"一点，在化妆时要运用好暗影。人面部的审美标准是五官匀称、对称、协调；五官分布要符合黄金分割定律。

（4）慎重选用色彩

色彩的选用，对化妆的直观效果影响很大。主持人要处于灯光下，置身于背景中。这些条件对化妆的色彩要求都不同。当然，服饰因素也不能忽视。在化妆色彩选用时，不要选用纯度较高的颜色，而应选用不饱和系列。

在演播室的灯光下，粉底应当深于肤色，口红不宜太浅，腮红适中。色彩的选用，要与主持活动的背景色彩和着装色彩相协调，不宜形成较大的反差。

3. 服饰

服饰美，是仪表美的重要组成部分。服饰，被称为人类的"第二皮肤"。服装，一是为了遮体、御寒、消暑，满足人的物质方面的享受；二是为了美观、漂亮，从精神方面表现人的风度、气质。随着人们生活内容的日益丰富多彩，服装的表现个性、情感和修养的功能越来越被人们所重视。

人们发现，人类的交流只有 1/3 是由文字语言完成的，其他都是属于非语言交流。在这 2/3 的非语言交流中，服饰是非语言交流的重要媒介。我们常借这种交流媒介不断地传送和吸收信息。服饰可作为一种手段来进行自我保护、个性吸引、自我表现、自我否定、掩盖缺陷、确认所属的社会集团、显示社会地位和角色。很多个人属性可通过服饰来表达，这些特征包括性别、年龄、民族、国籍、与异性的关系、社会地位和经济地位、所属集团和从事的职业、精神状态、个性、态度、兴趣和价值观念。

服饰是被人注意的非语言暗示，它往往对一个人和其他人的关系会产生很大的影响。因为人们头脑里许多框框是以第一印象为基础的，有意无意的服饰变化会改变某人的自我感觉和别人对他或她的感觉。一个人的服饰是其自我形象发展中的一个主要因素。从自我形象到与他人交往，衣着影响着生活的各个方面。

服饰是文化，它能透视出一个人的心灵、内涵。追求着装的个性化是当代人着装的主旋律，主持人也不例外。

主持人在有了舞台自我认识、自我定位，了解自己的条件（形体、脸型、皮肤颜色和内在气质）之后，要在心目中有一个理想形象的设计。服饰的个性化能使服饰与着装者及穿着背景条件达到最佳的和谐效果。所谓背景条件，就是指国际上商定通行的着装 TPO 原则，即 Time（时间）、Place（地点）、Object（目的）的缩写。不同的活动、不同的内容、不同的环境、不同的时间与不同的时尚，主持人的服饰选择要有所变化，不能随心所欲。

舞台主持人，对服饰的选择较宽泛自由。气派的西装、幽雅的旗袍、富贵的礼服、浪漫的长裙……从色彩到款式、从面料到饰物，在和谐得体的条件下，可以自由挑选，一展风采。值得注意的是，同是文艺活动，服装也存在差异。比如，新年音乐会与春节联欢晚会有所不同。前者是维也纳新年音乐会的移植，后者是民族传统文化的组成部分。前者以西装、礼服为宜；后者以民族传统服饰为宜。

主持人只有了解活动，把握活动，才能在活动中通过服饰语言，体现出自我的艺术品位，塑造出自我的个性特征，从而形成自我的形象魅力。

三、舞台主持人的协调与协作

舞台主持人在活动中主要起串联、引导活动的作用，是活动形象的代表，与活动的成败有直接联系。主持人自己应该意识到：所有的成功都要靠合作者的密切配合与支持。所以主持人与合作者要建立互相理解、信任、支持、帮助的关系。

（一）主持人与演员

在活动的进行中，演员的表演往往是相对独立的整体，而且应该是在屏幕上真正放光辉的内容，主持人的工作是把具体活动内容串联、引导成整体，是整个活动内容的辅料。如果把文艺活动中的演员比作红花，主持人就是绿叶，要注意不能为了突出自己而淹没演员们的光辉，也不能消极地看待自己的工作。在平时，主持人应该对演员有充分的了解，随时注意他们的工作动态和活动内容，才能在具体节目的串联词中有内容发挥的依据，并在主持过程中积极调动出演员的最佳状态，以有特色、有个性、有情趣的引导为演员的表演添彩——红花需要绿叶的陪衬，绿叶自有绿叶的光彩。

（二）主持人与观众

观众是主持人的主持对象，对非节目主持的主持人来说，这种关系尤为重要，其主持目的便是与参与活动或仪式的观众达成共识，达到推出活动的目的。

主持人是在为观众服务，但也不赞成主持人把观众当作"上帝"，更不提倡把观众当作"菜地里的萝卜"——熟视无睹。主持人对待观众的心态是由活动具体状况来决定的。有的新闻类节目或法律节目中，当主持人以节目的内容的评判者或权威的身份出现时，对观众可以采用严肃的面孔和告诫的口吻；但作为文艺活动主持人，应该把观众当朋友来对待——平等、亲切、理解，忌说教、高傲和武断。对必须体现的教育内容，则采取"寓教于乐""寓教于情""寓教于美"的方式来实现。

（三）主持人与编导

主持人在活动中是编导意志的体现者，而且现场气氛往往是直接把握在主持人，而不是编导的手里，所以在活动中主持人又是编导意图的传达者，二者的关系应该是非常融洽的。在现场活动中，主持人要按编导的意图来展现自我、调整自我。如果在工作中有看法或做法不一致的地方，原则上主持人要以大局为重，服从编导的现场决定，因为编导是活动最终效果的真正把握者。

（四）主持人与其他现场工作人员

首先是音响师，声音是主持人展现的重要部分，音质音量都需要录音师的调节和修饰，所以"试话筒"是主持人主持活动前必不可少的环节。主持人要注意话筒的使用，因为不同话筒的拾音范围不同：话筒与嘴要有一定的距离，防止"扑"话筒或音量不稳定；手持话筒的姿势要自然、大方、优雅，而且注意不要让话筒挡住面部表情。有的主持人常常把话筒当作额外的负担，遮遮掩掩拿得很不自然。在把话筒当作传声工具的同时，心理上要把它当作一个道具来对待，同时还要注意对话筒进行保护——防止磕碰、遇水等。

其次是灯光师，形象展现得是否完善，还往往依赖灯光师对灯光的调度安排，所以主持人也应该让灯光师充分了解自己形象的特点。在固定位置主持时，灯光师应该在主持人到位后再布光；在活动范围大的现场工作时，要尽量在灯光效果最好的地方进行主持，可以把被访问者引导到光线明亮的位置来，避开不利于表现自己的光线色彩区域。同时，由于灯光多分布在棚顶，主持人可稍仰头，走动中要注意避免遇上主光在头顶的情况。

第三节　舞台主持程序借鉴与实例欣赏

一、晚会文学台本选例

2009 年第四届孔子学院大会
"让我听懂你的语言"——孔子学院汇报演出

【片头（约45秒）】

【合唱《北京欢迎你》（约2分钟）】

在昏暗的舞台上传来儿童清脆的歌声，随后，无数红色的中国结开始欢快地舞动。在歌声中，一个个不同肤色的面孔出现在我们的眼前，引出了晚会的开头曲目《北京欢迎你》。

歌声结束，大屏幕背景出现晚会的主题"让我听懂你的语言"，镜头切换至两位主持人。

黄伟（外）：尊敬的各位领导，各位来宾，现场的中外朋友们，大家好！

查可欣（中）：晚上好！欢迎来到孔子学院年度汇报演出。

黄伟："让我听懂你的语言"孔子学院汇报演出现在开始。北京欢迎你，中国欢迎你，让我们对远道而来的孔子学院代表们表示热烈的欢迎！

（掌声）

查可欣：我们大家都知道，现在在全球范围内掀起的学习汉语的热潮，和我们孔子学院的蓬勃发展是密切相关的。正如我们知道的那样，今天，汉语已经迅速成为世界上最受欢迎的语言之一。孔子学院在这一进程中，发挥着至关重要的作用。今天晚上，参加我们这台演出的主要演员包括全国22个国家的30个孔子学院的学生，他们有的学习汉语还不到一年。但是今晚，所有人都会用汉语进行演出。

黄伟：太了不起了。有这么一句话，如果你想领先别人，那么就学习汉语吧。

这是《时代周刊》对正在全球兴起的汉语热的评价。那么下面，让我们来欣赏歌曲《中国话》。

查可欣：有请。（掌声）

【歌曲《中国话》（约 4 分钟）】

绚丽的灯光辉映着火红的背景，几十名身着红衣的伴舞演员拿着写有象形文字的图板欢快地起舞。在传统与流行的完美结合中，引出了歌曲《中国话》。

查可欣：真的是全世界都在学中国话。

黄伟：对。

查可欣：我从我的外国朋友那儿听说，大家之所以这么积极地学习汉语，不仅因为这是一种美丽的语言，更重要的是汉语所承载的灿烂辉煌的文化，比如说美食、美景和中国功夫。

黄伟：没错，我们下面这个节目要展示的正好是中国神奇的功夫。

【《中国功夫》（约 3 分钟）】

振奋人心的歌曲，流畅的武姿，中国各种功夫的荟萃。

查可欣：怎么样？我们中国功夫真是太棒了吧？

黄伟：太棒了，太棒了！其实我发现我们孔子学院的学生个个都多才多艺，会给你带来不断的惊喜。你看，下面我们俄罗斯的朋友要用非常非常热情奔放的一个歌舞把我们带回到《莫斯科郊外的晚上》，听《小河淌水》，看《桃花朵朵开》。

【《歌曲串烧》（约 8 分钟）】

选用了俄罗斯传统歌曲《莫斯科郊外的晚上》、中国流行歌曲《桃花朵朵开》、中国传统歌曲《小河淌水》联唱，俄罗斯帅哥美女们的演绎具有别样风采。配合每首歌曲，舞台上均设置相应的人物造型和情节化的表演，以引发人们对往昔的美好回忆。

查可欣：虽然是一首苏联的经典歌曲，可是让我们每一个中国人听了也是觉得心里很温暖和熟悉。世界在音乐当中真是会变得非常小。你知道吗？我的外国朋友告诉我，大家之所以这么喜欢学习汉语，是因为汉语不仅是一种单纯的交流工具，更承载了几千年的中国文化。

黄伟：没错没错，其实早在今天的全球汉语热之前，大约在 20 世纪 30 年代左右，就有一首中国人写的歌曲在全世界范围内流行。

查可欣：哪一首啊？

黄伟：它的英文名字叫《Rose Rose I Love You》。

【歌舞《玫瑰玫瑰我爱你》（约 4 分钟）】

悠扬的清唱歌声响起，古典的座椅上两位少女轻轻移开遮着美丽脸庞的扇子，那妩媚又害羞的表情吸引了所有人的目光。引出了歌曲《玫瑰玫瑰我爱你》。四位歌手用欢快的舞步，精湛的演技给观众们展现了两段美丽、有趣的爱情故事。

表演结束定格后，在掌声中镜头切换至主持人的近景。

查可欣：中国不仅有这么经典的流行音乐，还有一种很特别的音乐样式。你知道我指的是什么吗？

黄伟：是中国戏曲吗？

查克欣：对啦，是中国戏曲。中国戏曲有不同的流派，我相信在座的各位嘉宾一定对此都有所了解，但是大家知道吗？我们孔子学院的学生们，也能很好地掌握这项令人叹为观止的艺术。

黄伟：不可想象。（掌声）

【《戏曲联唱》（约 5 分钟）】

选取了三段传统戏曲唱段，通过演员和伴舞演员的和谐配合，展现了中国传统戏曲的精髓。

查可欣：你知道吗？这些中国戏曲桥段让我想起了一首广为人知的中国传统民歌。它不仅在中国广泛传播，而且还插着歌声的翅膀，飞进了意大利经典歌剧《图兰朵》的旋律中。问题是你知道这是首什么歌吗？

黄伟：应该是《茉莉花》吧？

查可欣：当然。

黄伟：其实《茉莉花》这首歌可以说是中国和世界文化交流与融合的一个象征。

查可欣：那今天晚上我们给大家带来的这个版本吧，可不是原版的。今天我们要欣赏的是一个非常特别版本的《茉莉花》。几位非洲的同学按照自己民族的音乐旋律对《茉莉花》进行了新的诠释。请欣赏津巴布韦大学孔子学院学生们表演的《你是我的茉莉花》以及《溜溜的她》。

黄伟： 有请。

【歌曲《你是我的茉莉花》《溜溜的她》（约 7 分钟）】

没有伴舞演员，只有八个非洲歌手的精彩表演和优美的和声。歌曲结束后，切入主持人的近景。

查可欣： 我们孔子学院的同学们实在是太多才多艺了。

黄伟： 实在是太有才了。不对，是相当的有才。

查可欣： 接下来，我们要欣赏的是一个非常有意思的节目，它配合民乐演奏书法和服饰表演三种艺术形式为一体。请欣赏《彩云追月》。

【情景表演《彩云追月》】

五彩的灯光切换，美丽的民族服装，优雅的民族舞蹈，古典的古筝弹奏，外国人书写的汉字，汇成了一幅美妙而奇特的图画。

查可欣： 多么了不起的各种艺术样式的综合啊！说到综合，我还有一个问题要问你。

黄伟： 真的吗？

查可欣： 什么是——哦不，这个问题太难了。这么说吧，请问一下黄老师，中国有多少个少数民族呢？

黄伟： 我知道了。（唱）56 个民族，56 朵花，56 个兄弟姐妹是一家。

查可欣： 哇，太厉害了。你不仅会说还会唱。

黄伟： 谢谢！（重复）

（掌声）

查可欣： 这首歌向我们介绍了中国有 56 个民族。接下来，请欣赏《少数民族歌曲联唱》。

【《少数民族歌曲联唱》】

欢快的民族音乐，流畅的衔接，选了四段经典少数民族歌舞。

歌曲结束，切入主持人近景。

查可欣： 谢谢我们的歌手和舞蹈演员，看到这么美的民族服装，这么优美的民族音乐，作为一个中国人，真是觉得特别的自豪。你呢？

黄伟：谈不上自豪，但是我觉得挺好的。

查可欣：你也可以和我们一起自豪，我们欢迎你。

黄伟：谢谢，谢谢。

查可欣：接下来，要跟大家分享一下，胡锦涛主席访问肯尼亚内罗毕大学的一个场景。当时，一位刚刚开始学习中文的叫茹丝的肯尼亚姑娘用汉语回答了胡主席的提问。就让我们一起看大屏幕，重温当时的场景。

（大屏幕回放）

查可欣：黄伟，你也喜欢汉语吧？

黄伟：特别喜欢。

查可欣：我想问一下在座的大家喜欢汉语吧？

观众：喜欢！

查可欣：谢谢！

（掌声）

黄伟：我们非常喜欢学习汉语，非常热爱中国文化，我想这可以反映现在全世界对汉语的一种态度，一种热爱。

查可欣：茹丝，我们刚才看到了她非常可爱。而且今天她也来到了我们的现场。

（掌声）

黄伟：有请茹丝。

【歌舞《天路》】

洁白的哈达象征着纯洁，在大屏幕播放藏区生活的场景中引进了歌曲《天路》，歌手天籁般的歌声震惊全场。

歌声结束之后，直接由欢快的音乐引入语言类节目《趣味汉语》。

【《趣味汉语》】

表演结束，切进主持人近景。

查可欣：他们说的话让我想起一首在中国脍炙人口的校园歌曲，你知道是什么歌吗？

黄伟：我不太清楚，是什么歌？

查可欣：（唱）长亭外，古道边。你听过吗？

黄伟：不是李叔同作的《送别》吗？

查可欣：嗯，没错，是《送别》。刚才有人告诉我，其实，这首歌取调于一首美国民歌。当李叔同在日本留学时，他听到这首歌，觉得非常喜欢，于是用中文重新填词传唱至今。

黄伟：哇！太好了！用不同的语言唱着同样的旋律，音乐无国界。

查可欣：嗯，说得真好。音乐确实可以跨越所有的界限。今晚，在这个舞台上，将由来自世界各地的孔子学院的学生为我们演绎这首歌曲。

黄伟：现在有请世界各地孔子学院的师生们给我们带来这首《送别》。

【歌舞《送别》】

悠扬的音乐，一群男女或坐或站，仿佛一下子回到了毕业时节。高亢的巴西女歌手的声音引入了歌舞《送别》。或欢快、或摇滚，各种形式的混合给观众带来不一样的感觉。

歌曲结束，在主持人的声音中切入近景。

查可欣：多么优美和熟悉的歌声啊！不过你知道吗，接下来我觉得这个节目肯定会让我们中国的观众更加熟悉和喜爱。下面让我们来一起欣赏舞蹈《千手观音》。

黄伟：别说咱们中国观众，连我们外国人也特别喜欢这个节目。

查可欣：真的吗？

黄伟：比如在2004年雅典残奥会闭幕式上，就是这个节目震撼了全场，让人难以忘怀。

【舞蹈《千手观音》（约6分钟）】

灯光打开，音乐响起，舞蹈开始，演员们的手一起一伏好像在对生命呼唤着，又好像在对生活拥抱着。欢畅淋漓的舞姿，那优美娴熟的动作，那千般娇姿，那万般变化，似孔雀开屏，似莲花绽放，似飞龙穿梭。她们用无声的表演震撼了全场观众，更震撼了全世界。

雷鸣般的掌声后，切入主持人近景。

查可欣：尽管他们听不到我们的掌声，但是我相信他们一定能感受到我们的热情，请将掌声再一次献给他们，谢谢！（掌声）这是我在两年里第三次在现场看她们这个表演，依然还是你刚才说的那两个字，就是震撼。

黄伟：震撼，的确震撼。接下来，我们知道"汉语桥"、世界大中学生中文比赛和在华留学生汉语大赛是国家汉办举办的三项重大赛事。通过这些比赛，我们可以看出来，全世界都在学中国话，孔夫子的话越来越国际化。

查可欣：没错，现在世界各地要求开办孔子学院的热情越来越高涨了。目前，孔子学院遍布全球 88 个国家，一共设有 282 所孔子学院和 272 个孔子课堂。孔子学院拥有专兼职教职工约 3100 多人。2009 年前三季度注册学生达 23 万人。

黄伟：让人叹为观止啊！其实汉语就像联通中国和世界的一座桥梁，让世界越来越了解中国，也让中国越来越走向世界。

查可欣：你说得太好了。那么接下来，就让我们一起欣赏世界大学生中文比赛的主题歌《汉语桥》。

【歌舞《汉语桥》（约 3 分钟）】

六把分别代表六大洲的扇子，两两合并，音乐声起，歌手从开合的扇子中缓缓走下，引出了歌曲《汉语桥》。

【《友谊地久天长》】

歌声毕，世界各国在华留学生代表手持代表自己国家的国旗从两侧进场，随着节拍舞动旗子，音乐再起，由津巴布韦歌手领唱起了《友谊地久天长》。

在歌声中，全体演员上台，主持人上台。顿时，舞台光彩异常，从上空撒下彩纸，一片欢乐祥和，预示了晚会的结束。

切入主持人的近景。

查可欣：女士们，先生们，各位嘉宾，感谢与我们分享这一精彩而难忘的夜晚。我们衷心祝福汉语能够跨越国界，搭起友谊的桥梁，成就未来的所有希望和梦想。

黄伟：让我们在这美妙的音乐中结束今晚的演出。让我听懂你的语言，孔子学院汇报演出到此结束。

查可欣：非常感谢各位的光临和参与，再见，让我们明年再聚。

二、晚会串联词

《央视 2019 年春节联欢晚会》串联稿（直播版）

【片头】

【节目 1　开场舞蹈《春海》】

【主舞台：全体主持人】

任鲁豫：全世界的观众听众朋友们，

李思思：这里是中国中央广播电视总台！

康辉：又一个己亥猪年春节如期相见，

朱迅：2019 年春节联欢晚会陪您过年。

尼格买提：今晚是农历戊戌狗年的最后一个夜晚，

任鲁豫：是中国人一年中最期盼的团圆。

李思思：在这个中华民族悠久的传统佳节，

尼格买提：在中华儿女阖家团圆的除夕之夜，

朱迅：我们要向全国各族人民，

康辉：向港澳台同胞，

任鲁豫：向海外华人华侨，

李思思：深情地说一声——

全体合：过年好！

【三地分会场连线——井冈、长春、深圳】

【节目 2　舞蹈《百狮报喜贺新春》】

【观众席圆桌区：康辉、朱迅】

康辉：亲爱的朋友们，您现在收看收听的是中国中央广播电视总台向全球直播的《2019 年春节联欢晚会》。

朱迅：我们的春晚正通过中央广播电视总台央视综合频道、综艺频道、中文国际频道、军事农业频道、少儿频道和4K超高清频道播出。此外还有央广中国交通广播以及央视网、央广网、国际在线等新媒体平台同步播出。

康辉：与此同时，央视新闻频道、央广中国之声、文艺之声、国广华语环球广播以及中国国际电视台的英、西、法、俄四个外语频道也将以摘播的方式，在全球162个国家和地区的247个海外合作方落地播出我们的春晚。

朱迅：特别要告诉您的是，今晚，您可以参与由百度App提供的红包互动，还可以参与春晚与抖音App共同发起的"幸福又一年"新媒体行动。

康辉：说到幸福，过年是中国人最幸福的时刻。张贴在家家户户的红春联，每一个字都透出幸福的喜气。

朱迅：为了喜迎己亥猪年的到来，有两位相声演员为我们送春联来了。他们是：岳云鹏、孙越。

【节目3　相声《妙言趣语》】
【主持区：任鲁豫、李思思】

任鲁豫：过年总是给人们带来新的希望，所以"新"是春节里最亮丽的风景。

李思思：过年图的是吉祥和喜庆，所以"喜"是春节里最和美的表情。

任鲁豫：2018年，我们过得很充实，走得很坚定。民族亲如一家，国家成果累累，人民喜事连连。

李思思：在我们刚刚隆重庆祝改革开放40周年后，2019年我们又将迎来新中国70华诞。

任鲁豫：天增岁月国增寿，春满华夏福满门。这对我们每一个中国人来说，真是喜上加喜啊。

李思思：在这样的喜庆年景和喜悦心情中，今晚，我们和您一起过年、一起守岁、一起辞旧迎新。

任鲁豫：下面有请凤凰传奇、钟汉良、迪丽热巴、张艺兴、周冬雨为我们演唱歌曲——

两人合:《中国喜事》。

【节目 4　歌曲《中国喜事》】
【主持区:康辉、朱迅】

康辉:醉美古井贡,快乐中国年! 古井贡年份原浆向全球华人拜年!
朋友们,如果你在春节期间行走国外,你会发现,中国春节的年味也飘向
了五洲四海,整个地球都在与我们天涯共此时。

朱迅:不仅红灯笼、红春联和中国结,挂满了中国城唐人街,而且越
来越多的"洋粉丝"开始舞狮子、玩龙灯了。

康辉:更不用说在中国工作和学习的外国朋友了,他们对中国春节十
分着迷,逛庙会、包饺子,还有上春晚。

朱迅:没错儿,他们可是春晚的常客。今年他们又来了,不过这次不
是唱歌跳舞弹琴说相声,是什么呢?

康辉:是一个很特别的节目。有请李易峰、朱一龙等年轻的朋友们和
远道而来的外国朋友,一起把"青春跃起来"!

【节目 5　创意表演《青春跃起来》】
【红包互动 1——】
【主持区:尼格买提、李思思】

尼格买提:百度 App 摇一摇,"迎取"9 亿大红包! 今晚我们将开启
四轮红包互动。首先要开启第一轮"开运红包",百度 App 这一轮给大家
准备了 3 亿现金,只要参与就有红包拿。

李思思:其中还有 1000 万名幸运观众将获得 20.19 元的惊喜红包!
接下来的三轮红包互动将带来更大的惊喜,赶快下载并打开百度 App 摇一
摇,"迎取"9 亿大红包!

尼格买提:除了抢红包,还要提醒大家今年春晚联合抖音 App 共同发
起了"幸福又一年"新媒体行动。 1 月 20 日上线以来网友踊跃参与,目前
视频播放量已经超过 ×× 亿。

李思思:今晚我们还上线了"春晚模仿秀"活动,如果你觉得春晚的

相声小品好看，那么打开抖音 App，就可以参与模仿了！

尼格买提： 参与模仿的用户，抖音 App 还为您准备了音符卡，零点前集齐 7 个音符就可以召唤惊喜大礼！下载并打开抖音 App，准备好了吗？拿出手机抖一抖，万能音符马上有！

李思思： 也许此时此刻您正在和家人一起收看收听春晚，也许正乘坐着"复兴号"列车，飞奔在回家路上。

尼格买提： 接下来这个小品讲的就是高铁站台上发生的故事。站台上的各位您听好了！有——尚大庆、李文启、黄晓娟、李闯，

李思思： 还有王自健、孙茜、杨紫、佟大为！

【节目 6　小品《站台》】
【主持区：任鲁豫、朱迅】

任鲁豫： 观众朋友，此刻，我们中的大多数人不论家在哪儿，工作在何方，都回到了家，和父母团圆，被亲情拥抱。

朱迅： 还有很多因为种种原因不能回家的人，虽然人在别处，心也早已飞向了同样在牵挂你的父母的身旁。

任鲁豫： 过年回家，回家过年，即使远隔千山万水，也不能阻挡回家的脚步，这是所有中华儿女流淌在血液中的执念。

朱迅： 带着这份激动和幸福，就让我们大声喊出心底的那句：妈，我回来了！

【节目 7　歌曲《妈，我回来啦》】
【连线——井冈山分会场】
【节目 8　戏曲节目《锦绣梨园》】
【红包互动 2——】
【主持区：康辉、李思思】

康辉： 百度 App 摇一摇，"迎"取 9 亿大红包！截至 21 点，在第一轮"开运红包"中，全球参与百度 App 红包互动的观众已经达到 92 亿次（返屏）。恭喜您摇出好运、摇出吉祥！

李思思：现在开启的是第二轮"星运红包"，百度App这一轮为您准备了3亿现金，只要参与都有红包拿！其中还有100万名幸运观众将获得88元惊喜红包。领取方法跟上一轮有点不一样，您可听好了：下载并登录百度App，轻轻下滑刷新首页资讯，看"春晚演员拜年"视频，就有红包拿啦！赶快打开百度App刷新资讯，看视频，领取星运大红包！

康辉：除了抢红包，还要提醒大家，截至21:00，"拜个抖音年"视频播放量已经达到××（返屏）。大家的小幸福通过大屏幕都可以传递到千家万户。

李思思：还要提醒大家，所有参与"幸福又一年"的抖音用户，都可以获得抖音App送出的音符卡，集齐7个音符，就可以在零点获得惊喜大礼。现在就下载并打开抖音App，手机抖一抖，第二波万能音符马上有！

康辉：送完大礼送欢乐。下面请欣赏闫妮、周一围、沈月以及吴海龙、张维威等一群"爱笑"的朋友，为我们演绎一段"办公室的故事"。

【节目9　小品《办公室的故事》】
【主持区：尼格买提、朱迅】
朱迅：拼多多购物App恭祝全球华人新春快乐。拼出福气多多、运气多多！

尼格买提：这些年来，我们每个人都能从自己的生活中感受到我们国家发生的巨大变化。

朱迅：大多数人享受到了居住、就医、上学、出行、通讯、购物等方方面面的舒适和便利。

尼格买提：科技改变生活，已经从一个奢侈的想象，变成了我们实实在在的日常。

朱迅：这要归功于我国广大的劳动者、建设者和科技工作者，你们的默默付出和无私奉献为我们生活带来了利好和福祉。

尼格买提：在这里，我们要给您全家拜年。同时也提醒各位注意劳逸结合、保重身体。

朱迅：下面就让我们用一首动情的歌声，带您去"时间的远方"。

【节目10　歌曲《时间的远方》】
【主持区：任鲁豫、李思思】

任鲁豫：在历年春晚中，武术节目必不可少，中国功夫的十八般武艺，都曾在春晚中给我们带来过许多的惊喜。

李思思：今年春晚的武术节目又会给我们带来怎样的惊喜呢？我能告诉大家的只有两个字：震撼！请看武术《少林魂》。

【节目11　武术节目《少林魂》】
【主持区：尼格买提、朱迅】

朱迅：过年时，我们的第一句拜年话和祝福语，是说给我们的长辈的，祝他们寿比南山、福如东海。

尼格买提：不仅是过年，在平常的日子，子女们也是时时处处，关心着老人的生活和健康，这种孝老敬亲的美德，让我们的社会十分美好。

朱迅：可是，下面您将看到的这个小品，却让我们看到了另外一种，在对待老人关爱上的不谐和的杂音，令人愤怒，也提醒人们警惕。

尼格买提：下面请欣赏小品《"儿子"来了》，表演者葛优、蔡明、潘长江、乔杉。

【节目12　小品《"儿子"来了》】
【主持区：任鲁豫、李思思】

任鲁豫：过年时，人们都要对当年的收获进行盘点，对来年的打算做出安排。

李思思：特别是青年人，都把过年当成新的起跑线，方方面面都有新的规划。

任鲁豫：下面我们给青年朋友送上一首歌——"我们都是追梦人"。有请秦岚、江疏影、景甜、王俊凯、王源、易烊千玺、吴磊。

【节目 13　歌曲《我们都是追梦人》】

【主持区：康辉、李思思】

康辉： 过了今夜，我们又长了一岁，在母亲肚子里的婴儿将要出生，适龄儿童将要入园、上学。

李思思： 还有很多毕业班学生将要面临中考、高考，他们将迎来人生成长道路上的又一级台阶。

康辉： 这是每个家庭重中之重的大事，在此祝愿宝宝们健康成长，祝愿学生们梦想成真。

李思思： 梦想总会实现，奇迹就在身边。有请来自中国台湾的魔术师刘谦，为大家送上一个神奇的春节礼物。

【节目 14　魔术《魔壶》】

【主持区：康辉、朱迅】

康辉： 谢谢刘谦。用 2018 年一句非常火爆的流行语来说就是"确认过眼神"，他就是带来神奇的人。还有一句，正好用来介绍下面的节目，"占领 C 位"，意思就是占领最好的位置。接下来的这个小品就叫作《占位子》。

朱迅： 表演者是深受大家喜爱的开心麻花团队，在今年春晚的舞台上，他们使出浑身解数，究竟要抢占什么样位子呢？

康辉： 让我们掌声有请沈腾、马丽、艾伦、常远、魏翔！

【节目 15　小品《占位子》】

【公益广告（一）（1'30"）】

【节目 16　少儿歌舞《找朋友》】

【主持区：尼格买提、李思思】

尼格买提： 观众朋友，此时此刻我们还有很多很多的亲人朋友，坚守在自己的工作岗位，他们是解放军官兵、公安干警、快递小哥、环卫工人……

李思思： 还有保安保洁员、春运交通司乘员、电力电信维护员、安全消防员等，在这里我们要对你们说——辛苦了！

尼格买提：你们虽然不能和我们共享回家团圆的欢乐，但正是因为你们的不能回家，才使千家万户的阖家团圆有了保证。

李思思：等你们歇下来收看收听春晚重播时，你们会感受到，今晚全国人民对你们表达的衷心感谢和深情问候——

两人合：过年好！

【节目 17　歌曲《今夜无眠》】

【红包互动 3——】

【主持区：任鲁豫、李思思】

任鲁豫：百度 App 摇一摇，"迎取" 9 亿大红包！截至 22 点，全球网友参与百度 App 红包互动累计 115 亿次。（返屏）

李思思：第三轮"好运红包"马上开启，百度 App 这一轮为您准备了 2 亿现金，只要参与都有红包拿，其中还有 10 万个幸运观众将获得"小度人工智能音箱"！这一轮的参与方式您听好了！您只需下载并登录百度 App，文字或语音搜索"欢乐幸福年"，就能领取大红包！记住我们的红包密语是——欢乐幸福年！

任鲁豫：与此同时，由抖音 App 发起的"春晚模仿秀"活动正如火如荼地进行，来自全球的模仿达人都在参与！

李思思：春晚模仿秀的视频播放量已经达到 ××，点赞量超过 ××。其中最高的一条视频点赞量已经超过 ×× 万（返屏）。

任鲁豫：幸福又一年，模仿上抖音！赶快下载并打开抖音 App，参与模仿，集齐七个音符，就可以在零点获得惊喜大礼！手机抖一抖，第三波万能音符马上有！

李思思：下面掌声欢迎孙涛、林永健、句号，有请他们"演戏给你看"！

【节目 18　小品《演戏给你看》】

【连线——长春分会场】

【节目 19　舞蹈《敦煌飞天》】

【公益广告（二）（1'30"）】

【节目20　歌曲《我和我的祖国》】

【主持区：尼格买提、朱迅】

朱迅：刚刚为我们演唱这首歌曲的老艺术家们，平均年龄82岁，都是新中国成长的见证人。

尼格买提：今晚，在喜迎新中国70华诞的时刻，他们同年轻的歌唱家们一起，用自己的歌声表达了对祖国的爱和祝福。掌声送给他们！

朱迅：下面我们共同来欣赏一个小品。小品的主角非常有特点，她经常因为善意的谎言，好心办错事，不光是陷入尴尬，还把自己整得"焦头烂额"。

尼格买提：比如在去年春晚上，她扮演过"假老师""假妈妈"，虽然都带一个"假"字，却透着真性情。没办法，谁让她姓贾呢？

朱迅：掌声有请贾玲、张小斐、许君聪为我们带来一段"啼笑皆非"的故事！

【节目21　小品《啼笑皆非》】

【红包互动4——】

【主持区：任鲁豫、朱迅】

任鲁豫：百度App摇一摇，"迎取"9亿大红包！我们先来分享一组幸福的数据。截至23：00，全球观众参与百度App互动累计137亿次。（返屏）新的一年，祝福伟大祖国繁荣昌盛，中华儿女欢乐幸福！

朱迅：观众朋友们，最后一轮"财运红包"马上开始了！这轮百度App将为大家送出1亿现金红包，只要参与都有红包拿！特别要告诉您我们还准备了大惊喜，那就是1万名幸运观众将获得2019元现金红包！您只需要下载并打开百度App摇一摇，快来分享最后一轮大红包吧！

任鲁豫：同时告诉大家，截至23：00已经有××人通过春晚联合抖音App发起的"幸福又一年"新媒体行动传递了祝福，视频播放总量已达到××亿（返屏）。

朱迅：他们分布在祖国内地、港澳台地区和全球××个国家、地区。

身在天涯，心在咫尺。这一刻，中华儿女在抖音 App 平台上"抖"出了全球大联欢！

任鲁豫：赶快抓紧时间，下载并打开抖音 App，抖一抖手机，集齐七个音符就能在零点获得惊喜大礼。拿出手机抖一抖，最后一轮万能音符马上有！

朱迅：接下来有请成龙、陈伟霆、邓伦为我们演唱《我奋斗 我幸福》。

【节目 22　歌曲《我奋斗 我幸福》】
【节目 23　歌曲《幸福中国一起走》】
【全国道德模范及《中国机长》环节】
【观众席圆桌：康辉、李思思】

康辉：观众朋友们，今晚我们请来了 5 位第六届全国道德模范先进人物和 4 位时代楷模，我来给大家分别介绍一下。这位是敬业奉献模范、大国工匠高凤林，这位是诚实守信模范、时代楷模黄大发老人，这三位是敬业奉献模范，眼科专家姚玉峰、科技精英姜妍、技术能手薛莹。来，我们请高凤林作为代表给大家拜年。

高凤林：祝全国人民新春快乐、万事如意。

康辉：谢谢，再来介绍一下四位时代楷模。这位是农村基层好带头人王传喜、为祖国守岛 32 年的王继才同志的爱人王仕花、优秀乡村教师张玉滚、解放军战士王锐。我们请王传喜作为代表给大家拜年。

王传喜：祝朋友们阖家团圆，幸福美满。

康辉：谢谢。我们也给你们拜年！

李思思：今晚我们还请来了川航 3U8633 英雄机组机长、"最美退役军人"刘传健、第二机长梁鹏、乘务长毕楠，以及他们在电影《中国机长》中的扮演者张涵予、杜江和袁泉。

李思思：来，请二位机长给广大观众说几句。

刘传健：我们会继续努力，让大家的出行更安全、更放心。

张涵予：学英雄，敬英雄！在银幕上重现英雄机组的壮举是我们电影工作者的荣幸，我代表《中国机长》剧组，祝全国观众春节快乐！健康吉祥！

李思思：谢谢，也祝你们新春快乐。此刻，神州大地都在欢歌起舞、喜迎新春，今晚，来自祖国四面八方的广场舞演员也走上了我们春晚舞台。他们将同几位青年歌手一起，踏着豪迈的中国节拍，为新时代点赞！

【节目24　歌曲《点赞新时代》】

【连线——深圳分会场】

【节目25　歌曲《和祖国在一起》】

【主舞台：全体主持人（2分钟版本）】

任鲁豫：朋友们，时钟已经指向了己亥猪年到来的最后时刻，新春的脚步正豪迈地向我们走来。

李思思：回首即将过去的一年，不论是风雨、还是彩虹，我们每个人心中都留下了太多的感动。

尼格买提：辞别旧岁，我们感恩这个伟大的时代，为我们每个人的精彩人生，搭建了最好的舞台；

朱迅：辞别旧岁，我们感恩身边所有的朋友，为我们每个人在前行的路上敞开爱的胸怀。

康辉：在春华秋实中，我们都把自己的身影融进了岁月的长河，蓄积起走进又一个春天的动力。

任鲁豫：万家灯火时，四海笙歌起；

李思思：春风十万里，九州新景开。

尼格买提：一年又一年，年是分界线，

朱迅：一边是历史，一边是未来。

康辉：此刻，我们站在了年轮的门槛；

任鲁豫：转眼，新春的气息将扑面而来。

李思思：让我们留恋地回头，向往岁致敬；

尼格买提：将难忘的记忆，带进春光里的风情。

朱迅：让我们尽情地拥抱，向新春问好；

康辉：把未来的憧憬，交给新时代的奋斗。

尼格买提：岁序常易，华章日新。

李思思：2019年春天的大门已向我们徐徐打开……

任鲁豫：亲爱的朋友们，让我们一起倒计时——

全体合：10——9——8——7——6——5——4——3——2——1——过年好！

【零点倒计时——】

【连线——三地分会场】

【节目26　民族歌舞《同心共筑中国梦》】

【观众席圆桌区：尼格买提、朱迅】

尼格买提：听钟声回荡，一元复始；

朱迅：看春色清和，万象更新。

尼格买提：春晚飞歌，唱响团圆曲；

朱迅：春风报喜，迎来盛世年。

尼格买提：观众朋友，在今年春节的阖家欢乐中，又有许许多多的人，笑得特别开心、特别爽朗。

朱迅：他们就是这一年在脱贫攻坚中摆脱了贫困的全国1000万农民兄弟姐妹。

尼格买提：你们在脱贫致富的路上没有掉队，全国人民都为你们感到高兴。恭喜你们。

朱迅：在这里，我们也给您拜年了。祝您在新的一年，继续撸起袖子加油干，日子越过越红火。

尼格买提：每到春节，回家过年的返乡大军，在全国各地，构成了一道令人惊叹的中国风景。

朱迅：今年春节的返乡却悄悄地发生了变化。很多人没有回家，把家里人接到自己身边团圆。

尼格买提：这种被称为"反向团圆"的现象，构成了中国春节的另一道温暖的风景。

朱迅：在这里，我们也要祝福这些在异地团圆的家庭，阖家欢乐，新春愉快。

尼格买提：接下来这个杂技节目可热闹了，群英荟萃、大展绝技绝活儿，一定能够让你大饱眼福！请欣赏。

【节目27　杂技《争奇斗技》】

【节目28　水上节目《绽放》】

【节目29　小品《爱的代驾》】

【主持区：尼格买提、李思思】

尼格买提：现在人们过年，都爱谈论年味，那什么是年味呢？有人说，是食物的气味，团圆的滋味，还有人们玩乐的兴味。

李思思：我说啊，年味就是屋里屋外张灯结彩，大街小巷锣鼓喧天，亲友相见拱手拜年，年夜饭上饺子年糕，喝的是老酒，品的是团圆。

尼格买提：说到团圆，除夕之夜，一家人围炉而坐，叙旧话新，年轻的情侣互诉衷肠、表达爱意。年老的长辈语重心长、寄语后辈。

李思思：在这一时刻，声声笑语荡漾着亲情，张张笑脸辉映着夜空；在这一时刻，我们每一个人都是"夜空中最亮的星"。

【节目30　歌曲《夜空中最亮的星》】

【公益广告（三）（1'30"）】

【节目31　舞蹈《英姿》】

【主舞台：全体主持人】

任鲁豫：寒辞去冬雪，暖带入春风，

李思思：共庆新故岁，迎送欢笑中。

尼格买提：在欢乐吉祥中，我们辞别了旧岁；

朱迅：在喜气洋洋中，我们迎来了新春。

康辉：珍惜往日荣光，化作新时代的力量；

任鲁豫：踏上新的征程，奔向中国梦的前方。

李思思：朋友们，新的一年，我们报到：

尼格买提：我们都在努力奔跑，我们都是追梦人！

朱迅：祈福迎祥，满目春花烂漫；

康辉：不负时光，自有万水千山。

尼格买提：难忘今宵，今宵难忘。

朱迅：新中国新天地喜迎七十华诞，

李思思：再奋进再出发奔向全面小康。

任鲁豫：让我们在以习近平同志为核心的党中央坚强领导下，脚踏实地、苦干实干，创造无愧于伟大新时代的新辉煌。

全体合：祝福中国！祝福世界！

【节目 32　结尾歌舞《难忘今宵》】

【主持区至主舞台 全体主持人】

任鲁豫：《2019 年春节联欢晚会》到这里就全部结束了，祝大家春节快乐，咱们明年春晚——

全体合：再见！

三、导演阐述

关于 2018 年春节联欢晚会

2018 年春晚剧组的全体工作人员用 100 多个辛勤工作的日子，以不忘初衷、拒绝平庸、精彩春晚、勇攀高峰的精神，打造出了一台高水准的晚会奉献给伟大的 2018 年。2018 年春节联欢晚会紧扣"构筑中国精神、中国价值、中国力量"的主线，强化"满怀豪情迎新春"的主调，渲染"全民大联欢、普天同喜庆"的基色，唱响"讴歌党、讴歌祖国、讴歌人民、讴歌英雄"的主旋律。

一、节目筛选标准："欢乐度"和"受众"

春晚是一件礼物，一个陪伴，一份温暖，这届春晚我就想做个"三好学生"——好听、好看、好笑，就够了。

今年春晚节目筛选严格，主要有两个筛选标准：一个是看欢乐度，最主要是语言类的节目，它一定要好笑，一定是让观众能发自内心地笑，欢乐度不高的可能就不予以考虑了；其他就是看受众，我们要照顾大的受众群体，有一些可能出来节目很好，但是可能受众很窄，这个我们就暂时先把它排除在外了。

春晚的语言节目重要的特征就是欢乐度。它一定要是喜剧的，它一定要给人们在这一天晚上带来欢乐的。那么，我们怎么能满足更多的观众群体，来关注春晚，为所有的观众群体提供我们的喜剧节目，这就决定了我们找什么样的演员。

因为常常说春晚，它是一个年夜大餐，它又是众口难调，虽然这样，但我们还是尽量地通过我们的努力来满足绝大多数观众对喜剧节目的胃口。这样它就会老年有老年观众喜欢的演员，青年有青年崇尚的对象，我们按照这两个标准，首先是观众喜爱，那么我们在本年度的小品演员的群落当中，我们去筛选年轻人喜欢的。同时呢，他又具备舞台表演经验又具备喜剧表演能力的这些人。

实际上二者是一个有机的统一，如果你仅仅有欢笑，那是廉价的笑，如果你仅仅有意义，那不符合我们艺术标准。所以呢，这些年在语言节目创作中我们有一句话，既要讲意义，同时呢，也要有意趣。在意义和意趣有机统一当中，来完成我们观众所喜爱的喜剧节目。

二、舞美设计耳目一新，饱含文化含义

今年的春晚延续了前两年春晚设立分会场的传统，再次设立四个分会场，分别是：贵州黔东南肇兴侗寨、广东珠海港珠澳大桥和长隆海洋王国、山东曲阜万仞宫墙和泰安"封禅大典"实景演出场地、海南三亚凤凰岛国际邮轮港。

不过，作为新时代的第一个春晚，做到让人耳目一新也是我们追求的目标。本届春晚借助激光矩阵、粒子跟踪系统、无人机、全息影像等前沿科技，营造唯美震撼、神奇梦幻的表演意境和舞台空间。

今年的春晚的北京主舞台设计，把台口的两个柱子，和后面的两个柱子，中间是有个连接的，所以它空间感是给你一看是立体的，它是有一个透视感，另外我们就是用中国字，所以我们整个晚会一开始，中国的中字是舞台的主体符号，从舞美设计里面，有我们的文化含义，很深的文化含义。舞台还能拉伸成立方体，各条边从不同的方向、层次移动，辅以升

第三章　舞台主持

127

降、空中吊挂等技术手段，构建出多个舞台空间，完美配合各种形态的节目表演。

各个分会场则以各自的实景为依托，在灯光的映照下，分别营造出山峦的神奇、大海的梦幻、村寨的风情、都市的璀璨，突出中国元素、民族符号和地域文化。

贵州黔东南分会场选在有着"侗乡第一寨"美誉的肇兴侗寨，该会场的节目艺术化地将民族特色与时代新风融于一体，呈现出了我国各族人民迈进新时代的自豪感和获得感。

广东珠海分会场选在港珠澳大桥和珠海长隆海洋王国，完美展现引领创新的"科技、生态、文化"的三位一体生态体系。该会场的节目运用光影技术和前沿科技，打造出一幅幅梦幻绚烂的盛大场景，记录下幸福人民迎接新年、欢庆新春、祝福新时代的喜悦心情。

山东分会场选在孔子故里曲阜和文化名城泰安两地，借用现代舞台技术，展现出山东人民"有朋自远方来"的豪爽热情和国泰民安的美好祝愿。

海南分会场选在三亚的国际邮轮港，这里是中国第一个国际邮轮专用港口。该会场的主题节目是在海陆空三维领域中，立体化地设置表演元素，营造出嘉年华的喜庆氛围和欢腾的新春景象。

三、节目形态创新，完美混搭

魔术一直是春晚上观众关注的焦点。今年，在导演组的创意下，由歌手周杰伦和魔术师蔡威泽带来的《告白气球》，将魔术、歌曲与新媒体技术相结合，打破了以往传统的魔术表演手法。这个形式在国际上来说都很少，几次在达人秀里面有过展现，但是成为一个完整的节目很少。

当然，完成这个节目并非易事，在距离春晚正式演出还有 5 天时，这个节目还在进行修改、走位，因为这个节目要求的灯光、环境都非常精细，因为它是真假人同时表演。什么是真假人，就是视频的人跟真人，同时要在一个空间里面演出，而且观众看不出来哪一个是真的，哪一个是假的，这个时候就跑出来，变狗，变气球，那时候就在观众席上呈现了，这是魔术的套路。

除了魔术混搭歌曲，将杂技技巧和舞蹈融合的节目《波涛之上》让观众在一个节目中同时感受力与美的完美结合；舞蹈《亮花鞋》则将传统民俗利用巧妙的构思与道具结合，充满新意。这是因为自从《俏夕阳》出来之后，特别是来自生活一线，这样一些带有浓郁的、乡土气息的舞蹈就很少见了，所以我们想到了这个，这个费了我们很多的心机，这个道具做了三个，它离开了设计就没法跳了，所以这也是一个创新。

今年的晚会还特别设置"国宝回归"环节，并实时连线报道海外华人华侨欢度中国年的联欢盛况；恢复新春贺电，以表达华人华侨共度春节、心向祖国的乡土之恋和美好祝福，展现中国文化走出去的丰硕成果。

四、节目编排不断出新出奇

这届春晚在节目形态上力求创新。

1. 春晚小品首次起用中国台湾地区演员

今年春晚的小品《回家》首次起用了中国台湾地区演员张晨光、方芳，他们用娓娓道来的叙述，完美演绎了两岸人民血浓于水的深情厚谊。节目中，方芳的一句台词"你把你老婆看扁了，我陪你回家也是自己回家"让不少观众落泪，因为这是方芳自己的经历，所以她在演的过程中特别情真意切，把整个小品演得非常地动情，我自己在选这个节目的时候，也是第一次一看我就热泪盈眶，所以我也相信我的第一感觉。

2. 黄渤、陈伟霆、张艺兴的齐舞表演

黄渤、陈伟霆、张艺兴表演的《最好的舞台》反响非常好，这个反响其实也在我们的预想当中。当时设计的时候，其实我们对它的预期就是希望它能够成为春晚舞台上的一个亮点，这3个演员非常的敬业和努力，我觉得实现了最终的效果，而且齐舞的形式也是第一次出现在春晚的舞台上。

在这儿不得不说，我觉得黄渤真的是一个非常优秀的演员，他也是一个非常敬业的导演。在这个节目当中，他自己倾注了很多心血，我们一起开会，然后讨论从最初的词曲到舞台的呈现，包括到舞蹈动作的设计，他都是全程参与，跟我们的编导一起开会。

同时呢，另外两位年轻的演员陈伟霆和张艺兴也是非常配合。今天看到网上的评论，都说"哇，黄渤哥好帅，跳舞也跳得这么好"，但其实大

第三章 舞台主持

129

家不知道他真的付出了自己很大的努力，每天练，包括他的每一个点的设计，每个动作都会想很多，然后伟霆和艺兴也是一有好的想法，马上就沟通，我们一直在保持沟通。最终通过大家的努力，把这个节目呈现在了这个舞台上，我今天看到网上的评论，自己挺开心的，这个跟我们之前的预期基本上是完全一样的。

3. 武当与少林两大功夫门派高手首次在春晚过招

武术节目是春晚当中必不可少的一个节目形式，如何创新，这真的是一个难题。如果要是说我们只是继续上一个武术节目，那我觉得就比较简单，因为中国的武术真的是非常非常的强，但是如何让它呈现一个不一样的方式，我觉得这个是一个挺难的事。

春晚的创作前期都是有很多观摩与考察的。当时看到了那个少林武僧团来京，在人民大会堂的表演。其实从去年开始的时候呢，我们就有这样一个想法，就是把真正的少林武僧团请到春晚的舞台上。所以看过他们的那个表演之后呢，我去了一趟少林，直接带着舞蹈编导去了一趟。

去了之后在现场看的感觉真的是不一样，真正的那种武术精神和武术功夫给你带来的那种震撼是不同的。武当的这个节目也是我们今年春晚的这个舞蹈的导演团队当中的戴兵导演，他之前在一个节目里请过这个武当的传承人叫清风子来做这种平衡木表演，但当时只是清风子一个人。当时我们就想到，少林的这个功夫也非常好，武当的这个太极阴柔相济。我们想如果今年把这两种形式结合在一起，会不会能产生一点神奇的化学效应，正好之前用到过这种平衡木的方式，所以就是有了现在这个《双雄会》的创意。

但是，在整个排练过程中遇到了很多很多的困难，因为少林的功夫是那种刚硬的硬功夫，可能在平衡木上，还不能完全发挥出他的优势，所以他们排练了很长时间，也磨合了很长时间。最后的效果，我觉得跟当时的创意应该是说达到了80%，如果还有更长的时间磨合的话，它应该更加精彩。

4. 成龙和吴京首次合唱

其实成龙和吴京都分别在春晚的舞台上表演过武术节目，但我觉得他们俩今年的合唱歌曲应该是第一次出现。

大家都想到说他俩要一起演个功夫挺好的，但是我觉得今年选《中国》这个作品，其实也是希望能够让这种爱国题材，正能量的作品能够被老百姓接受，希望它能够被传唱，能够在社会上弘扬更多的正能量。由谁来演唱？其实也是谁能更好地诠释这个作品，传递出我们想传递出的这个想法。所以今年就想到了成龙大哥和吴京。

我今天看见网上有评论，我觉得写得特别好，说"第一次看见这么有力量的两个男人的一次握手"，我觉得可能这就是他们演绎这个作品的意义吧。

5．黄晓明、言承旭、钟汉良、夏利奥男神组合

黄晓明、言承旭、钟汉良、夏利奥他们4个人的这个节目是山东分会场的节目，因为山东分会场今年的主题就是传统文化，所以在选取作品的时候呢，选取了两首：一首是《龙的传人》，一首是《天耀中华》。最早就是想要大陆与港澳台的演员一起来呈现，所以呢，才会有了这4个人的合作。

他们也都是大家非常喜欢的演员。我觉得他们4个人也是把这个作品非常好地呈现了。黄晓明本身就是山东人，其实他非常积极，非常配合。我觉得就是只要是在春晚的舞台上，或者是说大家觉得站在这里，能够代表内地的演员，代表香港的演员，代表台湾的演员，代表澳门的演员，都很有自豪感。所以，所有的演员都是用很真诚的这种心意来传递和演绎这个作品。

五、追求"命运共同体"

今年春晚上出现了众多"洋面孔"：来自非洲的演员和中国演员在小品《同喜同乐》里，一起反映了"一带一路"建设和中非人民友谊；来自俄罗斯的"小白桦"舞蹈团在舞台上翩翩起舞，来自英国、美国、意大利、法国等具有国际知名度的外国艺术家高唱中国歌曲，这个是第一次在春晚上呈现，体现了中国文化的强大影响力与感召力。此外，更有多个国家、重要国际组织领导人向中国人民大拜年，展示了中国在全球的突出地位，彰显了文化自信。随着改革开放，中国的大门已经完全打开，我们不光是经

济上追求命运共同体，在文化上也同样要追求命运共同体。

六、情结产生创意

今年请到王菲跟那英，我觉得这就是关于春晚的情怀而产生的创意吧，因为她们第一次登台是 1998 年，1998 年的时候是我刚进中央电视台。那年春晚的那一个作品在自己的脑海里留下了非常深刻的印象，而且我觉得它是一个很优秀的作品。在今年布局春晚歌舞节目的同时呢，歌舞不仅仅是抓作品，更多的时候，我们是要布局整个演员，就是如何让演员跟节目能够很好地契合，我觉得春晚的这种舞台它一定不是大家随便来唱一个自己的歌就好了，这个舞台上真正要体现的是导演的艺术，导演的创意，就是你有什么样的想法，你可能在其他的节目上比较难呈现的，但在春晚的舞台上都有实现的可能，所以在一开始的时候，当时我们就希望今年抓一个这样的节目，我们叫亮点节目的设计。那我就想到了 1998 年《相约一九九八》20 年之后再度联手。有了这个想法之后就开始跟她们进行积极的沟通。

当我提出这个想法的时候，大家都是一下就接受了，都觉得 20 年后如果两个人再次登台，她们自己也很兴奋，所以呢，等于我们三方一拍即合，之后大家就迅速行动起来。在这个节目当中，她们真的是对春晚有非常非常大的支持。那英为词曲创作和推动付出了很多努力。大家看到字幕就知道这首歌的作词其实是那英跟王菲两个人，就是她们两个人碰撞出来的。

刚开始我们想到了一个主题就是"再聚首"，再聚首的时候就感觉到底是什么样的，我们是表达一种重逢，表达一种友谊，是一种岁月的流逝，还是其他的。当时我们前面有好几版词，一直在磨合，最后，我觉得可能真的还是跟表演者本人在沟通和碰撞的过程中，突然有了这样的一个点。不管时间怎么流逝，我觉得岁月最后沉淀下来的都是非常美好的记忆，所以有了今年的这个作品。

当时我们在沟通的时候，就是在创作的时候，也是说到我希望这个作品，不是一个晚会歌曲，它能够成为一个真正的优秀的音乐作品。所以呢，我们是按照这个方向去创作的。我觉得今年《岁月》这个作品符合当时我们的期待。我当时第一次听见小样的时候真的特别激动，听得浑身起鸡皮疙瘩。可能也是因为有这份情怀吧，另外我觉得她们两个人将这个作品诠释得非常好。

七、总结和回顾

春晚从1983年开始举办，到2018年已经35年，我觉得这种情感的东西，应该有一个总结和回顾。我觉得春晚凝聚了很多人的心血，不是某一个总导演的本事。春晚它是央视的一份礼物，35年来不同的人、不同的团队在上面打磨，来坚守这个阵地。我觉得个人真的不重要，好多人的付出，不是一时半会儿的，很多人付出的是一辈子。

（根据2018年春节联欢晚会导演采访整理）

第四章
商务典礼主持

商务典礼就是商务活动中的各种仪式，如签字仪式、开业仪式、剪彩仪式、交接仪式、庆典仪式等，这样的仪式往往都离不开主持人。要想成功地主持好这些典礼，必须系统地了解相关知识。

仪式，准确地讲，通常是指人们在人际交往中，特别是在一些比较盛大、庄严、隆重、热烈的正式场合里，为了激发起出席者的某种情感，或者为了引起其重视，而郑重其事地参照合乎规范与惯例的程序，按部就班地举行的某种活动的具体形式。在现实生活里，商务人员所接触到的仪式甚多，许多商界人士往往经历过不止一次。

在商务交往之中，仪式经常发挥着难以替代的重要功能。它可以树立商务人员所在单位的良好形象，有助于提高商务人员所在单位的知名度与美誉度，可以培养商务人员所在单位全体成员的自信心、凝聚力、自豪感、归属感和集体荣誉感，可以表达商务人员对待自己的交往对象尤其是自己的合作对象的诚心与诚意，可以表达本单位对同外单位所进行商务合作的积极态度和关注之心，可以借此机会引起社会各界对本单位的重视，并且加深社会公众对本单位的了解。一句话，在商务活动中恰到好处地应用仪式，可以从多方面使商务人员乃其所在单位获益。

仪式礼仪，一般指的是典礼的正规做法与标准要求。仪式礼仪规定，典礼举行之时，必须认真恪守如下三项原则：

首先，典礼要适度。这具有双重含义：一方面，它要求仪式宁缺毋滥，不到必要时不要轻易办典礼，更不可将其经常化、庸俗化。另一方面，它又要求典礼的具体形式与规模应与本单位的具体情况相符合，切不可脱离现状，一味地贪大求洋。

其次，典礼要隆重。如上所言，典礼最重要的作用在于它既可以唤起本单位全体员工的自信心和自豪感，又能吸引外界对本单位的重视。所以典礼通常不办则已，办就要办得郑重其事、有模有样，并且富于新意。只有这样做，才有可能借此机会令本单位成为社会各界所关注的焦点。

最后，典礼要俭省。商界举行有关仪式时，不仅要尽可能地使之热烈而隆重，而且还要力求精打细算。必须充分认识到，这是一个事关本单位整体形象的重大问题。因此，在操办仪式时，应当以节约为本，俭省为要，量力而行，切勿肆意挥霍，铺张浪费，动辄兴师动众，大把花钱。具体而言，典礼也要务实不务虚。有些可有可无的项目、活动，可以不搞。有些无关宗旨的程序，可以省去。有些关系不大的人士，则完全不必邀请到场。

第一节　如何主持签约仪式

一、签约礼仪的重要性

仪式礼仪规定，为了使有关各方重视合同、遵守合同，在签署合同时，应举行郑重其事的签字仪式。此即所谓签约。签约是非常正式的一种仪式，每一细节都起着至关重要的作用。

签约在商务交往中被视为一项有关各方的相互关系取得了更大进展的标志，以及为消除彼此之间的误会或抵触而达成了一致性见解的重大成果。因此，它极受商界人士的重视。

国与国之间缔结条约、协定，要经过双方全权代表的签字。国家领导人之间互访时，发表联合公报、联合声明，要经过签字。两国政府的有关部门之间就经济、贸易、文化、科技、航运、侨务、体育等各项业务达成的协议、协定、议定也要经过签字。不同国家和国内各企业、团体之间就合作项目达成的协议、合同、契约等也要经过签字才能有效。所有这些经过双方代表签字的文本（有时还要经过其他必要的批准手续），对双方具有约束力，具有相应的法律效力。

二、签约仪式的程序

签字时，一般要举行签字仪式。签字仪式的举行，一是对双方合作的初步成功和开始表示祝贺；二是表示合作开始正式生效，双方权利和义务的确定和开始履行；三是向社会和有关方面宣布。

在商务交往的实践中，尽管君子协定、口头承诺、"说话算数"在一定程度上有作用，但是更有效地取信于人、让交往对象心安理得的，则是"口说无凭，立此为据"的文字性合同。

商务台同，是指有关各方之间在进行某种商务合作时，为了确定各自的权利和义务，而正式依法订立的、经过公证的、必须共同遵守的条文。

根据仪式礼仪的规定：对签署合同这一类称得上有关各方的关系发展上"里程碑"式的重大事件，应当严格地依照规范来讲究礼仪，应用礼仪。为郑重起见，在具体签署合同之际，往往会依例举行一系列程式化的活动，即所谓签约的仪式。在具体操作时，它又分为草拟阶段与签署阶段等两大部分。

（一）草拟阶段

商务合同的种类繁多。常见的就有购销合同、借贷合同、租赁合同、协作合同、加工合同、基建合同、仓保合同、保险合同、货运合同、责任合同等。以下，先来介绍一下草拟合同的正规做法。

从写法上来说，它有一定规则。它的要求是目的要明确，内容要具体，用词要规范，数据要精确，项目要完整，书面要整洁。违反了上述各项要求中的任何一点，都有可能会给自己带来巨大麻烦。

从格式讲，合同大体上有条款式与表格式两类。所谓条款式合同，指的是以条款形式出现的合同。所谓表格式合同，则是指以表格形式出现的合同。

在草拟合同时，除了写法在格式上要标准、规范之外，同时还必须注意遵守法律、符合惯例、合乎常识、顾及对方等各个方面的关键问题。

1. 草拟合同必须遵守法律。在商务交往中，所有正式的合同都具有法律约束力。它一旦订立，任何一方都不可擅自变更或解除。因此，商务人员必须熟悉国家的有关法律与法规以便充分地运用法律来维护自身的正当权益。

2. 草拟合同必须符合惯例。在草拟合同时，必须优先遵守法律、法规，尤其是必须优先遵守我国的法律、法规。遇上有关法律、法规尚未规定的，则可采用举世公认的国际惯例。一般而言，国际惯例是维系商务交往正常化的一大基石，所以商界人士在草拟合同时，应当以它来协调自己的行动。对此不甚了解而贸然行事，必定会吃大亏。

3. 草拟合同必须合乎常识。在草拟合同时，商界人士有必要使合同的一切条款合乎常识，坚决不要犯常识性错误。商界人士在草拟合同时应当具备的常识，是指与其业务有关的专业技术方面的基本知识，它们包括商品知识、金融知识、运输知识、保险知识和商业知识等。

4. 草拟合同必须顾及对方。正式合同的一大特征，是有关各方必须协商一致，出自心甘情愿。反之，如果一方恃强凌弱，仗势压人，把自己的意志强加于他方，强迫他人与自己订立"城下之盟"，那么合同即使勉强签署，事后亦不断地发生纠纷，那样对有关各方都不会有好处。因此，商务人员在草拟合同的具体条款时，既要"以我为中心"，优先考虑自己的切身利益，又要替他方多多着想，要顾全对方的体面，并且尽可能照顾他方的利益，这是促使合同为对方所接受的最佳途径。

（二）签署阶段

这是签署合同的高潮，它的时间不长，但程序规范、庄重而热烈。签字仪式的正式程序一共分为四项，它们分别是：

1. 签字仪式正式开始。有关各方人员进入签字厅，在既定的位次上各就各位。

2. 签字人正式签署合同文本。通常的做法是首先签署己方保存的合同文本，再接着签署他方保存的合同文本。

商务礼仪规定：每个签字人在由己方保留的合同文本上签字时，按惯例应当名列首位。因此，每个签字人均应首先签署己方保存的合同文本，然后再交由他方签字人签字。这一做法，在礼仪上称为"轮换制"。它的含义是在位次排列上，轮流使有关各方均有机会居于首位一次，以显示机会均等，各方平等。

3. 签字人正式交换已由有关各方正式签署的合同文本。此时，各方签字人应热烈握手，互致祝贺，并相互交换各自刚才使用过的签字笔，以示纪念。全场人员应鼓掌，表示祝贺。

4. 共饮香槟酒互相道贺。交换已签的合同文本后，有关人员，尤其是签字人当场干上一杯香槟酒，是国际上通行的用以增添喜庆色彩的做法。

在一般情况下，商务合同在正式签署后，应提交有关方面进行公证，此后才正式生效。

应该说明的是：签字仪式不一定非办不可，尽管它可以制造声势，增添影响。但是，对签字本身却是必须郑重对待，不可草草收场。

三、签约仪式的筹备与主持

在商务交往中，人们在签署合同之前，通常会竭力做好以下几个步骤的准备工作。

（一）要布置好签字厅

签字厅有常设专用的，也有临时以会议厅、会客室来代替的。布置它的总原则是要庄重、整洁、清静。

一间标准的签字厅，应当室内满铺地毯，除了必要的签字用桌椅外，其他的一切陈设都不需要。正规的签字桌应为长桌，其上最好铺设深绿色的台呢。按照仪式礼仪的规范，签字桌应当横放于室内。在其后，可摆放适量的座椅。签署双边性合同时，可放置两张座椅，供签字人就座。签署多边性合同时，可以仅放一张座椅，供各方签字人签字时轮流就座；也可以为每位签字人都各自提供一张座椅。签字人在就座时，一般应当面对正门。

在签字桌上，循例应事先安放好待签的合同文本以及签字笔、吸墨器等签字时所用的文具。与外商签署涉外商务合同时还需在签字桌上插放有关各方的国旗。插放国旗时，在其位置与顺序上，必须按照礼宾序列而行。例如，签署双边性涉外商务合同时，有关各方的国旗须插放在该方签字人座椅的正前方。

（二）要安排好签字时的座次

在正式签署合同时，各方代表对于礼遇均非常在意，因而商务人员对在签字仪式上最能体现礼遇高低的座次问题，应当认真对待。

签字时各方代表的座次，是由主方代为预期排定的。台式礼仪的做法是：在签署双边性合同时，应请客方签字人在签字桌右侧就座，主方签字人则应同时就座于签字桌左侧。双方各自的助签人，应分别站立于各自一方签字人的外侧，以便随时对签字人提供帮助。双方其他的随员，可以按照一定的顺序在己方签字人的正对面就座。也可以依照取位的高低，依次自左至右（客方）或是自右至左（主方）地列成一行，站立于己方签字人的身后。当一行站不完时，可以按照以上顺序并遵照"前高后低"的惯例，排成两行、三行或四行。原则上，双方随员人数，应大体上相近。

在签署多边性合同时，一般仅设一个签字椅。各方签字人签字时，须依照有关各方事先同意的先后顺序，依次上前签字。他们的助签人，应随之一同行动。在助签时，依"右高左低"的规矩，助签人应站立于签字人的左侧。与此同时，有关各方的随员，应按照一定的序列，面对签字桌就座或站立。

签字场地的布置，一般常用两种方式：一种方式是在签字厅内设置一张长方形桌，作为签字桌。桌面上盖着深色台呢，桌后放两把椅子为双方签字人员的座位，主左客右。座前摆的是各自保存的文件，上端分别放置签字文具，中间摆放一旗架。同外商签字时，需要悬挂签字双方的国旗，如图 7-1 所示。

另一种方式是在签字仪式上设置两张签字桌，双方签字人员各坐一桌，参加仪式的人员坐在签字桌对面，如图 7-2 所示。另外，还有一种方式，即安排一长方桌为签字桌，双方参加签字仪式的人员，坐在签字桌前方的两旁，双方国旗挂在签字桌的后面，如图7-3所示。

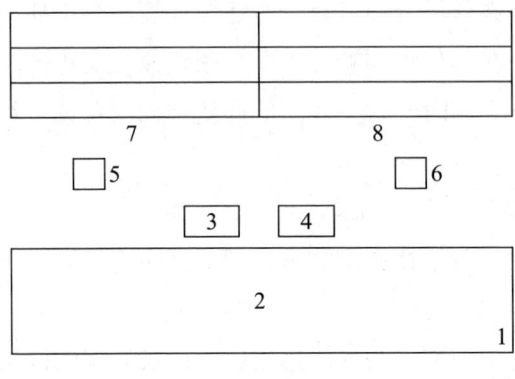

1. 签字桌；2. 双方国旗；3. 客方签字人；4. 主方签字人；5. 客方助签人；6. 主方助签人；7. 客方参加签字仪式的人员；8. 主方参加签字仪式的人员

图7-1

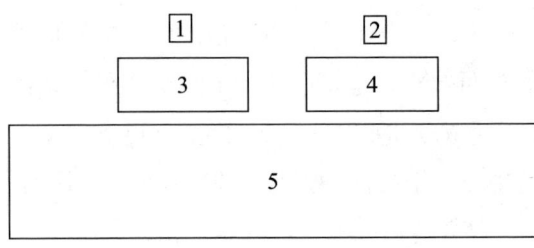

1. 客方签字人席位；2. 主方签字人席位；3. 客方国旗；4. 主方国旗；5. 参加签字仪式人员

图7-2

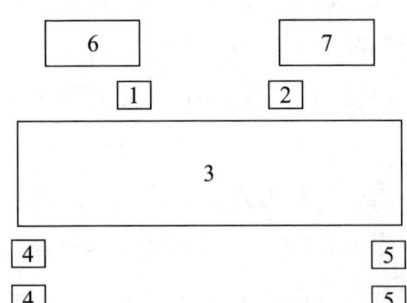

1. 客方签字人；2. 主方签字人；3. 签字桌；4、5. 参加签字仪式人员；6. 客方国旗；7. 主方国旗仪式的文本

图7-3

（三）要预备好待签的合同文本

依照商界的习惯，在正式签署合同之前，应由举行签字仪式的主方

负责准备待签合同举行签字仪式，是一桩严肃而庄重的大事，因此不能将"了犹未了"的"半成品"交付其使用；或是临近签字时，有关各方还在为某些细节而纠缠不休。在决定正式签署合同时，就应当拟定合同的最终文本。它应当是正式的，不再进行任何更改的标准文本。

负责为签字仪式提供待签的合同文本的主方，应会同有关各方一道指定专人，共同负责合同的定稿、校对、印刷与装订。按常规，应为在合同上正式签字的有关各方，均提供一份待签的合同文本。必要时，还可再向各方提供一份副本。

签署涉外商务合同时，比照国际惯例，待签的合同文本，应同时使用有关各方法定的官方语言，或是使用国际上通行的英文、法文。此外，亦可同时并用有关各方法定的官方语言与英文或法文。使用外文撰写合同时，应反复推敲，字斟句酌，不要望文生义或不解其意而乱用词语。

待签的合同文本，应以精美的白纸印制而成，按大八开的规格装订成册，并以高档质料，如真皮、金属、软木等，作为其封面。

（四）要规范好签字人员的服饰

按照规定，签字人、助签人以及随员，在出席签字仪式时，应当穿着具有礼服性质的深色西装套装、中山装套装或西装套裙，并且配以白色衬衫与深色皮鞋。男士还必须系上单色领带，以示正规。

在签字仪式上露面的礼仪人员、接待人员，可以穿自己的工作制服，或是旗袍一类的礼仪性服装。

第二节　如何主持开业仪式

一、做好准备工作

开业仪式，是指在单位创建、开业，项目完工、落成，某一建筑物正式启用，或是某项工程正式开始之际，为了表示庆贺或纪念，而按照一定的程序隆重举行的专门的仪式。有时，开业仪式亦称作开业典礼。

开业仪式在商界一直颇受人们的青睐。究其原因，并不仅仅是商家只为自己讨上一个吉利，而是因为通过它可以因势利导，对商家自身事业的发展裨益良多。一般认为，举行开业仪式，至少可以起到下述五个方面的作用：第一，它有助于塑造本单位的良好形象，提高自己的知名度与美誉度。第二，它有助于扩大本单位的社会影响，吸引社会各界的重视与关心。第三，它有助于将本单位的建立或成就"广而告之"，借此为自己招徕顾客。第四，它有助于让支持过自己的社会各界与自己一同分享成功的喜悦，进而为日后的进一步合作奠定良好的基础。第五，它有助于增强本单位全体员工的自豪感与责任心，从而为自己创造出一个良好的开端，或是开创一个新的起点。

开业的礼仪，一般指的是在开业仪式筹备与运作的具体过程中所应当遵从的礼仪惯例。

（一）开业仪式的筹备

开业仪式尽管进行的时间极其短暂，但要营造出现场的热烈气氛，取得彻底的成功，却绝非一桩易事。由于它牵涉面甚广，影响面巨大，不能不对其进行认真的筹备。筹备工作认真、充分与否，往往决定着一次开业仪式能否真正取得成功。主办单位对此点，务必要给予高度重视。

筹备开业仪式，首先在指导思想上要遵循"热烈""节俭"与"缜密"三原则。所谓"热烈"，是指要想方设法在开业仪式的进行过程中营造出一种欢快、喜庆、隆重而令人激动的氛围，而不应令其过于沉闷、乏味。有一位曾在商界叱咤风云多年的人士说过："开业仪式理应删繁就简，但却不可以缺少热烈、隆重。与其平平淡淡、草草了事，或者偃旗息鼓、灰溜溜地走上一个过场，反倒不如索性将其略去不搞。"所谓"节俭"，是要求主办单位勤俭持家，在举办开业仪式以及为其进行筹备工作的整个过程中，在经费的支出方面量力而行，节制、俭省，反对铺张浪费，做到该花的钱要花，不该花的钱千万不要白花。

重点说一下"缜密"。所谓"缜密"，则是指主办单位在筹备开业仪式时，既要遵行礼仪惯例，又要具体情况具体分析，认真策划，注重细节，分工负责，一丝不苟；力求周密细致，严防百密一疏，临场出错。具体而论，筹备开业仪式时，对于舆论宣传、来宾约请、场地布置、接待服务、礼品馈赠、程序拟定等6个方面的工作，尤其需要事先做好认真安排。

1. 要做好舆论宣传工作

既然举办开业仪式的主旨在于塑造本单位的良好形象，那么就要对其进行必不可少的舆论宣传，以吸引社会各界对自己的注意，争取社会公众对自己的认可和接受。为此要做的常规工作有：一是选择有效的大众传播媒介，进行集中性的广告宣传。其内容多为：开业仪式举行的日期、开业仪式举行的地点、开业之际对顾客的优惠、开业单位的经营特色，等等。二是邀请有关的大众传播界人士在开业仪式举行之时到场进行采访、报道，以便对本单位进行进一步的正面宣传。

2. 要做好来宾约请工作

开业仪式影响力的大小，实际上往往取决于来宾身份的高低和数量的多少。在力所能及的条件下，要力争多邀请一些来宾参加开业仪式。地方领导、上级主管部门与地方职能管理部门的领导、合作单位与同行单位的领导、社会团体的负责人、社会贤达、媒体人员，都是邀请时应予优先考虑的重点。为慎重起见，用以邀请来宾的请柬应认真书写，并应装入精美的信封，由专人提前送达对方手中，以便对方早做安排。

3. 要做好场地布置工作

开业仪式多在开业现场举行，其场地可以是正门之外的广场，也可以是正门之内的大厅。按惯例，举行开业仪式时宾主一律站立，故一般不布置主席台或座椅。为显示隆重与敬客，可在来宾尤其是贵宾站立之处铺设红色地毯，并在场地四周悬挂横幅、标语、气球、彩带、宫灯。此外，还应当在醒目之处摆放来宾赠送的花篮、牌匾。来宾的签到簿、本单位的宣传材料、待客的饮料等，亦须提前备好。对音响、照明设备以及开业仪式举行之时所需使用的用具、设备，必须事先认真进行检查、调试，以防在使用时出现差错。

4. 要做好接待服务工作

在举行开业仪式的现场,一定要有专人负责来宾的接待服务工作。除了要提醒本单位的全体员工在来宾的面前,人人都要以主人翁的身份热情待客,有求必应,主动相助之外,更重要的是分工负责,各尽其职。在接待贵宾时,需由本单位主要负责人亲自出面。在接待其他来宾时,则可由本单位的礼仪小姐负责。若来宾较多,需为来宾准备好专用的停车场、休息室,并为其安排饮食。

5. 要做好礼品馈赠工作

举行开业仪式时赠予来宾的礼品,一般属于宣传性传播媒介的范畴之内。若能选择得当,必定会产生良好的效果。根据常规,向来宾赠送的礼品,应具有如下三大特征:其一,宣传性。可选用本单位的产品,也可在礼品及其外包装上印有本单位的企业标志、广告用语、产品图案、开业日期等。其二,荣誉性。要使之具有一定的纪念意义,并且使拥有者对其珍惜、重视,并为之感到光荣和自豪。其三,独特性。它应当与众不同,具有本单位的鲜明特色,使人一目了然,并且可以令人过目不忘。

6. 要做好程序拟定工作

从总体上来看,开业仪式大都由开场、过程、结局等基本程序构成。开场,即奏乐,邀请来宾就位,宣布仪式正式开始,介绍主要来宾。过程,是开业仪式的核心内容,它通常包括本单位负责人讲话,来宾代表致辞,启动某项开业标志,等等。结局,则包括开业仪式结束后,宾主一道进行现场参观、联欢、座谈等。它是开业仪式必不可少的尾声。为使开业仪式顺利进行,在筹备之时,必须认真草拟具体的程序,并选定好称职的仪式主持人。

(二)开业仪式的运作

开业典礼通常都按照约定俗成的形式来进行。开业典礼仪式的现场,应写出醒目的会标,来宾赠送的花篮、镜匾等一定要摆放或者悬挂在适当的位置,以示尊重。企业的全体人员;都要修整仪容仪表,统一着装,精神抖擞、热情饱满地提前上岗。宾客到来之前,要安排好负责人和迎宾人员在规定的位置上恭候来宾光临。在宾客到来时,应按一定的规则有礼貌地引领来宾入场、安排座次，并给予一定的规范服务。

开业典礼开始时，主人应首先向来宾简短致辞，向来宾及祝贺单位表示感谢，并简要介绍本企业的经营特色及经营目标等。接着，可安排上级领导和来宾代表致辞。为了增强气氛在宣布开业典礼正式开始时，可以请乐队奏乐或播放节奏明快的乐曲，在非限制燃放鞭炮的地区可燃放鞭炮庆贺。宣布开业典礼完毕后，主人可引导来宾到企业内参观，边陪同参观边介绍本企业的主要设施、特色商品和经营规模，并征询来宾意见，以融洽与来宾的关系。此外，还可以请来宾到会议室进行简短座谈，请来宾在留言簿上签字、合影留念等。

开业仪式结束后，商品零售企业会有大批顾客随主人及来宾一同进入店内。为此，应有企业领导人、部门或柜组负责人和营业员一起，恭敬地站在门口，欢迎顾客光临。对首批顾客，营业员更应注重服务礼仪，要主动征求顾客意见，热情介绍商品，感谢顾客惠顾，欢迎顾客经常光顾。此外，还可以准备一些印有开业典礼、经营范围、地址、电话等字样的特别购物袋赠送给顾客作为纪念。

二、主持开业仪式的形式和程序

开业仪式的常见形式之一，是开幕仪式。在名目众多的各种开业仪式之中，商界人士平日接触最多的，大约要首推开幕仪式了。恐怕正是出于这种原因，在不少人的意识里，开业仪式与开幕仪式往往是被画上等号的。

（一）主持开幕仪式的程序

严格地讲，开幕仪式仅仅是开业仪式的具体形式之一。通常它是指公司、企业、宾馆、商店、银行正式启用之前，或是各类商品的展示会、博览会、订货会正式开始之前，所举行的相关仪式。每当开幕仪式举行之后，公司、企业、宾馆、商店、银行将正式营业，有关商品的展示会、博览会、订货会将正式接待顾客与观众。

依照常规，举行开幕式需要较为宽敞的活动空间，所以门前广场、展厅门前、室内大厅等处，均可用作开幕仪式的举行地点。

开幕仪式的主要程序共有六项。第一项，宣布仪式开始，全体肃立，介绍来宾。第二项，邀请专人揭幕或剪彩。揭幕的具体做法是：揭幕人行至彩幕前恭敬站立，礼仪小姐双手将开启彩幕的彩索递交对方。揭幕人随之目视彩幕，双手拉启彩索，令其展开彩幕。全场目视彩幕，鼓掌并奏乐。第三项，在主人的亲自引导下，全体到场者依次进入幕门。第四项，主人致辞答谢。第五项，来宾代表发言祝贺。第六项，主人陪同来宾进行参观。开始正式接待顾客或观众，对外营业或对外展览宣告开始。

（二）主持开工仪式的程序

开工仪式，即工厂准备正式开始生产产品、矿山准备正式开采矿石时，所专门举行的庆祝性、纪念性活动。

为了使出席开工仪式的全体人员均能耳濡目染，身临其境，比照惯例，开工仪式大都讲究在生产现场举行。即以工厂的主要生产车间、矿山的主要矿井等处，作为举行开工仪式的场所。

除司仪人员按惯例应着礼仪性服装之外，东道主一方的全体职工均应穿着干净而整洁的工作服出席仪式。

开工仪式的常规程序主要有五项。第一项，宣布仪式开始。全体起立，介绍各位来宾，奏乐。第二项，在司仪的引导下，本单位的主要负责人陪同来宾行至开工现场肃立。例如，来到机器开关或电闸旁附近。第三项，正式开工。届时应请本单位职工代表或来宾代表来到机器开关或电闸旁，首先对其躬身施礼，然后再动手启动机器或合上电闸。全体人员此刻应鼓掌致贺，并奏乐。第四项，全体职工各就各位，上岗进行操作。第五项，在主人的带领下，全体来宾参观生产现场。

（三）主持奠基仪式的程序

奠基仪式，通常是一些重要的建筑物，比如大厦、场馆、亭台、楼阁、园林、纪念碑等，在动工修建之初，所正式举行的庆贺性活动。

对奠基仪式现场的选择与布置，有一些独特的规矩。奠基仪式举行的地点，一般应选择在动工修筑建筑物的施工现场。而奠基的具体地点，则按常规均应选在建筑物正门的右侧。在一般情况下，用以奠基的奠基石应为一块完整无损、外观精美的长方形石料。在奠基石上，通常文字应当竖写。在其右上款，应刻有建筑物的正式名称；在其正中央，应刻有"奠基"两个大字。在其左下款，则应刻有奠基单位的全称以及举行奠基仪式的具体年月日。奠基石上的字体，大都讲究以楷体字刻写，并且最好是白底金字或黑字。

在奠基石的下方或一侧，还应安放一只密闭完好的铁盒，内装与该建筑物相关的各项资料以及奠基人的姓名。届时，它将同奠基石一道被奠基人等培土掩埋于地下，以示纪念。通常，在奠基仪式的举行现场应设立彩棚，安放该建筑物的模型或设计图、效果图，并使各种建筑机械就位待命。

奠基仪式的程序大体上共分五项。第一项，仪式正式开始。介绍来宾，全体起立。第二项，奏国歌。第三项，主人对该建筑物的功能以及规划设计进行简介。第四项，来宾致辞道喜。第五项，正式进行奠基。此时，应锣鼓喧天，或演奏喜庆乐曲。首先由奠基人双手持握系有红绸的新锹为奠基石培土。随后，再由主人与其他嘉宾依次为之培土，直至将其埋没为止。

（四）主持破土仪式的程序

破土仪式，亦称破土动工。它是指在道路、河道、水库、桥梁、电站、厂房、机场、码头、车站等正式开工之际，专门举行的动工仪式。

破土仪式举行的地点，大多应当选择在工地的中央或其某一侧。举行仪式的现场，务必要事先进行过认真的清扫、平整、装饰。至少，也要防止出现道路坎坷泥泞、飞沙走石，或者蚊蝇扑面的状况。倘若来宾较多，尤其是当高龄来宾较多时，最好在现场附近临时搭建某些以供休息的帐篷或活动房屋，使来宾得以免受风吹、日晒、雨淋，并稍事休息。

破土仪式的具体程序共有五项。第一项，宣布仪式开始。介绍来宾，全体肃立。第二项，奏国歌。第三项，主人致辞（以介绍和感谢为其发言的重点）。第四项，来宾致辞祝贺。第五项，正式破土动工。其常规的做法是：首先由众人环绕于破土之处的周围肃立，并且目视破土者，以示尊重。接下来，破土者须双手执系有红绸的新锹垦土三次，以示良好的开端。最后，全体在场者一道鼓掌，并演奏喜庆音乐，或燃放鞭炮。

一般而言，奠基仪式与破土仪式在具体程序方面大同小异，而其适用范围亦大体相近。故此，这两种仪式不宜于一处同时举行。

（五）主持竣工仪式的程序

竣工仪式，有时又称落成仪式或建成仪式。它是指本单位所属的某一建筑物或某项设施建设、安装工作完成之后，或者是某一纪念性、标志性建筑物——诸如纪念碑、纪念塔、纪念堂、纪念像、纪念雕塑等建成之后，以及某种意义特别重大的产品生产成功之后，专门举行的庆贺性活动。

举行竣工仪式的地点，一般应以现场为第一选择。例如，新建成的厂区之内、新落成的建筑物之外，以及刚刚建成的纪念碑、纪念塔、纪念堂、纪念像、纪念雕塑的旁边。应予重视的是，在竣工仪式举行时，全体出席者的情绪应与仪式的具体内容相适应。比方说，在庆贺工厂、大厦落成或重要产品生产成功时，应当表现得欢快而喜悦。在庆祝纪念碑、纪念塔、纪念堂、纪念像、纪念雕塑建成时，则须表现得庄严而肃穆。

竣工仪式的基本程序通常一共有七项。第一项，宣布仪式开始，介绍来宾，全体起立。第二项，奏国歌，之后演奏本单位标志性歌曲。第三项，本单位负责人发言，以介绍、回顾、感谢为主要内容。第四项，进行揭幕或剪彩。第五项，全体人员向竣工仪式的"主角"——刚刚竣工或落成的建筑物，郑重其事地恭行注目礼。第六项，来宾致辞。第七项，进行参观。

（六）主持下水仪式的程序

所谓下水仪式，自然是指在新船下水之时专门举行的仪式。准确地说，下水仪式乃是造船厂在吨位较大的轮船建造完成、验收完毕、交付使用之际，为其正式下水启航而特意举行的庆祝性活动。

按照目前国际上通行的做法，下水仪式基本上都是在新船码头上举行的。届时，应对现场进行一定程度的美化。比如说，在船坞门口与干道两侧，应饰有彩旗、彩带。在新船所在的码头附近，应设置专供来宾观礼或休息之用的彩棚。对下水仪式的主角新船，亦须认真进行装扮。一般讲究，是要在船头上扎上由红绸结成的大红花，并且在新船的两侧船舷上扎上彩旗，系上彩带。

下水仪式的主要程序共有五项。第一项，宣布仪式开始。介绍来宾，全体起立，乐队奏乐，或锣鼓齐鸣。第二项，奏国歌。第三项，由主人简介新船的基本状况。例如，船名、吨位、马力、长度、高度、吃水、载重、用途、工价等。第四项，由特邀掷瓶人行掷瓶礼。同时砍断缆绳，新船正式下水。第五项，来宾代表致辞祝贺。

行掷瓶礼，是下水仪式上独具特色的一个节目。它在国外由来已久，并已传入我国。它的目的，是要渲染出喜庆的气氛。它的做法则是由身着礼服的特邀嘉宾双手持握一瓶香槟酒，用力将瓶身向新船的船头投掷，使瓶破之后酒香四溢、酒沫飞溅。在嘉宾掷瓶以后，全体到场者须面向新船行注目礼，并随即热烈鼓掌。此时，还可在现场再度奏乐或奏响锣鼓，施放气球，放飞信鸽，并且在新船上撒彩花，落彩带。

（七）主持通车仪式的程序

通车仪式，大都是在重要的交通设施完工并验收合格之后，正式举行的启用仪式。例如，公路、铁路、地铁以及重要的桥梁、隧道等，在正式交付使用之前，均会举行一次以示庆祝的通车仪式。有时，通车仪式又叫开通仪式。

举行通车仪式的地点，通常均为公路、铁路、地铁新线路的某一端，新建桥梁的某一头，或者新建隧道的某一侧。在现场附近，以及沿线两旁，应当适量地插上彩旗、挂上彩带。必要之时，还应设置彩色牌楼，并悬挂横幅。在通车仪式上，被装饰的重点，应当是用以进行"处女航"的汽车、火车或地铁列车。在车头之上，一般应系上红花。在车身两侧，则可酌情插上彩旗，系上彩带，并且悬挂上醒目的大幅宣传性标语。

通车仪式的主要程序一般共有六项。第一项，宣布仪式开始，介绍来宾，全体起立。第二项，奏国歌。第三项，主人致辞。其主要内容是，介绍即将通车的新线路、新桥梁或新隧道的基本情况，并向有关方面谨致谢意。第四项，来宾代表致辞祝贺。第五项，正式剪彩。第六项，首次正式通行车辆。届时，宾主及群众代表应一起登车而行。有时，往往还须由主人乘坐的车辆在最前方开路。

（八）主持通航仪式

通航仪式，又称首航仪式。它所指的是飞机或轮船在正式开通某一条新航线之际，正式举行的庆祝性活动。一般而言，通航仪式除主要的角色为飞机或轮船之外，在其他方面，尤其是在具体程序的操作上，往往与通车仪式大同小异。因此，对其将不再赘述。

三、公司开业庆典主持范例

尊敬的各位领导、各位嘉宾、女士们、先生们：

大家中午好！

五彩祥云空中飘，天边飞来金翅鸟。

今天，我们怀着收获的喜悦迎来了××公司隆重开业。值此开业庆典之际，我谨代表××公司的全体员工，向百忙之中莅临我们开业庆典现场的各位领导、各位嘉宾、各界朋友，致以亲切的问候和热烈的欢迎！同时，也向为××公司筹建工作中，付出辛勤努力和积极帮助的各界朋友致以诚挚的谢意和美好的祝愿！

喜看三春花千树，笑饮丰年酒一杯。

××公司是一家综合性公司，×年以来，它经历了从无到有，从小到大，从弱到强，走过了辉煌的×年。公司的广大员工，时刻把公司的发展看作自身的责任和义务，时刻保持时代的紧迫感和使命感，以科技实现进步、以文化促进发展、以团结凝聚智慧、以奋斗创造财富。在竞争日益激烈的市场环境中，广大员工时刻抓住机遇，积极开拓，大胆创新，锐意进取，这不仅使公司树立了良好的社会形象，更为广大客户提供了优质的服务。

我们相聚在此，是为了今天的庆典。下面，我隆重宣布，××公司开业庆典正式开始！请鸣炮庆贺！

今天，莅临庆典现场的各位嘉宾和朋友有：（略）

让我们用热烈的掌声欢迎前来参加庆典的各位领导和各位来宾，同时对支持、帮助和参与此项工程建设的各位朋友表示诚挚的感谢。

几载寒暑不眠夜，赢来祝捷爆竹声。

在这举杯欢庆的时刻，我们不会忘记来自各方的鼎力支持，也不会忘记各方的真诚合作。

亲爱的朋友们，今天我们的开业庆典仪式和文艺演出交叉进行。接下来让我们大家共同欣赏歌舞……（略）

女士们，先生们，朋友们，为这一天的早日到来，为这一天多一份自豪和激动，今日就让我们在这里真诚地合作，共同放飞理想和智慧。

这是新事业、新生活的开始，让我们庆功的美酒醉倒山川。

尊敬的各位来宾、女士们、先生们：××公司开业庆典到此圆满结束。谢谢大家的光临！我们的×经理托我向大家送上一副对联，上联是：吃尽桌上美味不要浪费，喝尽幸福美酒不要喝醉。横批：吃好喝好。

最后，祝愿我们在场的每一位来宾在新的一天里，一帆风顺，二龙腾飞，三阳开泰，四季发财，五福临门，六六大顺，七星高照，八面玲珑，九九同心，十全十美。再次感谢大家的光临。谢谢你们！

第三节　如何主持剪彩仪式

一、剪彩的历史

20世纪初，在美国的一个乡间小镇上，一家商店即将开业，并在开业当天举行大促销。为了阻止某些顾客在商店正式营业前一窝蜂似的闯入店内，将促销的商品一抢而空，使得守时而来的顾客得不到公平的待遇，于是店主就在门前拴了一条红色的布带。没想到，这条红色的布带激发起了人们的好奇心，人们更想要早一点进入店内，对行将出售的商品先睹为快，于是在开业当天，还没到开业的时间，商店外面就已经大排长龙。

事也凑巧，正当店门之外的人们的好奇心上升到极点，显得有些迫不及待的时候，店主的小女儿牵着一条小狗突然从店里跑了出来，那条"不谙世事"的可爱的小狗若无其事地将拴在店门上的布带子碰落在地。店外不明真相的人们误以为这是该店为了开张志喜搞的"新把戏"，于是立即一拥而入，大肆抢购。

事后，店主追根溯源地对此进行了一番"反思"，最后认定：自己的好运气全是由那条被小女儿的小狗碰落在地的布带子带来的。于是，当他再开第二家商店时，便将错就错地如法加以炮制，还是大获成功。久而久之，这项无意之中的"发明创造"，经过他和后人不断地"提炼升华"，逐渐成为一整套仪式。

这套仪式先是在全美，后是在全世界广为流传开来。在流传的过程中，它自己也被人们赋予了一个极其响亮的鼎鼎大名——剪彩。

剪彩，在从一次偶发的"事故"发展为一项重要的活动程序，再进而演化为一项隆重而热烈的仪式的过程之中，其自身也在不断地吐故纳新，有所发展，有所变化。例如，剪彩者先是由专人牵着一条小狗来充当，让小狗故意去碰落店门上拴着的布带子。接下来，改由儿童担任，让他单独去撞断门上拴着的一条丝线。再后来，剪彩者又变成了千娇百媚、闭月羞花的妙龄少女。她的标准动作，就是要勇往直前地去当众撞落拴在门口上的大红缎带。到了最后，也就是现在，剪彩则被定型为邀请社会贤达和本地官员，持剪刀剪断由花容月貌的众多佳丽们手中持的大红缎带。

从剪彩的发展过程中可以看到，它最初只不过是人们用以促销的一种手段，到了后来，它才渐渐地演变为商务活动中的一项重要仪式。剪彩仪式，严格地讲，指的是商界的有关单位，为了庆贺公司的设立、企业的开工、宾馆的落成、商店的开张、银行的开业、大型建筑物的启用、道路或航线的开通、展销会或博览会的开幕等，而隆重举行的一项礼仪性程序。因其主要活动内容是邀请专人使用剪刀剪断被称之为"彩"的红色缎带，故而被称为剪彩。

在一般情况下，在各式各样的开业仪式中，剪彩都是一项极其重要的、不可或缺的程序。尽管它往往也可以被单独分离出来，独立成项，但是在更多的时候，它是附属于开业仪式的。这是剪彩仪式的重要特征之一。

目前，虽有不少人对剪彩提出非议，认为它是"劳民伤财"的"多此一举"，而剪彩自身在内容、形式、步骤等方面也在不断地日趋简化，并逐渐地得以革新，所以在实际的商务活动之中，绝大多数商界人士依旧坚持认为，剪彩是不宜被取消，不能被替代的。

具体而言，剪彩一直长盛不衰并且仍然被业内人士看好，主要是基于如下三个方面的原因：

第一，剪彩活动热热闹闹，既能给主人带来喜悦，又能令人产生吉祥如意之感。

第二，剪彩不仅是对主人既往成绩的肯定和庆贺，而且也可以对其进行鞭策与激励，促使其再接再厉，继续进取。

第三，剪彩可借自己的活动良机，向社会各界通报自己的"问世"，以吸引各界人士对自己的关注。

在上述三条原因之中，最后一条至关重要。正因为如此，商界人士才可以理直气壮地向外界解释说：规模适度的剪彩，其实是一种业务宣传活动，而并非只是铺张浪费，毫无任何收益。在剪彩活动中，量力而行地进行适当投入，绝对是得大于失的。

二、剪彩仪式的操办与主持

从操作的角度来进行探讨，目前所通行的剪彩的礼仪主要包括剪彩的准备、剪彩的人员、剪彩的程序、剪彩的做法等四个方面的内容。以下，就分别择其要点进行介绍。

（一）剪彩的准备必须一丝不苟

与举行其他仪式相同，剪彩仪式也有大量的准备工作需要做好。其中主要涉及场地的布置、环境的卫生、灯光与音响的准备、媒体的邀请、人员的培训等。在准备这些时，必须认真细致，精益求精，这自不待言。

除此以外，尤须对剪彩仪式上所需使用的某些特殊用具，诸如红色缎带、新剪刀、白色薄纱手套、托盘以及红色地毯等，仔细地进行选择与准备。

红色缎带，亦即剪彩仪式之中的"彩"。作为主角，它自然是万众瞩目之处。按照传统做法，它应当由一整匹未曾使用过的红色绸缎，在中间结成数朵花团而成。目前，有些单位为了厉行节约，以长度为两米左右的细窄红色缎带代之，或者以红布条、红线绳、红纸条作为其变通，也是可行的。一般来说，红色缎带上所结的花团，不仅要生动、硕大、醒目，而且其具体数目往往还同现场剪彩者的人数直接相关。循例，红色缎带上所结花团的具体数目有两类模式可依。其一，花团的数目较现场剪彩者的人数多上一个。其二，花团的数目较现场剪彩者的人数少一个。前者可使每位剪彩者总是处于两朵花团之间，尤显正式。后者则不同常规，亦有新意。

新剪刀，是专供剪彩者在剪彩仪式上正式剪彩时所使用的。它必须是每位现场剪彩者人手一把，而且必须崭新、锋利和顺手。事先，一定要逐把检查一下将被用以剪彩的剪刀是否已经开刃，是否好用。务必要确保剪彩者在以之正式剪彩时，可以"手起刀落"，一举成功，而切勿一再补刀。在剪彩仪式结束后，主办方可将每位剪彩者所使用的剪刀经过包装之后，送给对方以资纪念。

白色薄纱手套，是专为剪彩者所准备的。在正式的剪彩仪式上，剪彩者剪彩时最好每人戴上一副白色薄纱手套，以示郑重其事。在准备白色薄纱手套时，除了要确保其数量充足之外，还须使之大小适度、崭新平整、洁白无瑕。有时，亦可不准备白色薄纱手套。

托盘，是在剪彩仪式上托在礼仪小姐手中，用作盛放红色缎带、剪刀、白色薄纱手套的。在剪彩仪式上所使用的托盘，最好崭新、洁净。它通常首选银色的不锈钢制品。为了显示正规，可在使用时上铺红色绒布或绸布。就其数量而论，在剪彩时，可以一只托盘依次向各位剪彩者提供剪刀与手套，并同时盛放红色缎带；也可以为每一位剪彩者配置一只专为其服务的托盘，同时使红色缎带专由一只托盘盛放。后一种方法显得更加正式。

红色地毯，主要用于铺设在剪彩者正式剪彩时的站立之处。其长度可视剪彩者人数的多寡而定，其宽度则不应在一米以下。在剪彩现场铺设红色地毯，主要是为了提升其档次，并营造一种喜庆的气氛。有时，亦可不予铺设。

（二）剪彩的人员必须审慎选定

在剪彩仪式上，最为活跃的，当然是人而不是物。因此，对剪彩人员必须认真进行选择，并于事先进行必要的培训。

除主持人之外，剪彩的人员主要是由剪彩者与助剪者等两个主要部分的人员构成的。以下，分别简介一下对他们的主要礼仪性要求。

在剪彩仪式上担任剪彩者，是一种很高的荣誉。剪彩仪式档次的高低，往往也同剪彩者的身份密切相关。因此，在选定剪彩的人员时，最重要的是要把剪彩者选好。

剪彩者，即在剪彩仪式上持剪刀剪彩之人。根据惯例，剪彩者可以是一个人，也可以是几个人，但是一般不应多于五人。通常，剪彩者多由上级领导、合作伙伴、社会名流、员工代表或客户代表所担任。确定剪彩者名单，必须是在剪彩仪式正式举行之前。名单一经确定，即应尽早告知对方，使其有所准备。在一般情况下，确定剪彩者时，必须尊重对方个人的意见，切勿勉强对方。需要由数人同时担任剪彩者时，应分别告知每位剪彩者届时他将与何人同担此任。这样做，是对剪彩者的一种尊重。千万不要"临阵磨枪"，在剪彩开始前方才强拉硬拽，临时找人凑数。

必要时，可在剪彩仪式举行前，将剪彩者集中在一起，告知对方有关的注意事项，并稍事排练。按照常规，剪彩者应着套装、套裙或制服，并将头发梳理整齐。不允许戴帽子或者戴墨镜，也不允许穿便装。

助剪者，指的是在剪彩者剪彩的一系列过程中从旁为其提供帮助的人员。一般而言，助剪者多由东道主一方的女职员担任。现在，人们对她们的常规称呼是礼仪小姐。

具体而言，在剪彩仪式上服务的礼仪小姐，又可以分为迎宾者、引导者、服务者、拉彩者、捧花者、托盘者。迎宾者的任务，是在活动现场负责迎来送往。引导者的任务，是在进行剪彩时负责带领剪彩者登台或退场。服务者的任务，是为来宾尤其是剪彩者提供饮料，安排休息之处。拉彩者的任务，是在剪彩时展开、拉直红色缎带。捧花者的任务，是在剪彩时手托花团。托盘者的任务，则是为剪彩者提供剪刀、手套等剪彩用品。

一般情况下，迎宾者与服务者应不止一人。引导者既可以是一个人，也可以为每位剪彩者各配一名。拉彩者通常应为两人。捧花者的人数则需要视花团的具体数目而定，一般应为一花一人。托盘者可以为一人，亦可为每位剪彩者各配一人。有时，礼仪小姐亦可身兼数职。

礼仪小姐的基本条件是，相貌姣好、身材颀长、年轻健康、气质高雅、音色甜美、反应敏捷、机智灵活、善于交际。礼仪小姐的最佳装束应为：化淡妆，盘起头发，穿款式、面料、色彩统一的单色旗袍，配肉色连裤丝袜、黑色高跟皮鞋。除戒指、耳环或耳钉外，不佩戴其他任何首饰。有时，礼仪小姐身穿深色或单色的套裙亦可。但是，她们的穿着打扮必须尽可能地整齐划一。必要时，可面向社会临时聘请一些礼仪小姐。

（三）剪彩的程序必须有条不紊

在正常情况下，剪彩仪式应在行将启用的建筑、工程或者展销会、博览会的现场举行。正门外的广场、正门内的大厅，都是可予以优先考虑的。在活动现场，可略作装饰。在剪彩之处悬挂写有剪彩仪式具体名称的大型横幅，更是必不可少的。

一般来说，剪彩仪式宜紧凑，忌拖沓，在所耗时间上越短越好。短则一刻钟即可，长则至多不宜超过一个小时。

按照惯例，剪彩既可以是开业仪式中的一项具体程序，也可以独立出来，由其自身的一系列程序所组成。独立而行的剪彩仪式，通常应包含如下六项基本的程序：

1．请来宾就位

在剪彩仪式上，通常只为剪彩者、来宾和本单位的负责人排座席。在剪彩仪式开始时，即应敬请大家在已排好顺序的位上就座。在一般情况下，剪彩者应就座于前排。若其不止一人时，则应使之按照剪彩时的具体顺序就座。

2．宣布仪式正式开始

在主持人宣布仪式开始后，乐队应演奏音乐，现场可燃放鞭炮，全体到场者应热烈鼓掌。此后，主持人应向全体到场者介绍到场的重要来宾。

3．奏国歌

此刻须全场起立。必要时，亦可随之演奏本单位标志性歌曲。

4．发言

发言者依次应为东道主单位的代表、上级主管部门的代表、地方政府的代表、合作单位的代表等。其内容应言简意赅，每人不超过三分钟，重点分别应为介绍、道谢与致贺。

5．剪彩

此刻，全体应热烈鼓掌，必要时还可奏乐或燃放鞭炮。在剪彩前，须向全体到场者介绍剪彩者。

6．参观

剪彩之后，主人应陪同来宾参观被剪彩之物。仪式至此宣告结束。随后，东道主单位可向来宾赠送纪念性礼品，并以自助餐款待全体来宾。

（四）剪彩的做法必须标准无误

进行正式剪彩时，剪彩者与助剪者的具体做法必须合乎规范，否则就会使其效果大受影响。

当主持人宣布进行剪彩之后，礼仪小姐即应率先登场。在上场时，礼仪小姐应排成一行，从两侧同时登台，或是从右侧登台均可。登台之后，拉彩者与捧花者应当站成一行，拉彩者处于两端拉直红色缎带，捧花者各自双手手捧一朵花团。托盘者须站立在拉彩者与捧花者身后一米左右，并且自成一行。

在剪彩者登台时，引导者应在其左前方进行引导，使之各就各位。剪彩者登台时，宜从右侧出场。当剪彩者均已到达既定位置之后，托盘者应前行一步，到达前者的右后侧，以便为其递上剪刀、手套。

若剪彩者仅为一人，则其剪彩时居中而立即可。若剪彩者不止一人时，则其同时上场剪彩时位次的尊卑就必须予以重视。一般的规矩是：中间高于两侧，右侧高于左侧，距离中间站立者愈远位次便愈低，即主剪者应居于中央的位置。需要说明的是，之所以规定剪彩者的位次"右侧高于左侧"，主要是因为这是一项国际惯例，剪彩仪式理当遵守。其实，若剪彩仪式并无外宾参加时，执行我国"左侧高于右侧"的传统做法，亦无不可。

剪彩者若不止一人，则其登台时亦应列成一行，并且使主剪者行进在前。在主持人向全体到场者介绍剪彩者时，后者应面含微笑向大家欠身或点头致意。

剪彩者行至既定位置之后，应向拉彩者、捧花者含笑致意。当托盘者递上剪刀、手套，亦应微笑着向对方道谢。

在正式剪彩前，剪彩者应首先向拉彩者、捧花者示意，待其有所准备后，集中精力，右手持剪刀，表情庄重地将红色缎带一刀剪断。若多名剪彩者同时剪彩时，其他剪彩者应注意主剪者的动作，与其主动协调一致，力争大家同时将红色缎带剪断。

按照惯例，剪彩以后，红色花团应准确无误地落入托盘者手中的托盘里，而切勿使之坠地。为此，需要捧花者与托盘者合作。剪彩者在剪彩成功后，可以右手举起剪刀，面向全体到场者致意。然后放下剪刀、手套于托盘之内，举手鼓掌。接下来，可依次与主人握手道喜，并列队在引导者的引导下退场。退场时，一般宜从右侧下台。

待剪彩者退场后，其他礼仪小姐方可列队由右侧退场。

不管是剪彩者还是助剪者在上下场时，都要注意井然有序、步履稳健、神态自然。在剪彩过程中，更是要表现得不卑不亢、落落大方。

三、剪彩仪式主持范例

（一）竣工剪彩仪式

各位领导、各位来宾、同志们、朋友们、乡亲们：

大家上午好！

在市委、市政府的亲切关怀下，在省、市××银行和××委等上级部门的大力支持下，在县直各部门和全县广大干部群众的共同努力下，我县×××年××工程胜利竣工了。

今天，我们在这里隆重举行剪彩仪式，这是全县××万人民的一件大事，也是我县县城建设上的一个重要里程碑。

参加今天剪彩仪式的有县四套班子领导、部分离退休老干部、各乡镇负责人、县直各单位干部职工、××镇机关干部职工和县城周边村的广大群众。特别是市政府×××副市长，国家××银行××省分行×××处长，×××经理，市××委××主任和市××××有限公司×××等相关领导，在百忙之中专程赶来参加我们今天的剪彩仪式，让我们以热烈的掌声对他们的到来表示诚挚的欢迎和衷心的感谢！

现在我宣布，××县××××年××工程剪彩仪式开始。鸣炮奏乐！

下面，请××县委副书记、纪委书记×××同志介绍我县××××年××工程建设情况，大家欢迎！

下面，请××市政府×××副市长代表省、市来宾×××先生做重要讲话，大家欢迎！

下面，请××县政府县长×××同志讲话，大家欢迎！

下面，请××市政府×××副市长，国家××银行××省分行×××处长，××市××委×××主任，县委书记××同志，政府县长×××同志，县委副书记、纪委书记××同志，县委常委、政府常务副县长×××同志，县委常委、宣传部部长×××同志，县委常委、政法委书记×××同志和我，共同为××县××××年××工程胜利竣工剪彩。

…………

现在我宣布，剪彩仪式结束。请各位领导参观我县城建重点工程。

（二）投产剪彩仪式主持词（节选）

各位领导、各位贵宾、同志们、朋友们：

在举国上下认真落实科学发展观，抢抓机遇，加快发展的大好形势下，在××佳节即将来临之际，在这个充满喜庆祥和的日子里，我们欢聚在此，隆重举行××市××有限公司投产剪彩仪式。首先，让我们以热烈的掌声祝愿××有限公司在我市大展宏图，事业兴旺。

参加今天剪彩仪式的各位领导和来宾有：

（以下一一介绍，略）

出席今天剪彩仪式的××市××有限公司的老总是：总经理×××先生和副总经理×××先生。

出席今天剪彩仪式的还有：中共新郑市委办、人大办公室、政府办、市政协办公室、计委、宣传部、招商局、优化局、经贸委、土地局、建设局、环保局、人劳局、公安局、国税局、地税局、工商局、技监局、供电公司的负责同志和××电视台等新闻单位的记者，以及全体党政班子成员、机关干部、各部门负责人、各村支部书记等共×××余人。

让我们用热烈的掌声对各位来宾的光临表示亲切的问候和热烈的欢迎。

下面，我宣布××市××有限公司剪彩仪式正式开始。

仪式进行第一项：鸣炮奏乐

请××市××有限公司的总经理×××先生致辞。

请××市招商局局长×××先生致辞。

下面，请××镇党委书记×××同志致辞。

下面举行剪彩仪式。

让我们以热烈的掌声请各位贵宾和领导为项目剪彩。

鸣炮奏乐！

第四节　如何主持交接仪式

在商务交往之中，商务伙伴之间合作的成功，是值得有关各方庆幸与庆贺的一桩大事。实事求是地说，在激烈的竞争环境之中、泾渭分明的利益关系之下以及变幻莫测的商界风云之内，商务伙伴之间的合作的确来之不易。因此，它备受有关各方的高度重视。举行热烈而隆重的交接仪式，就是在商务往来中通常用以庆贺商务伙伴们彼此之间合作成功的一种常见的活动形式。

交接仪式，在商界一般是指施工单位依照合同将已经建设、安装完成的工程项目或大型设备，如厂房、商厦、宾馆、办公楼、机场、码头、车站，或飞机、轮船、火车、机械、物资等，经验收合格后正式移交给使用单位之时，所专门举行的庆祝典礼。

举行交接仪式的重要意义在于，它既是商务伙伴们对进行过的成功合作的庆贺，是对给予过自己关怀、支持、帮助和理解的社会各界的答谢，又是接收单位与施工、安装单位巧妙地利用时机，为双方各自提高知名度和美誉度而进行的一种公共宣传活动。

交接的礼仪，一般是指在举行交接仪式时所须遵守的有关规范。通常，它具体包括交接仪式的准备、交接仪式的程序、交接仪式的参加等三个方面的主要内容。以下，就分别对其加以介绍。

一、参与交接仪式的准备工作

准备交接仪式，主要应关注三件事：来宾的邀请、现场的布置、物品的预备。

（一）来宾的邀请

来宾的邀请，一般应由交接仪式的东道主施工、安装单位一一负责。在具体拟定来宾名单时，施工、安装单位亦应主动征求自己的合作伙伴接收单位的意见。接收单位对施工、安装单位所草拟的名单不宜过于挑剔，不过可以对此酌情提出自己的一些合理建议。在一般情况下，参加交接仪式的人数自然是越多越好。如果参加者过少，难免会使仪式显得冷冷清清。但是，在宏观上确定参加者的总人数时，必须兼顾场地条件与接待能力。

从原则上来讲，交接仪式的出席人员应当包括：施工、安装单位的有关人员，接收单位的有关人员，上级主管部门的有关人员，当地政府的有关人员，行业组织、社会团体的有关人员，各界知名人士，新闻界人士，以及协作单位的有关人员，等等。在上述人员之中，除施工、安装单位与接收单位的有关人员之外，对其他所有的人员，均应提前送达或寄达正式的书面邀请，以示对对方的尊重之意。邀请上级主管部门、当地政府、行业组织的有关人员时，虽不必勉强对方，但却必须努力争取，并表现得心诚意切。因为利用举行交接仪式这一良机，使施工、安装单位、接收单位与上级主管部门、当地政府、行业组织进行多方接触，不仅可以宣传自己的工作成绩，而且也有助于有关各方之间进一步实现相互理解和相互沟通。

若非涉密，或暂且不宜"广而告之"，在举行交接仪式时，东道主既要争取多邀请新闻界的人士参加，又要为其尽可能地提供一切便利。对不邀而至的新闻界人士，亦应尽量来者不拒。至于邀请海外的媒体人员参加交接仪式的问题，则必须认真遵守有关的外事规则与外事纪律，事先履行必要的报批手续。

（二）现场的布置

举行交接仪式的现场，亦称交接仪式的会场。在对其进行选择时，通常应视交接仪式的重要程度、全体出席者的具体人数、交接仪式的具体程序与内容，以及是否要求对其进行保密等几个方面的因素而定。

根据常规，一般可将交接仪式的举行地点安排在已经建设、安装完成并已验收合格的工程项目或大型设备所在地的现场。有时，亦可将其酌情安排在东道主单位本部的会议厅，或者由施工、安装单位与接收单位双方共同认可的其他场所。

将交接仪式安排在业已建设、安装完成并已验收合格的工程项目或大型设备所在地的现场举行，最大的好处是可使全体出席仪式的人员身临其境，获得对被交付使用的工程项目或大型设备的直观而形象的了解，掌握较为充分的第一手资料。倘若在交接仪式举行之后安排来宾进行参观，则更为方便可行。不过，若是在现场举行交接仪式，往往准备的工作量较大。在此百废待兴之地忙里忙外，绝非轻而易举之事。另外，由于将被交付的工程项目或大型设备归接收单位所有，故此东道主事先要征得对方的首肯，事后还需取得对方的配合。将交接仪式安排在东道主单位本部的会议厅举行，可免除大量的接待工作，会场的布置也十分便利。特别是在将被交付的工程项目、大型设备不宜为外人参观，或者暂时不方便外人参观的情况下，以东道主单位本部的会议厅作为举行交接仪式的现场，不失为一种较好的选择。此种选择的主要缺陷是：东道主单位往往需要付出更多的人力、财力和物力，全体来宾对将被交付的工程项目或大型设备缺乏身临其境的直观感受。如果将被交付的工程项目或大型设备的现场条件欠佳，或是出于东道主单位的本部不在当地以及将要出席仪式的人员较多等其他原因，经施工、安装单位提议，并经接收单位同意之后，交接仪式亦可在其他场所举行。诸如宾馆的多功能厅、外单位出租的礼堂或大厅等处，都可用来举行交接仪式。在其他场所举行交接仪式，尽管开支较高，但可省去大量的安排、布置工作，而且还可以提升仪式的档次。

（三）物品的准备

在交接仪式上，有不少需要使用的物品，应由东道主一方提前进行准备。首先，必不可少的，是作为交接象征之物的有关物品。它们主要有：验收文件、一览表、钥匙等。除此之外，主办交接仪式的单位，还需为交接仪式的现场准备一些用以烘托喜庆气氛的物品，并应为来宾略备一份薄礼。在交接仪式上用以赠送给来宾的礼品，应突出其纪念性、宣传性。被交接的工程项目、大型设备的微缩模型，或以其为主角的画册、明信片、纪念章、领带针、钥匙扣等，皆为上佳之选。

在交接仪式的现场，可临时搭建一处主席台。必要时，应在其上铺设一块红地毯。至少，也要预备足量的桌椅。在主席台上方，应悬挂一条红色巨型横幅，上书交接仪式的具体名称，如"某某工程交接仪式"，或"热烈庆祝某某工程正式交付使用"。在举行交接仪式的现场四周，尤其是在正门入口之处、干道两侧、交接物四周，可酌情悬挂一定数量的彩带、彩旗、彩球，并放置一些色泽艳丽、花朵较大的盆花，用以美化环境。

若来宾赠送的祝贺性花篮较多，可依照约定俗成的顺序，如"先来后到""不排名次"等，将其呈一列摆放在主席台正前方，或是分成两行摆放在现场入口处门外的两侧。在此两处同时摆放，也是可以的。不过，若是来宾所赠的花篮甚少，则不必将其公开陈列在外。

二、主持交接仪式的程序

交接仪式的程序，具体指的是交接仪式进行时的各个步骤。不同内容的交接仪式，其具体程序往往各有不同。主办单位在拟定交接仪式的具体程序时，必须注意两个方面的重要问题：其一，必须在大的方面参照惯例执行，尽量不要标新立异，另搞一套。其二，必须实事求是、量力而行，在具体的细节方面不必事事贪大求全。从总体上来讲，几乎所有的交接仪式都少不了下述五项基本程序：

1. 主持人宣布交接仪式正式开始。此刻，全体与会者应当进行较长时间的鼓掌，以热烈的掌声来表达对东道主的祝贺之意。在此之前，主持人应邀请有关各方人士在主席台上就座，并以适当的方式暗示全体人员保持安静。

2. 奏国歌，之后可以演奏东道主单位的标志性歌曲。此时，全体与会者必须肃立。该项程序，有时亦可略去。不过若能安排这一程序，往往会使交接仪式显得更为庄严而隆重。

3. 由施工、安装单位与接收单位正式进行有关工程项目或大型设备的交接。具体的做法，主要是由施工、安装单位的代表，将有关工程项目、大型设备的验收文件、一览表或者钥匙等象征性物品，正式递交给接收单位的代表。此时，双方应面带微笑，双手递交、接收有关物品。在此之后，还应热烈握手。至此，标志着有关的工程项目或大型设备已经被正式地移交给了接收单位。假如条件允许，在该项程序进行的过程之中，可在现场演奏或播放节奏欢快的喜庆性歌曲。

在有些情况下，为了进一步营造出一种热烈而隆重的气氛，这一程序亦可由上级主管部门或地方政府的负责人为有关的工程项目、大型设备的启用而剪彩所取代。

4. 各方代表发言。按惯例，在交接仪式上，须由有关各方的代表进行发言。他们依次应为：施工、安装单位的代表，接收单位的代表，来宾的代表，等等。这些发言，一般均为礼节性的，并以喜气洋洋为主要特征。它们通常宜短忌长，只需要点到为止的寥寥数语即可。原则上来讲，每个人的此类发言应以三分钟为限。

5. 宣告交接仪式正式结束。随后安排全体来宾进行参观或观看文娱表演。此时此刻，全体与会者应再次进行较长时间的热烈鼓掌。

按照仪式礼仪的总体要求，交接仪式同其他仪式一样，在所耗费的时间上也是宜短不宜长的。在正常情况下，每一次交接仪式从头至尾所用的时间，大体上不应当超过一个小时。为了做到这一点，就要求交接仪式在具体程序上讲究少而精。正因为如此，一些原本应当列入正式程序的内容，例如进行参观、观看文娱表演等，均被视为正式仪式结束之后所进行的辅助性活动而另行安排。

如果方便的话，正式仪式一旦结束，东道主与接收单位即应邀请各方来宾一道参观有关的工程项目或大型设备。东道主一方应为此专门安排好富有经验的陪同、解说人员，使各方来宾通过现场参观，进一步深化对有关工程项目或大型设备的认识。

若是出于某种主客观原因，不便邀请来宾进行现场参观，也可以通过组织其参观有关的图片展览或向其发放宣传资料的方式，来适当地满足来宾的好奇之心。不论是布置图片展览，还是印制宣传资料，在不泄密的前提条件下，均应尽可能地使之内容翔实，资料充足，图文并茂。通常，它们应当包括有关工程项目或大型设备的建设背景，主要功能，具体规格，基本数据，开工与竣工的日期，施工、安装、设计、接收单位的概况，与国内外同类项目、设备的比较，等等。为使之更具说服力，不妨多采用一些准确的数据来进行讨论、说明。

在仪式结束后，若不安排参观活动，还可为来宾安排一场综艺类的文娱表演，以助雅兴。表演者可以是东道主单位的员工，也可以邀请专业人士。表演的主要内容，则应为轻松、欢快、娱乐性强的节目。

需要说明的是，有关的工程项目或大型设备的交接，自然是与其完工验收相互衔接的。对交付接收单位验收的工程项目、大型设备，施工、安装单位理当精心设计、精心施工、精心安装、保质保量地如期完成任务。而接收单位也应当公事公办，严把质量关，切不可为图一己之私而手下留情，致使后患无穷。由于验收工作极其严肃复杂，而且颇耗时日，因此不应为了赶时间、走过场、凑内容，而将其列为交接仪式上的一项正式程序。

换而言之，验收工作与交接仪式由于性质不同，故应有所区分，分别而论。正式的验收工作应当安排在交接仪式举行之前进行，而交接仪式则必须安排在验收工作全部完成之后举行。这主要是因为，交接仪式一旦举行之后，有关的工程项目或大型设备即被正式交付给了接收单位。此后它们倘若出现了质量问题，当然就不如在验收过程之中解决起来那么容易了。

三、协调好交接双方的关系

主持人在交接仪式上要表现得体。在参加交接仪式时，不论是东道主一方还是来宾一方，都存在一个表现是否得体的问题。假如有人在仪式上表现失当，往往就会使之黯然失色。有时，甚至还会因此而影响到有关各方的相互关系。

对东道主一方而言，需要注意的主要问题有：

（一）要注意待人友好

不管自己是否专门负责接待、陪同或解说工作，东道主一方的全体人员都应当自觉地树立起主人翁意识。一旦来宾提出问题或需要帮助时，都要鼎力相助，不允许一问三不知、借故推脱、拒绝帮忙，甚至胡言乱语、大说风凉话。即使自己力不能及，也要向对方说明原因，并且及时向有关方面反映。

（二）要注意仪表整洁

东道主一方参加交接仪式的人员，不仅应当是"精兵强将""有功之臣"，而且还应当代表本单位的形象。为此，必须要求他们妆容规范、服饰得体、举止有方。

（三）要注意保持风度

在交接仪式举行期间，不允许东道主一方的人员东游西逛、交头接耳、打打闹闹。在为发言者鼓掌时，不允许厚此薄彼。当来宾向自己道喜时，喜形于色无可厚非，但切勿嚣张放肆、得意忘形。

对于来宾一方而言，在应邀出席交接仪式时，主要应当重视如下四个方面的问题：

（一）应当致以祝贺

接到正式邀请后，被邀请者即应尽早以单位或个人的名义发出贺电或贺信，向东道主表示热烈祝贺。有时，被邀请者在出席交接仪式时，将贺电或贺信面交东道主，也是可行的。不仅如此，被邀请者在参加仪式时，还须郑重其事地与东道主一方的主要负责人一一握手，再次口头道贺。

（二）应当略备贺礼

为表示祝贺之意，可向东道主一方赠送一些贺礼，如花篮、牌匾、贺幛等。时下，以赠送花篮最为流行。它一般需要在花店订制，用各色鲜花插装而成，并且应在其两侧悬挂特制的红色缎带，右书"恭贺某某交接仪式隆重举行"，左书本单位的正式全称。它可由花店代为先期送达，亦可由来宾在抵达现场时面交主人。当然，送一些工艺品同样也很流行，还能凸显品位。

（三）应当预备贺词

假若自己与东道主关系密切，则还须提前预备一份书面贺词，供被邀请来宾代表发言时之用。其内容应当简明扼要，主要是为了向东道主一方道喜祝贺。

（四）应当准点到场

若无特殊原因，接到邀请后，务必牢记在心，届时正点抵达，为主人捧场。若不能出席，则应尽早通知东道主，以防在仪式举行时来宾甚少，使主人难堪。

第五节　如何主持庆典

庆典，是各种庆祝仪式的统称。就内容而论，在商界举行的庆祝仪式大致可以分为四类：第一类，本单位成立周年庆典。通常，它都是逢五、逢十进行的。即在本单位成立五周年、十周年以及它们的倍数时进行。第二类，本单位荣获某项荣誉的庆典。当单位本身荣获了某项荣誉称号、单位的"拳头产品"在国内外重大展评中获奖之后，这类庆典基本上均会举行。第三类，本单位取得重大业绩的庆典。例如，千日无生产事故、生产某种产品的数量突破 10 万台、经销某种商品的销售额达到 1 亿元等，这些来之不易的成绩，往往都是要庆祝的。第四类，本单位取得显著发展的庆典。当本单位建立集团，确定新的合作伙伴，兼并其他单位、分公司或连锁店不断发展时，自然都值得庆祝一番。

就形式而论，商界各单位所举行的各类庆祝仪式，都有一个最大的特色，那就是要务实而不务虚。若能由此而增强本单位全体员工的凝聚力与荣誉感，并且使社会各界对本单位重新认识、刮目相看，那么大张旗鼓地举行庆典，多进行一些人、财、物的投入，任何理智、精明的商家，都会对此在所不惜。反之，若仅仅是宣传本单位的新形象、增强本单位全体员工的自豪感，那么举行一次庆典即使花不了几个钱，也没有必要好大喜功，非要去搞它不可。

对商界人士来讲，组织庆典与参加庆典时，往往会有各方面的不同要求。庆典的礼仪，即有关庆典的礼仪规范，是由组织庆典的礼仪与参加庆典的礼仪等两项基本内容组成的。

一、参与庆典的组织筹备

组织筹备一次庆典，如同进行生产和销售一样，先要对它做出一个总体的计划。商务人员如果受命完成这一任务，需要记住两大要点：其一，要体现出庆典的特色。其二，要安排好庆典的具体内容。

毋庸多言，庆典既然是庆祝活动的一种形式，那么它就应当以庆祝为中心，把每一项具体活动都尽可能组织得热烈、欢快而隆重。不论是举行庆典的具体场合、庆典进行过程中的某个具体场面，还是全体出席者的情绪、表现，都要体现出红火、热闹、欢愉、喜悦的气氛。唯有如此，庆典的宗旨——塑造本单位的形象，显示本单位的实力，扩大本单位的影响，才能够真正得以贯彻落实。

庆典所具有的热烈、欢快、隆重的特色，应当在其具体内容的安排上，得到全面的体现。如果站在组织者的角度来考虑，庆典的内容安排，至少要注意出席者的确定、来宾的接待、环境的布置以及庆典的程序等四大问题。

（一）应当精心确定好庆典的出席人员的名单

庆典的出席者不应当滥竽充数，或是让对方勉为其难。确定庆典的出席者名单时，始终应当以庆典的宗旨为指导思想；一般来说，庆典的出席者通常应包括如下人士：

1. 上级领导

地方党政领导、上级主管部门的领导，大都对单位的发展给予过关心和指导。邀请他们参加，主要是为了表示感激之心。

2. 社会名流

根据公共关系学中的"名人效应"原理，社会各界的名人对公众最有吸引力，能够请到他们，将有助于更好地提高本单位的知名度。

3. 大众传媒

即报纸、杂志、电视、广播等大众媒介，邀请它们，并主动与它们合作，将有助于它们公正地介绍本单位的成就，进而有助于加深社会对本单位的了解和认同。

4. 合作伙伴

在商务活动中，合作伙伴经常是彼此同呼吸共命运的。请他们来与自己一起分享成功的喜悦，是完全应该的，而且也是绝对必要的。

5. 社区关系

主要是指那些与本单位共居于同一区域、对本单位具有种种制约作用的社会实体。

6. 单位员工

员工是本单位的主人，本单位每一项成就的取得，都离不开他们的兢兢业业和努力奋斗。所以在组织庆典时，是不容许将他们完全"置之度外"的。

以上人员的具体名单一旦确定，就应尽早发出邀请或通知。鉴于庆典的出席人员甚多，牵涉面极广，故不到万不得已，不应将庆典取消、改期或延期。

（二）应当精心安排好来宾的接待工作

与一般的商务交往中来宾的接待相比，对出席庆祝仪式的来宾的接待，更应突出礼仪性的特点。不但应当热心细致地照顾好全体来宾，而且还应当通过主方的接待工作，使来宾感受到主人真挚的尊重与敬意，并且想方设法使每位来宾都能心情舒畅。

最好的办法，是庆典一经决定举行，即成立对此全权负责的筹备组。筹备组成员通常应当由各方面的有关人士组成，他们应当是能办事、会办事、办实事的人。

在庆典的筹备组之内，应根据具体的需要，下设若干专项小组，在公关、礼宾、财务、会务等各方面"分兵把守"，各管一段。其中负责礼宾工作的接待小组，大都不可缺少。庆典的接待小组，原则上应由年轻、精干、身材与形象较好、口头表达能力和应变能力较强的男女青年组成。

接待小组成员的具体工作有以下几项：其一，来宾的迎送。即在举行庆祝仪式的现场迎接或送别来宾。其二，来宾的引导。即由专人负责为来宾带路，将其送到既定的地点。其三，来宾的陪同。对某些年事已高或非常重要的来宾，应安排专人陪同始终，以便关心与照顾。其四，来宾的招待。即指派专人为来宾送饮料、上点心以及提供其他方面的关照。凡应邀出席庆典的来宾，绝大多数人对本单位都是关心和友好的。因此，当他们光临时，主人没有任何理由不让他们受到热烈而且合乎礼仪的接待。将心比心，在来宾的接待上若得过且过、马马虎虎，容易伤害来宾的自尊心。

（三）应当精心布置好举行庆祝仪式的现场

举行庆祝仪式的现场，是庆典活动的中心地点。对它的安排、布置是否恰如其分，往往会直接地关系到庆典留给全体出席者印象的好坏。依据仪式礼仪的有关规范，商务人员在布置举行庆典的现场时，需要通盘思考的主要问题有：

1. 地点的选择

在选择具体地点时，应结合庆典的规模、影响力以及本单位的实际情况来决定。本单位的礼堂、会议厅、内部或门前的广场以及外借的大厅等，均可予以选择。不过在室外举行庆典时，切勿因地点选择不慎，从而制造噪声、妨碍交通或治安、顾此而失彼。

2. 环境的美化

在反对铺张浪费的同时，应当量力而行，着力美化庆典举行现场的环境。为了烘托出热烈、隆重、喜庆的气氛，可在现场张灯结彩，悬挂彩灯、彩带，张贴一些宣传标语，并且悬挂标明庆典具体内容的大型横幅。如果有能力还可以由本单位员工组成乐队、锣鼓队演奏音乐或敲锣打鼓，热闹热闹。但是这类活动要适度，不要热闹过了头，成为胡闹，或者"喧宾夺主"。

3. 场地的大小

在选择举行庆祝仪式的现场时，应当牢记并非愈大愈好。从理论上说，现场的大小应与出席者人数的多少成正比。也就是说，场地的大小应同出席者人数的多少相适应。人多地方小，拥挤不堪，会使人心烦意乱；人少地方大，则会让来宾对本单位产生"门前冷落车马稀"的错觉。

4. 音响的准备

在举行庆典之前，务必要把音响准备好，尤其是供来宾们讲话时使用的麦克风和传声设备，在关键时刻，绝不允许临阵"罢工"，让主持人手忙脚乱、大出洋相。在庆典举行前后，播放一些喜庆、欢快的乐曲，只要不抢占"主角"的位置，通常是可以的。但是对于播放的乐曲，应先期进行审查。切勿届时让工作人员自由选择，随意播放背离庆典主题的乐曲，甚至是那些凄惨、哀怨、让人心酸和伤心落泪的乐曲，或是那些不够庄重的诙谐歌曲和爱情歌曲。

二、庆典活动的实施与主持

一次庆典举行的成功与否，与其具体的程序不无关系。仪式礼仪规定，拟定庆典的程序时，有两条原则必须坚持：

第一，时间宜短不宜长。大体上讲，它应以一个小时为极限。这既是为了确保其效果良好，也是为了尊重全体出席者，尤其是为了尊重来宾。

第二，程序宜少不宜多。程序过多，不仅会加长时间，而且还会分散出席者的注意力，并给人以庆典内容过于凌乱之感。总之，不要使庆典成为内容乱七八糟的"马拉松"。

依照常规，一次庆典大致上应包括下述几项程序：

预备：请来宾就座，出席者安静，介绍嘉宾。

第一项：宣布庆典正式开始，全体起立，奏国歌，唱本单位之歌。

第二项：本单位主要负责人致辞。其内容是，对来宾表示感谢，介绍此次庆典的缘由，等等。其重点应是报捷以及说明庆典的可"庆"之处。

第三项：邀请嘉宾讲话。一般来讲，出席此次庆典的上级主要领导、协作单位及社区关系单位，均应有代表讲话或致贺词。不过应当提前约定好，不要当场当众推来推去。对外来的贺电、贺信等，可不必——宣读，但对其署名单位或个人应当公布。在进行公布时，可依照其"先来后到"为序，或是按照其具体名称的汉字笔画的多少进行排列。

第四项：安排文艺演出。这项程序可有可无，如果准备安排，应当慎选内容，注意不要有悖于庆典的主旨。

第五项：邀请来宾进行参观。如有可能，可安排来宾参观本单位的有关展览或车间，等等。

在以上几项程序中，前三项必不可少，后两项则可以酌情省去。

三、庆典主持范例

（一）酒店开业庆典主持词

尊敬的各位领导，各位来宾，女士们，先生们，朋友们：

金秋十月，清风送爽！

大家好，今天是××××年×月××日，四面八方的朋友欢聚一堂，都是为了庆祝这个共同的盛世，即××市×××大酒店开业庆典仪式。

现在良辰吉时已到，下面我宣布开业庆典仪式正式开始！鸣炮！奏乐！

首先我代表×××酒店的总经理×××先生对各位领导、各位嘉宾、各界朋友的光临表示最热烈的欢迎和最诚挚的谢意！

×经理年轻有为，可以说是我们当今市场经济大潮中的佼佼者，弄潮冲浪，挥洒自如！他以一个精明商家聪明智慧的头脑，敏锐准确的独到眼光，不惜重金购下了现在×××酒店坐落下这块土地的使用权，建成了我市有史以来最高档豪华的×××酒店。本酒店星级水准，工薪消费。聘请名师主灶，技艺高超，可谓"名震塞北三千里，誉压江南十八楼！"

下面就让我们大家以热烈的掌声有请×××酒店的总经理×××先生致辞！

（总经理致辞，略）

×经理话语不多，句句精彩，答谢亲友，肺腑之言！

在此，我也代表所有到场的来宾朋友祝贺×××酒店开业大吉，吉祥如意！财源茂盛，生意兴隆，天天客常满，杯杯酒不空！"×××辉"必然会成为餐饮业的一颗璀璨的金星闪耀于新站的天空！

×××大酒店有今天不仅离不开各位的厚爱，还有我们市委领导的鼎力支持。好，下面有请市委×××书记致贺词。

大家鼓掌！

（市委书记致辞，略）

非常感谢！领导就是领导，果然名不虚传，气势不凡！不仅人很帅气，连口才都顶呱呱！

好！最后有请各位共同举杯将心中这份最特别、最诚挚的祝福送给×××大酒店，祝×××大酒店生意兴隆！八方财进！抬头见喜！低头见人民币！生意兴旺发达，事业如日中天！

非常感谢各位今天能够光临开业庆典，我们的×××大酒店为了答谢各位领导和来宾，精心准备了开业庆典宴会，请各位随我一起步入×楼宴会厅入席。

（二）学校落成典礼主持词

尊敬的各位领导，各位来宾，同志们：

在国际六一儿童节即将到来的日子里，在省委×××书记的关怀下，在××集团及各级教育部门的大力支持和帮助下，我们终于迎来了期盼已久的时刻——××小学正式落成，今天举行落成典礼。

这是××教育发展史上的一件大好事，在此，我代表××县××多万人民，向关心和支持××小学建设的各级、各有关部门领导和社会各界，表示衷心的感谢并致以最崇高的敬意！

首先，让我们用热烈的掌声，向出席今天落成典礼的各位领导和嘉宾、各界朋友，表示热烈的欢迎！

我宣布，××小学落成典礼正式开始。

下面进行第一项，升国旗，奏国歌。请全体起立。

第二项，请少先队员向来宾佩戴红领巾。

第三项，请×××先生为××小学揭牌。

第四项，请××乡党委书记×××先生对工程建设情况做介绍。

第五项，学生、群众代表发言，校长讲话。

第七项，请县委书记×××讲话。

同志们，今天落成的，绝不仅仅是一所学校，更重要的，是一种爱心，是对国家、民族，对贫困山区孩子的爱心，是一种精神，即热心教育，济世扶贫，无私奉献的精神。我们要让这种爱心，这种精神传承下去，在一代又一代人中发扬光大。

今后，县、乡、村三级一定要在各方面加大对××小学的支持力度，努力将学校办成全县农村的一流学校。

学校师生，一定要珍惜机会，发愤图强，用良好的教学质量，优异的学习成绩，回报各级领导和社会各界人士，培养出国家的栋梁之材。

再次感谢各位领导、各位来宾对××县教育的厚爱，衷心祝愿在座的各位领导、各位嘉宾及各界人士身体健康，万事如意！

谢谢大家！

第五章

聚会与会议主持

第一节　聚会主持

一、了解聚会的含义和作用

在各种形式的聚会之中，集会是最为正规的一种，而且也是人们平日接触最多的一种。所谓集会，通常指的是人们集合在一起，有议题、有组织、有步骤、有领导地研究、讨论、商议有关问题。在现代社会里，集会实际上是人们参与社会活动的主要方式之一。有时，集会亦称会议。

尽管人们在日常生活中有机会出席各种各样的集会，但是它们不外乎都具有下列四个特点。

首先，集会是有议题的。会议的议题即其主题，开会的目的是要围绕议题，各抒己见，集思广益，统一思想，解决问题。

其次，集会是有领导的。但凡正式的会议，就必须有专人负责、专人主持。即使是会议的组织、准备工作，没有专人负责操作，也是绝对不行的。

再次，集会是有组织的。一人独处，难称集会；多人相聚，方能开会。要使多人在一起集会，就必须有组织地进行协调、安排，并为会议的召开处理日常性、事务性问题。

最后，集会是有步骤的。一次会议要取得成功，就必须精心安排其内容与程序，并且采取必要的措施，确保会议在召开时能够井然有序地进行。

就礼仪规范而言，集会的礼仪内容繁多，对会议的方方面面均有涉及。考虑到个人表现在集会中起着相当重要的作用，因此在以下介绍集会礼仪时将择要而行，重点介绍个人在集会中的行为规范问题。

二、做好会前的准备工作

在会议召开之前，有一个最基本的要求，即事先做好准备和演练。只有这样，你才能：

——完全了解会议中将要讨论的问题；

——清楚自己应该说什么，如何去说，为什么要这样说；

——果断地得出可靠的结论。

建于美国加利福尼亚州的国际交流训练中心在训练那些专业人员如何组织、准备一个会议时，向他们强调指出：讲话者有责任为会议做出充分准备，只有这样，在讲话中他才会使听众有这样的感觉："我有许多值得一试的经验和技巧要告诉你们，作为交换，我也希望你们能抽出时间集中精力来听，我保证你们的时间和精力不会白费。"

比如有 35 个人参加一个 2 个小时的非常实用的会议。虽然会议占用了 70 个小时，但每个人都会从中得到许多教益。相反，如果因为会议上的拙劣演说而浪费了 70 个小时，那么，这个会议的组织者就是一种失职。在会议召开以前，组织者应当做好如下准备：

（一）事先考虑你将会遇到的问题以及问题的答案

在会议讲话中，不要让听众的提问牵着你的鼻子，这样你会狼狈不堪。要想避免这种情况，你要尽可能地预料到会上可能出现的难题，并找出每一难题的对策。

无论如何，在会议上你都会遇到各种各样的意见。因此，你应该为这些情况做好准备，事先准备好一些有用的事实及数据。你最好能预料到他们可能要提出的任何难题，列出几个最难以解决的问题。切记在开会以前，这些问题的答案已经了然在胸。

有时，你并不能判断出自己将要遇到的困难，如果只有你一个人筹划会议，你最好向不参加会议的同事或上级请教。通过他们提出的问题来了解自己可能会遇到的障碍或反对意见。假如你只是筹备委员会中的一员，那么其中的每一个人都可以针对自己的领域可能遇到的困难做些准备。只要你准备充分，任何问题都不能使你陷入尴尬境地。

（二）起草发言大纲

当你努力尝试新的、富有创意的方法来进行会议演说时，切记慎重考虑你要说的内容。在纸上事先写下你要演说内容的提纲，确定自己应该讲些什么内容，每一部分应该安排多长时间。这样，你就会对自己的发言做到心中有数。

撰写大纲的关键是简洁。在演说之前，写下几个能够概括你演说内容的词语，用这些词语在会议中提醒你把握自己将要讨论的话题。

当你确定好纲要中的关键词语之后，再根据关键问题准备论据。并且在这些关键问题之中，可以分出一定主次，以便在必要时，找出一些可以删减的部分。在实际开会时，常常会有意料外的事情发生，往往耽误了时间。这样，有一些可以删去的内容能够在你缺少时间时帮你摆脱困境。准备论据时，先用表记下所需的时间。

如果使用索引卡片，切记给它们编号。这样当你丢失某张卡片而不得不重新准备时，就可以只准备丢失的那部分。而且也不至于在讲话中因不知道说到何处而乱找卡片。当然，使用索引卡片时，最好能用计算机把关键词语打下来，然后贴到卡片上。电脑所打出的整洁漂亮的印刷体通常比手写体更容易辨认。

（三）了解他们真正感兴趣的问题是什么

弄清楚会议参与者是来自总公司还是来自分公司，或是来自公司以外的客户。根据不同情况认真准备材料，以便听众能够接受你在会议上的讲话。

对人们参加会议的目的以及使他们聚到一起的原因越发了解，你的会议就会越有效，越成功。在做会议开场白的时候，你可以这么说："我们终于在这里会面了，这就是我们称之为'会议'的原因。"这样可以引起会议参与者的注意和兴趣。

（四）弄清会议的目的和任务

会议召开之前，你必须对会议的主题完全了解，并明确每个参与者的任务和角色。会议的目的是传达信息还是为了得到信息？是为了讨论公司目前的困难，还是为了通过某项计划？

不同部门对同一会议所做的准备工作应该有所不同。例如，人事经理应当提出一个对本公司的历史、组织机构和产品的总的观点，以便于新的雇员能够了解公司的目的和宗旨，体会到他们所应承担的责任，以便能迅速进入角色；制造工厂的经理应当提出某个特殊任务的分工计划，即每个部门所应负的责任；工业技师应当向技术人员做出简要说明，排除他们对产量减少和质量下降的忧虑；房地产代理商或保险公司销售经理应当简要阐述，在某种对公司的销售额会产生影响的特定经济发展趋势下，本部门的销售要点，以便为新的销售战略拟定基本的原则。

三、聚会中对主持人的总体要求

主持者，是集会的"总工程师"。他在会议上要做的主要是落实议程、控制时间、掌握会场等三项工作。处理这三项工作是否得力，是检验一名会议主持人是否称职的最佳标准。

（一）落实议程

议程，是会议议程的简称。它所指的是，会议具体进行时所应遵循的既定的先后顺序。凡属较为正式的集会，其议程大都在事先进行过认真的讨论和拟定。

作为会议的现场指挥者和掌握者，主持人要使既定的会议议程得以落实，重点是要做好以下两件事情。

1. 熟悉议程

要使议程得以落实，主持人首先必须熟悉议程。只有熟悉了会议议程，才能在会议进行时熟练地驾驭会议，并且沉着妥善地应付一切难以想象的突发性问题。

一般较为正式的会议，其议程大都包括下列各项：

首先，主持人宣布正式开会。必要时，须全体起立，奏国歌、会歌。

其次，由专人做主旨报告。

再次，对主旨报告进行分组讨论，或者进行大会发言、讨论。

最后，进行总结，达成共识，或者通过相应的会议决议，宣布散会。

在以上主要议程之中，基本框架一般不会变动，但在具体环节上，却是可以随机调整的。要做好这一点，就要看主持人的经验和应变能力了。

2. 执行议程

在一般情况下，主持人作为会议的工作人员，是无权变更会议的议程的，尤其是其中的主要议程。不论遇到什么情况，主持者都必须想方设法履行自己的职责，确保会议按照既定方针进行，兑现各项议程，完成预期的任务。

未经会议主席团授权，主持人无权对会议的议程进行全面的调整，或是对其进行增减。倘若遇到了特殊的情况，比如，发言人缺席，发言时间不够用，听众意见较大，等等，而主持人认为确有必要对议程进行临时调整时，最好及时征求会议主席团或主要负责人的意见，不到万不得已，不要搞"先斩后奏"，自作主张。

（二）控制时间

一次会议的成功与否，往往与它何时举行、举行多久关系甚大。这些问题需要会议的组织者进行认真考虑。对主持者而言，在控制会议时间方面要做的主要工作，一是要把握起止时间，二是要限制发言时间，三是要留有休息时间。对于这三点稍有疏忽，都会使会议的进行受到不良的影响。

1. 把握起止时间

任何一次会议，都有自己公开宣布的起止时间。这一时间一经确定，便应得到全部与会者，特别是会议工作人员的遵守。任何人，不论他是什么身份，若是不遵守会议时间，就等于表明不重视这次会议，而且不尊重其他的与会者。

因此，主持人在主持会议时，应该什么时候开会，就要在什么时候宣布开会；应该什么时候散会，就要在什么时候宣布散会。没有非常重要的特殊情况，主持人是不宜随便拖延开会与散会时间的。严守会议的起止时间，是主持人必做的"例行公事"。

2．限制发言时间

不仅会议的起止时间要认真遵守，发言的具体时间也要有明确的限制。从一定意义上讲，限制发言时间是防止会议拖延时间的良方之一。

一般情况下，在拟定会议议程时，即应对每位发言人的发言时间有所限定，并通知其本人。在主持会议时，主持人在这方面要做的工作，一是在发言人发言之前最好再次关照一下其限定的时间长度，二是可用技术性手段，例如时间一到，铃响提示，在现场限制时间。

要强调的是，限制发言时间，不可手法粗暴，态度恶劣，不要当众口头打断他人的发言，令其难以下台。

3．留有休息时间

倘若会议举行时间较长，一般应当在其间安排一定长度的休息时间，以供与会者略微休息，活动手脚，处理私事。大体上，一次会议最好控制在 3 小时之内，并以 2 小时左右为佳。凡举行会议的时间长于 1.5 小时，即应在期间安排一次长约一刻钟的休息。

如果事先未定会议要开多长时间；而在举行过程中已经超过了 1 个小时，并且尚未告终，则主持人应主动建议进行一次必要的会间休息。

在进行会间休息前，须明确休息时间的具体长度，以便与会者能够准时返回会场。

（三）掌握会场

在集会进行期间，主持人掌握会场的能力的大小，往往会影响到会议的成败。在掌握会场时，主持者最重要的是要注意少讲多看和调节气氛。

1．少讲多看

主持人的主要任务是主持会议，而不是主要的报告人或发言人，因此一定要注意恪守本分，不抢风头，尤其是不要在主持会议的过程中信口开河，离题万里。

在主持会议时，主持人所要做的基本上是"照本宣科"，使既定的会议议程得以贯彻。此外，还要多看多听，认真观察会议的进行情况和现场的情绪与反应，以便防微杜渐，尽可能地不出问题，少出问题，并且及时地发现问题，解决问题。

2. 调节气氛

当然，主持人在集会举行时仅仅多听多看还是不够的，必须变被动为主动，采取必要的措施，以调节现场的气氛，保持良好状态。

当贵宾出席集会时，主持人可在开会之初或对方演讲之前，对其进行适当的介绍。

在发言人发言前与结束时，主持人应带头鼓掌，以带动全场听众予以响应。

万一会场上出现局部骚动、混乱时，主持人则应以适当的方式及时加以阻止。

四、聚会中对主持人的形象和礼仪的要求

（一）外表要保持整洁清爽

第一印象中，仪表占了大部分，主持人的仪表，往往会在其出场之时，先入为主地给听众留下深刻的印象。所以在发言之前，主持人一定要抽出必要的时间，对个人仪表进行修饰和检查。其重点主要是：

1. 外表妆容

发型和面部是主持人仪容的重中之重。在进行具体修饰时，一定要认真、仔细，做到干净、整洁、卫生。头发务必要梳理整齐，男士通常应当剃去胡须。无论如何，都不要在集会上出场亮相时不修边幅，蓬头垢面，邋邋遢遢，倒人胃口，让听众无法接受。

2. 着装

主持人的着装，必须干净、整洁、端庄、大方，绝不能自己随心所欲乱穿，尤其是不能穿过分怪异、性感、散漫或不洁的服装登台发言。切

勿在发言时戴着帽子、手套、墨镜，或是穿着风衣，披着外衣，"祖露胸怀"，挽起袖口、裤管。

3．化妆修饰

对主持人而言，适当的妆饰虽然必要，但仍须以庄重、保守为度。女性主持人尤须重视这一点。与参加宴会、舞会、音乐会等交际活动不同，参加集会多属公务活动，因此在妆饰上切勿过分地抢眼、招摇。选择首饰时，要注意少而精。进行化妆时，要讲究淡而雅，不要给人以浮华、轻佻之感。

（二）准备充分，注意节奏

主持人要做好幕后工作，在集会上发言时，主持人不是在表演，而是在阐明个人见解，因此发言的内容，才是听众关注的侧重点。主持人的临场风度不管有多么好，若是其发言内容言之无物，照样会给人以华而不实之感，不为听众所接受。场上10分钟，场下不止10小时。

准备发言时，主持人务必要做好以下几点，以确保自己的发言内容周全，令人欢迎。

1．对象明晰

发言首先要了解听众，具体来说，是要了解其思想状况、文化程度、职业特点和心理需要，然后因势利导。否则，就很有可能闭门造车，无的放矢，从而失去听众。

2．观点独到清晰、充实正确

在发言时，只有做到了观点明确，中心突出，态度清楚，主张合理，才能抓住听众，并且给其留下深刻的印象。而在上述几点之中，观点的鲜明与否尤为重要。

当然，善于发言的人都知道，讲话不仅要以理服人，而且还需要以"例"服人。在发言时倘若举例合理，往往使自己的发言说服力大增。然而必须注意，选择发言时的论据，必须真实无误。若是生编滥造，则是害人害己。

3．语言生动活泼

在发言时，最忌语言晦涩枯燥，而简单明了、通俗易懂、生动形象的语言则最受欢迎。因此，发言时所用的语言，应当朴素、具体，而又幽默、形象，不失哲理。

4. 感情真挚

在发言时，主持人固然要争取以自己的真情实感去感染听众，争取听众，打动听众，但是切勿为了做到这一点而一味煽情，无病呻吟，矫揉造作，逢场作戏。那种做法，未必能被听众接受。

5. 发言连贯，结构合理

发言不但要层次清晰，逻辑缜密，更重要的是，在充分表达了个人见解的同时，还要能够尽快地抓住听众的注意力。要做到这一点，就必须在发言的整体结构方面进行适当的、合理的安排。

6. 准备充分

有条件的话，在发言准备完毕之后，最好多读几遍，并且进行一两次预演，以便做到知己知彼，心中有数。在预演时，若有他人在场，并请其发表意见，往往效果会更好一些。

（三）态度谦虚、谨慎

傲慢最易引起人反感，主持人在现场发言时，务必要注意自谦敬人。具体而言，要注意以下四个方面的问题。

1. 自谦是自重和有自知之明

在发言时，主持人务必要明白：自己的见解能否为听众所接受，自己能否得到应有的尊重，关键在于自己临场发挥的水平，而不在于自吹自擂。因此，聪明的主持人大都知道，在发言时要少用"我"字，别提"本人"，尤其是要力戒自我推销、自我宣传和自我肯定。要是把发言的重点放在其他方面，通常会比"我"字当头要好得多。

2. 对受众有充分的尊重

主持人在发言的整个过程中，都不能失敬于听众。在上台发言之初，循例要向听众欠身致意，并进行问候。在发言之时，不能使用任何对听众不尊重的语言、动作或表情。当主持结束时，要先道一声"谢谢大家"，在欠身施礼后，才好退场。这些尊重听众的重要礼仪，一般不可或缺。

3．体现宽厚的胸怀

有时，在集会上发言的人，其见解难免会相去甚远。极个别的时候，在会上还会出现与主持人各执一词、针锋相对的情况。碰上他人的观点与自己相悖时，要善于求同存异，以理服人，发言对事不对人。切勿为了捍卫自己的观点，而同他人在会上言辞之间毫不相让，甚至为此而大肆争吵，打断他人的发言进行人身攻击。其实，在绝大多数听众看来，能够宽待发言人的主持人，才最值得尊敬，才最具做人的风度。

4．发言词得体、恰当

发言之时，必须有明确的时间观念，宁短勿长，绝不拖延时间。集会若规定了发言限时，必须严格加以遵守。若会议对发言时间未做规定，发言时亦应长话短说，切勿让自己的陈词滥调去招人厌烦。在一般情况下，正式发言不宜长于一刻钟，即席发言则应以 5 分钟为限，发言者要对此心中有数，主持人也要帮助发言人控制时间。

第二节　商务会议的主持

一、会议的形式及组织准备工作

在商务活动中，为了传达任务、收集信息，任何组织都要召开多种不同类型的会议。所有这些会议都要求组织者说话果断、富有魄力。你可以根据会议的不同类型来变换你的演说方式，并利用一切机会提高你的知名度。

商务性会议一般有以下几种形式：

——为了提出远期或近期目标，部署下一步的行动规划，以及为某项计划征求意见而召开的全体员工大会、董事会、主管部门会议以及委员会会议等；

——向股东、雇员、消费者、卖主、政府官员以及专业人员汇报企业状况、规划方案，衡量企业现状与目标的差距所召开的会议；

　　——公司发起的公司之外的讨论会和工作会议；

　　——介绍新产品所召开的公共关系聚会；

　　——为了销售产品或其他目的而召开的全体会议；

　　——向商业监督单位面对面地汇报情况、提供信息而召开的会议。

　　会议是为实现一定的目的，由主办或主持单位召集组织的不同层次和不同数量的人们参加的一种事务性活动。会议的目的多种多样：表扬批评、布置任务、解决问题、交流经验、调查情况、纠正错误等。但是，无论什么目的，要想取得良好的效果，会议的组织、参加、进行就必须讲究礼仪，以便与会者的思想感情能很好地沟通。因此，会议礼仪是会议取得成功的重要保证。

　　会议组织工作内容繁杂，组织者必须考虑会议的准备、进程、结束以及会后的每个工作细节，不能因为工作的疏漏而耽搁或影响会议的进行。因此，组织者做好准备工作尤其重要。

　　（一）组织者首先应明确开会的目的，根据会议的目的确定会议参加者的范围，传达会议通知，印发会议证件，选定并布置会场；布置会场时，应落实灯光、音响、墙面装饰、花卉摆放等问题。

　　（二）进行会议前的准备。查看茶水、与会者资料、座位卡是否备好并放置妥当，落实开会期间的会场签到、引座、倒水、安全保卫等问题。

　　（三）开会期间，组织者配合主持人做好会场各项工作，并做好会议记录，需要录音或摄像的应提前准备。

　　（四）会议结束后，将会议内容要点整理成文，送交有关人士审阅后，付印分发。

　　会议主席台成员一般为来宾或发言人，其言谈举止必须体现对与会者的尊重，遵照组织者与主持人的安排，一般应提前到达，由组织者安排在休息室；即将开会时，应井然有序地进入主席台按座位卡就座；主持人介绍后，与会者鼓掌欢迎时，应站立鼓掌还礼；在主席台上面对众多与会者，如果交头接耳、心不在焉、旁若无人，都会引起他人极大的反感，因此主席台成员应认真听取他人发言，举止端庄。发言时，应礼貌地环视与会者，言语中应尊重组织者、主持人、与会者；如发言中响起掌声，应稍做停顿。如果发言人是从与会者中走上主席台，上台应迅速并遵守规定的发言时间，以免影响会议进程。

一般与会者参加会议应准时或提前进入会场，不应拖拖拉拉。在会议开始以后，进入会场是失礼的，应轻轻寻找座位坐下，不可喧哗。进入会场以后，与会者遇到熟识者可点头微笑致意，不必四处握手打招呼。会议进行中，尽量不要随意讲话或走动或做其他动作，提前退场应向有关人员说明情况。听取他人报告，应鼓掌表示欢迎，专心听讲并做好会议记录。与会者常见的两种失礼行为，即对发言人的反应冷漠，如打毛衣、吃东西、聊天、打瞌睡等；或是对发言人的反应强烈，如起哄、喝倒彩、吹口哨等，这两种不文明行为是应坚决摒弃的。

二、对主持人的一般要求

会议主持人或会议主席是负责主持召集会议的领导人，负责按会议议程当场全权组织和推进会议，所以要符合礼仪、符合身份地主持会议。

主持人的服装、修饰、站姿、落座、发言等，都应符合身份，自然大方。主持人应着工作服装，男士一般为西装、中山装、衬衫、长裤与皮鞋，女士以连衣裙、套裙、套装为主，要求颜色、式样搭配得体，让人感觉稳重、沉着，不奢侈；男士梳发剃须，女士化工作淡妆，工作场合不宜戴首饰（戒指除外）。会议主持人走向主持位置时，应表现出沉稳、自信的风度，步伐均匀有力、稳健庄严，视会议性质决定步伐的缓急、步幅的大小，如紧急会议、重要会议可加快步伐，而纪念、悼念类会议，则应步幅略小、节奏放慢。应明白，这样的目的并不是为了故意拖延时间，而是主持人营造会场气氛的一种方式。

重要会议开始前，主持人步入主持位置过程中不要与熟人打招呼，一般工作会议，可向熟人打招呼或点头致意。会议主持人一般应在会议开始前5分钟左右抵达会场，如果迟到，不要匆忙小跑、大喘粗气，而应推门快步入位，放下公文包，落座后首先向等候者致歉并说明原因，然后立即开始会议。

会议主持人由于其特定的身份，其仪态将直接影响与会者对会议的看法。因此，主持人在整个会议中的坐姿、站姿和谈吐，必须表现得令人信服。从坐姿来看，应保持上身端正，不可倾斜上身或趴在桌上，也不要频繁乱动，如喝水、抽烟、搓手、搔头等；腰要挺直，双腿自然下垂，不要跷腿或抖动，双手在会议桌上对称平摆，呈"八"字形，面部表情要从容冷静，目视前方，余光兼顾全场；站立时，应双腿并拢，挺胸直背，身体不可晃动，若是持稿主持，以右手或双手持稿，与胸等高，在读讲稿的同时，目光应间隔性地扫视与会者，主持人与讲话者不同，一般不要手势，即使有，动作也不可过大。主持人讲话应口齿清晰，内容明确，能够把握会议进程的缓急，思维敏捷，善于引导并能够及时穿插，使会议不空场、冷场。

三、注意讲话的方式

当你在会议上开始讲话时，你是否受到欢迎，首先将取决于观众对你的初步印象。这个印象取决于很多因素，如你是否做好充分准备，你的眼睛是否闪亮而活泼，你的声音是否悦耳动听，你对周围的反应是否机智灵活以及你是否能简明扼要地陈述自己的观点。下列建议有助于你建立一个受人欢迎的形象：

（一）果断而自信地走向主席台

在会议演说前停顿片刻，用几秒钟先审视一下会场的观众。当你这么做的时候，台下的无数双眼睛也会同时聚集到你的身上，他们也都在观察着你。而且，在你即将开始演讲的一刹那，他们会对你的精神、热情、知识、学识、声音、目光接触以及身体语言等各方面做出评价，而最终综合形成对你的初步印象。

（二）准时宣布会议开始

很多经理不能准时开会，他们常常会使用这样的话语："我想会议马上就会开始!"其实,这种方法并不高明。事实上,你可以向观众微笑数秒钟,表示你也在期待着早点儿把信息传递给他们。如果由你来指出演说后会有答疑时间,可以利用开会前的这段时间声明,请观众在那时提问。

(三)出奇制胜的开场白

在会议开始的时候,你可以先介绍一下自己的情况,以便于每个人都认识你,也可以让与会者互相介绍,以便于他们能互相认识。有时,为了缓和会议的严肃气氛,让与会者轻松一下,你最好能有个简洁、贴切而幽默的开场白。例如,如果你离开自己的家乡去外地参加会议,你可以把会场所在的城市的奇闻逸事作为你的开头语。

如果眼前的会议与以前的会议内容有关,你可以简要地概述一下上次会议的结论。但是别忘记这次会议的重点,应明确地说明这次会议所要讨论的主题或要解决的问题。例如,你可以说,"今天我们要讨论一项涨价计划,还要讨论如何把这个计划通知给客户""这次会议的目的是讨论我们的扩建方案"等。

一旦指出此次会议的目的,就应该声明你已安排了紧凑的会议事项。如果你并没有分发写有计划和建议的会议事项,这时可以进行这一工作。你还可以在会场中来回走走,听听与会者的意见。有些时候他们的意见有助于改进你的计划。

(四)集中精力解决问题和提出行动计划

当你告诉与会者应该采取什么样的措施时,应使用合理的方法启发他们思考正确的解决办法以及应采取的行动。例如,在提出问题的解决办法后向与会者做出解释,向他们提供一些发表意见所必需的信息,举出真凭实据使你的观点有理有据等。

(五)语速影响表达效果

不时地变换说话的速度,保持适度的停顿。无论你准备得多么充分,都难以避免想不起自己所要强调的重点,或者一时想不起所要说的问题。这种情况下,你可以停顿片刻,但切记不要使用"嗯""啊"之类的语气词。尽量使讲话充满乐观情绪,并且请详细地阐述你的观点或计划。

四、引导会议的走向

商务会议的主持人最主要的任务，就是引导会议的走向，即让参会者了解情况，激发他参与的热情，促使他们共同商量解决问题的办法，并最终达成一个决定或结论。

（一）明确主持人的任务

要想在商务会议上引导走向，保证会议方向不偏离，主持人必须明确会议的主题和自己的任务。

1. 阐明你的目的和任务，不要给与会者"有事被隐瞒"的感觉。

2. 使观众确信你的需要和兴趣同他们很相似。

3. 使他们认识到某个问题或计划的重要性。

4. 把好的心情传递给观众，让他们有足够的理由坐在那儿参加你主持的会议。

（二）激发观众的参与感

让观众知道，在解决问题或困难时，你欢迎他们提出任何意见。让观众了解情况，与你共同商量解决办法。你可以在讲话中使用下列短语，以此来鼓励与会者的参与意识。如"经过我们的共同体验""分担我们共同的忧虑""为了我们的共同利益"等。

（三）正确看待别人的反对意见

善于倾听的人会有更快的提高，如果你愿意听取他人的意见，有时会得到自己从未想到过的结果。当然，也有一些时候，人们会提出相反的甚至与你毫不相干的观点，或者利用机会进行滔滔不绝的长谈。当有人提出反对意见时，你首先应当感激对方敢于提出反对意见，然后摆出你的事实道理来证明自己的观点。而对那些离题万里的意见，可以通过这样的方法解决："这个问题我们还是以后再谈吧，现在让我们回到刚才的问题上来。"这样的话更容易让对方接受。

（四）适时打断长篇大论者的话头

有时在会议上，主持人争分夺秒，那么，我们如何对付那些在会议中喜欢侃侃而谈的人呢？当长谈的人停下略作休息时，你应该向另外一人提起话题。例如，你可以说："迈克，我觉得这个问题与你有关，你怎么看？"或者考虑使用另一种更直接的方法，如"我们的时间很紧张"或者"我们还有其他的事有待于解决"。当那位滔滔不绝的发言者让出发言权时，切记不要再给他发言的机会，此时，主持人要敢于"抢话头"。

（五）及时制止那些离题万里的意见

如果会议中有人发表一些离题万里的意见时，主持人应及时制止，以保证会议不偏离预计的走向。比如，主持人可以面带微笑，用真诚的语调对提出意见的人说："你提的这个问题不错，等以后再谈吧，现在让我们回到刚才的问题上来"。或者说："如果你有兴趣的话，等会儿我们单独谈这个会议外的问题……"这样的话更容易让对方接受。

（六）注意协调不同的意见

当会议中出现不同的意见，尤其是双方出现极端相反的意见并争持不下时，主持人一定要注意协调。这时，主持人应该首先要求大家都冷静下来，然后建议大家用求同存异的态度来重新看一看争论之处。一般情况下，持相反意见的人都是因为个人的观点不同而导致结论的不同，多是主观方面的原因所致，而不是客观原因所致，因此只需要改变双方主观上的想法，往往就能达成一致。因此，主持人要善用与会者的投入感，引入客观的分析方法，来冲淡主观的争论气氛，不能让会议发展成"比嗓门"或"比人多势众"的会议。

一般来说，主持人协调不同意见的步骤分为四步：

第一步：主持人首先自己要保持头脑清醒，不要介入争论之中，而是仔细倾听双方意见的不同之处；

第二步：当不同意见的双方争持不下时，主持人应要求双方平静情绪，心平气和地看待问题；

第三步：等双方冷静下来后，主持人应就双方争论的话题进行分析，使各对立之人了解他们的不同意见也有相同之处，只是有些地方需要再谈而已，大家并非水火不相容；

第四步：如果提出意见的一方不听劝阻，固执己见，主持人要耐心地劝他们理性讨论，不要感情用事，以免破坏了与其他参会者之间的人际关系。

（七）防止议而不决

一个有效的商务会议，分为商议及决议两个关键部分。如果光有商议而无决议，会议就是失败的。商议就是与会者围绕着议程互相发表议论，共同研究、分析及解决问题；决议就是大家达成一个决定或结论。然而，不少会议经常出现"议而不决"的现象，与会者在会议中谈了许多，到头来却未能达成一个决定或结论，这个会就相当于白开了。

因此，商务会议的主持人的一个重要任务，就是千方百计地避免"议而不决"的现象发生，比如引导参会者不能在未有决定或结论前便散会离开，并积极引导参会者发表意见，促成大家共同解决问题，或做出解决问题的建议。很多时候，如果主持人不坚持要参会者尽量得出结论或决定，不少参会者往往不会抓紧时间去谈，而只会随波逐流地东拉西扯，会议看来气氛热闹，其实是不着边际，白白浪费时间而已。因此，主持人必须时刻控制会议走向和节奏，严防参会者浪费时间，避免导致"议而不决"的结果。

（八）注意会议的总结

会议在达成决议后，主持人还要对这次会议进行一个综合性的总结，提纲挈领地强调一下会议中提及的几个重点，重申会议的决定、建议及结论，这样便于负责会议记录的人核对相关资料，同时也令所有参会者都清楚知道各自要在会议后跟进什么事项，最好还列出时限和检查方法，然后才能宣布散会。有了这个总结，才算是圆满地主持了一个会议；如果没有这个总结，会议就成了虎头蛇尾。

五、主持会议时要注意的细节

"紧张"是人所共有的，无论对自己所讲的话题做了多好的准备，或者这一话题对你来讲多么熟悉，但在主持前你仍然会感到紧张。这时千万不要让压力控制你的情绪，如果让紧张情绪占了上风，你会发现自己根本无法发挥最佳水平，一切都白费了。

当你承受很大的压力时，你的呼吸会迅速地加快，使大脑得不到足够的氧气。大多数人每分钟呼吸 12～18 次，如果每分钟呼吸超过 18 次，就说明你正承受着很大的压力。但是如果你可以呼吸得慢一点——每分钟 7 次左右，就能控制自己的情绪。正确的呼吸方式能够使人放松情绪，找到正确回答问题的途径。一旦放松，思维就会正常。

在会议演讲中，除了使用讲义概括你要讲述的基本观点之外，你可以使用一两件其他的教具。例如，图表、图形、图解、海报、黑板、磁板、模型、天花板、幻灯、电影、视频等。

无论使用哪一种教具，你都应保证每一个人，包括那些坐在最后一排的听众都能看到这些材料。当你使用图表、图形、海报、黑板时，应尽量使数字和字母足够大，并且在它们之间留出足够的空隙。

在进行下一个论题之前，收拾好教具。例如，当你放完了电影和幻灯，需关掉幻灯机，以免影响以后的演讲。最重要的是，使用教具也要像准备演讲一样，需要事先演习。

当你的讲话接近尾声，快到答疑阶段时，应该提前告诉听众。你可以事先声明你会解答几个提问。如果第一个问题比较简单或者你已成功地做出了回答，就立刻以这个问题作为会议的结束语。如果你不能很好地回答这个问题，那么尽量在第二个问题上做出明确回答，以便成为好的结束语。

第三节　洽谈会的主持

一、充分了解洽谈会的有关事宜

洽谈会是一种常见的会议，商界人士在商务交往中，多多少少都有过一些参加商务洽谈的经历。对于其中一些人而言，甚至还可以说，他们在有如战场的商场上的成败得失，往往直接取决于能否通过洽谈来为自己开辟一条成功之路。正是在这个意义上，"商界无处不洽谈"才成了商界人员的一句格言。

商界人士所进行的洽谈，又称商务谈判，它是最重要的商务活动之一。洽谈的含义，是指在商务交往中，存在着某种关系的有关各方，为了保持接触、建立联系、进行合作、达成交易、拟定协议、签署合同、要求索赔，或是为了处理争端、消除分歧，而坐在一起进行面对面的讨论与协商，以求达成某种程度上的妥协。因洽谈而举行的有关各方的会晤，便称为洽谈会。其他方面也有相关的洽谈会。

洽谈会围绕利益进行。按照常规，商务洽谈一向被视为一种利益之争，是有关各方为了争取或维护自己的切身利益，而寸步不让、寸土必争地进行的讨价还价。因此，在洽谈中，如欲"克敌制胜"，那就不可能不讲究洽谈的谋略，主持人也要懂这些谋略，所以主持人的选择非常重要。

主持人要懂礼貌，与此同时，大家也应当看到，大凡正规、正式的洽谈，都是很注重礼仪的。绝大多数正式的商务洽谈，本身就是按照一系列约定俗成的既定礼仪和程序进行的庄重的会晤。在商务洽谈中，正确的态度应当是：既要讲谋略，又要讲礼仪。倘若只讲谋略而不讲礼仪，或是只讲礼仪而不讲谋略，都不会有助于洽谈的成功，所以，主持人既要重语言，又要重礼仪。

洽谈很常见，在现实生活中，洽谈的具体形式可谓多种多样。不管商界人士面对的是何种形式的洽谈，都有必要为此做好充分准备，以求有备无患，主持人要参与准备。

（一）在准备商务洽谈时，主持人自身应当谨记如下几条主要的原则

1. 坚持实事求是

所谓客观的原则，意即在准备洽谈时，有关的主持人所占有的资料要客观，主持的态度也要客观。

主持人占有的资料要客观，是要求谈判者尽可能地取得真实而准确的资料，不要以道听途说或是以对方有意散布的虚假情报，来作为自己主持的依据，只有这样主持人才能引导受众。

主持时的态度要客观，是要求主持谈判者在决策时，态度要清醒而冷静，不要为感情所左右，或是意气用事，以免影响决策。

2. 预先演练

所谓预审的原则，含义有二：其一，是指准备洽谈的主持人，应当对自己的主持稿预先反复审核、精益求精；其二，是指准备洽谈的商界人士，应当将自己提出的主持稿，预先报请谈判双方审查、批准。

3. 独立自主

所谓自主的原则，是指主持人在准备主持洽谈时，以及在洽谈进行之中，要发挥自己的主观能动性，要相信自己、依靠自己、鼓励自己、鞭策自己，在合乎规范与惯例的前提下，力争"以我为中心"。

独立自主是主持人的优点：一是可以调动主持人的积极性，使其更好地有所表现；二是可以争取主动权，或是变被动为主动，更好地为谈判双方服务。

4. 兼顾双方

所谓兼顾的原则，是要求主持人在准备洽谈时，以及在洽谈过程中，在不损害自身根本利益的前提下，应当尽可能地替洽谈双方着想，主动为双方保留一定的利益，和谐融洽。

主持人应让双方满意。有经验的主持人都清楚，最理想的洽谈结局，不应当是"你死我活""鱼死网破"，而应当是有关各方的利益和要求都得到一定程度的照顾，亦即达成妥协。在洽谈中，为对手留下余地，不搞"赶尽杀绝"，不但有助于保持与对手的正常关系，而且会使商界同人对自己刮目相看，所以主持人要言辞得体。

（二）另一种准备是硬件准备

在技术上为洽谈进行准备的时候，主持人应当争取做好以下两个方面的工作：

1. 知己知彼

孙子曰："知己知彼，百战不殆。"他的这句至理名言，对洽谈者准备洽谈也有一定的教益。在洽谈之前，如能对对手有所了解，并就此有所准备，则在洽谈之中，主持人就能够扬长避短、避实就虚，"以我之长，攻敌之短"，取得更好的成绩。

对洽谈双方的了解，应集中在如下方面：在洽谈双方中，谁是真正的决策者或负责人；洽谈双方的个人资讯、谈判风格和谈判经历；洽谈双方在政治、经济以及人际关系方面的背景情况；洽谈双方的谈判方案；洽谈双方的主要商务伙伴、对手以及他们彼此之间相互关系的演化；等等。

2. 熟悉程序

谈判桌不比战场，"从战争中学习战争"那一套，对于洽谈来讲是行不通的。虽说洽谈的经验需要积累，但是因为洽谈事关重大，所以它往往不允许人们视之为儿戏，不允许人们在"只知其一，不知其二"的情况下仓促上阵。

任何事情都有固定程序，从纯理论上来讲，洽谈的过程是由"七部曲"一环扣一环，一气呵成的。它们是指探询、准备、磋商、小结、再磋商、终结以及洽谈的重建等七个具体的步骤。在其中的每一个洽谈的具体步骤上，都有自己特殊的"起、承、转、合"，都有一系列台前与幕后的准备工作要做，并且需要当事人具体问题具体分析，"随机应变"，准备要充分，以免误事。

因此主持人在准备洽谈时，一定要多下苦功夫，多做案头的准备工作，尤其是要精心细致地研究洽谈的常规程序及其灵活的变化，以便在洽谈之中，能够胸有成竹、处变不惊，防止损害某一方利益。

（三）主持人应当学习洽谈策略

主持人在进行洽谈时，总的指导思想是平等互利，但是这并不排斥努力捍卫或争取己方的利益。事实上，任何一方在洽谈中的成功，不仅要凭借实力，更要依靠对洽谈策略的灵活运用，主持人就更要灵活。具体应掌握的是：

1. 要熟识策略

在商务洽谈中，对于诸如以弱为强、制造竞争、火上浇油、出奇制胜、利用时限、声东击西等策略，任何行家里手都不会不清楚，但是最为关键的"活学活用"，却并非每个人都能做到。而这一点，正是主持人自己必须做到的。主持人当然要心中有数。

2. 要知道谈判术语

比如，在洽谈时，应当何时报价，就是一个策略性极强的大问题。如果想要先入为主、赢得主动权，那么率先出价是可行的。要是不明就里，指望以逸待劳，后发制人，那么则不妨后于对手报价。仅仅就此而论，单纯地讲先报价好，还是后报价对，都没有什么意义，只有就事论事，才可以分出优劣。主持人应调控好双方。

3. 精通礼仪

洽谈的礼仪性准备，是要求洽谈者在安排或准备洽谈会时，应当注重自己的仪表，预备好洽谈的场所、布置好洽谈的座次，并且以此来显示我方对于洽谈的郑重其事以及对于洽谈对象的尊重。在准备洽谈时，礼仪性准备的收效虽然一时难以预料，但是它必不可少。与技术性准备相比，它是同等重要的，主持人要多多积累。

主持人在仪表上，务必要有严格的要求和统一的规定。男士一律应当理发、剃须、吹头发，不准蓬头乱发，不准留胡子或留大鬓角。女士应选择端庄、素雅的发型，并且化淡妆，但是不许做过于时尚或超前的发型，不许染彩色头发，不许化艳妆，或使用香气过于浓烈的化妆品，否则显得气氛不庄重。

主持人在仪表方面，最值得重视的是服装。完全可以这样讲：由于洽谈会关系大局，所以商界人士在这种场合，理应穿着传统、简约、高雅、规范的最正式的礼仪服装。可能的话，男士应穿深色三件套西装和白衬衫、打素色或条纹式领带、配深色袜子和黑色系带皮鞋。女士则须穿深色西装套裙和白衬衫，配肉色长筒或连裤式丝袜和黑色高跟或半高跟皮鞋，若是两人主持还要和另一名主持人相配。

有时，在谈判桌上，常常会遇到这样一些人：男的穿夹克衫、牛仔裤、短袖衬衫、T恤衫，配旅游鞋或凉鞋；女的则穿紧身装、透视装、低胸装、露背装、超短装、牛仔装、运动装或休闲装，并浑身上下戴满各式首饰，从耳垂一直"武装"到脚腕。这身打扮留给他人的印象是，不仅不尊重自己，而且不尊重别人，这样会对主持产生不良影响。

（四）主持洽谈会要因"会"制宜

根据商务洽谈举行地点的不同，可以将它分为客座洽谈、主座洽谈、客主座轮流洽谈以及第三地点洽谈。客座洽谈，即在洽谈对手所在地进行的洽谈。主座洽谈，即在我方所在地进行的洽谈。客主座轮流洽谈，即在洽谈双方所在地轮流进行的洽谈。第三地点洽谈，即在不属于洽谈双方任何一方的地点所进行的洽谈，主持人要分别准备。

以上四种洽谈会地点的确定，应通过各方协商而定。因此主持人要与谈判双方联络好，做到因地制宜。倘若我方担任东道主，出面安排洽谈，一定要在各方面打好礼仪这张"王牌"。人们常说："礼多人不怪"，其实在洽谈会中，又何尝不是如此呢？在洽谈会的台前幕后，恰如其分地运用礼仪，迎送、款待、照顾对手，都可以赢得信赖，获得理解与尊重。在这个意义上，完全可以说在洽谈会上主随客便，主应客求，与以"礼"服务实际上是一回事。

主持人还应熟悉座位安排，只有在某些小规模洽谈会或预备性洽谈会的进行过程中，座次问题才可以不必拘泥。在举行正式洽谈会时，不能不重视座位安排。因为它既是洽谈者对规范的尊重，也是洽谈者给对手的礼遇。举行双边洽谈时，应使用长桌或椭圆形桌子，宾主应分坐于桌子两侧。若桌子横放，则面对正门的一方为上，应属于客方；背对正门的一方为下，应属于主方。若桌子竖放，则应以进门的方向为准，右侧为上，属于客方；左侧为下，属于主方。在进行洽谈时，各方的主谈人员应在自己一方居中而坐。其余人员则应遵循右高左低的原则，依照职位的高低自近而远地分别在主谈人员的两侧就座。假如需要译员，则应安排其就座于仅次主谈人员的位置，即主谈人员之右。举行多边洽谈时，为了避免失礼，按照国际惯例，一般均以圆桌为洽谈桌来举行"圆桌会议"。这样一来，尊卑的界限就被淡化了。即便如此，在具体就座时，依旧讲究有关各方的与会人员尽量同时入场，同时就座。至少，主方人员不应在客方人员之前就座。主持人在两方的中间落座。

另外，主持人要知道，在洽谈的一般过程中，双方人员的态度、心理、方式、手法等，无不会对洽谈构成重大的影响。

二、对主持人在洽谈现场的要求

只要是正式会谈，主持人在参加洽谈会时，首先要更新意识，树立正确的指导思想，并且以此来指导自己的洽谈表现，这就是所谓洽谈的方针。谈判方针的核心，依旧是一如既往地要求洽谈者在庄严肃穆、剑拔弩张的洽谈会上，以礼待人，尊重别人，理解别人。这里，有六个方面需要注意：

（一）双方互相尊重

礼敬对手，就是要求洽谈者在洽谈会的整个进程中，要排除一切干扰，始终如一地对自己的洽谈对手讲究礼貌，时时、处处、事事表现出对对方不失真诚的敬意。在洽谈过程中，不管发生了什么情况，都始终坚持礼敬对手，无疑能给对方留下良好的印象，而且在今后的进一步商务交往中，还能发挥潜移默化的功效，即所谓"你敬我一尺，我敬你一丈"。调查结果表明，在洽谈会中，能够面带微笑、态度友好、语言文明礼貌、举止彬彬有礼的人，有助于消除对手的反感、漠视和抵触心理。在洽谈桌上，保持"绅士风度"或"淑女风范"，有助于赢得对手的尊重与好感。与此相反，举止粗鲁、态度刁蛮、表情冷漠、语言失礼，不知道尊重和体谅对手的态度，则会大大加强对方的防卫性或攻击性，无形之中伤害或得罪对方，为自己不自觉地增添阻力和障碍，所以主持人要维护好气氛。

（二）要熟悉相关法律条文

在商务洽谈中，利益是各方关注的核心。对任何一方来说，大家讲究的都是"趋利避害"。在不得已的情况下，则会"两利相权取其大，两害相权取其轻"。虽则如此，商界人士在洽谈会上，既要为利益而争，更需谨记依法办事。所谓在商务洽谈中应当依法办事，是要求商务人员自觉地树立法制思想，在洽谈的全部过程中，提倡法律至尊。洽谈者所进行的一切活动，都必须依照国家的法律办事，唯其如此，才能确保通过洽谈获得的既得利益。法盲作风、侥幸心理、铤而走险、目无法纪，都只能害人、害己，得不偿失。有一些人在实践中，喜欢在洽谈中附加人情世故。它如果是指注重处理与对手的人际关系，争取促进双方之间的理解与尊重，那么则是正确的。假若指的是要在洽谈中搞"人情公关"，即对对方吹吹打打，与对方称兄道弟，向对方施以小恩小惠，则是非常错误的。实际上，这是小农意识在作怪，而且无济于事。因为人情归人情，生意归生意，任何有经验的商界人士，都不会在洽谈会上让情感战胜理智。在洽谈中，过多地附加人情，甚至以此为重点，实在是误入歧途。说到底，犯了这种错误的人，是没有法制观念，而且不懂得应当怎样做生意。主持人要把握好自己，要冷静庄重。

（三）要明白双方的关系是平等的

洽谈是什么？洽谈就是有关各方在合理、合法的情况下，进行讨价还价。由此可见，洽谈实际上是观点各异的各方经过种种努力，从而达成某种程度上的共识或一致的过程。换言之，洽谈只会进行于观点各异的有关各方之间，所以假如离开了平等协商，成功的洽谈便难于设想。在洽谈中要坚持平等协商，重要的是要注意两个方面的问题：一方面，是要求洽谈各方在地位上平等一致、相互尊重，不允许仗势压人、以大欺小。如果在谈判的一开始有关各方在地位上便不平等，那么很难达成让各方心悦诚服的协议；另一方面，则是要求洽谈各方在洽谈中要通过协商，即相互商量，求得谅解，而不是通过强制、欺骗，来达成一致。在洽谈会上，要做到平等协商，就要以理服人。要进行洽谈，就要讲道理。要以理评理、设法找理、说理坚持一成不变。这样的话，就容易"自成一说"，说服对方。

（四）要明白双方可以存在差异

有一位闻名世界的谈判大师说："所谓洽谈，就是一连串不断的要求和一个又一个的妥协。"他的这句大白话，肯定会有助于商界人士深化对洽谈本质的理解。在任何一次正常的洽谈中，都没有绝对的胜利者和绝对的失败者。相反，有关各方通过洽谈，多多少少都会获得或维护自身的利益。也就是说，大家在某种程度上达成了妥协，彼此都"山重水复疑无路，柳暗花明又一村"。有经验的商务人员都清楚，有关各方既然同意坐下来进行洽谈，那么在洽谈桌上，就绝对不可以坚持"一口价"，一成不变，一意孤行。否则就是作茧自缚、自欺欺人。原因十分简单，在洽谈桌上，有关的一切议题，都是大可一谈的。在洽谈会上，妥协是通过有关各方的相互让步来实现的。所谓相互让步，意即有关各方均有所退让。但是这种相互让步，并不等于有关各方的对等让步。在实践中，真正的对等让步，总是难以做出的。在洽谈会上所达成的妥协，对当事的有关各方只要公平、合理、自愿，只要尽最大努力维护或争取了各自的利益，就是可以接受的。所以，主持人不要一味地"和稀泥"。

（五）要明白洽谈会的宗旨是互惠互利

上述之所以反复地强调：最理想的洽谈结局，是有关各方达成了大家都能够接受的妥协。说到底，就是要使有关各方通过洽谈，都能够互利互惠。在商务交往中，洽谈一直被视为一种合作或为合作而进行的准备。因此一场商务谈判最圆满的结局，应当是洽谈的所有参与方，都能各取所需，都取得一定的成功，获得更大的利益。也就是说，商务洽谈首先是讲究利益均沾、共同胜利的。如果把商务洽谈视之为"一次性买卖"，主张赢得越多越好，甚至要与对手拼个"你死我活"，争取以自己的大获全胜和对手的彻底失败，来作为洽谈会的最终结果，则必将危及己方与对方的进一步合作，并且使社会上对己方产生"心狠手辣""不能容人"的恶劣印象。因此，商务人员在参加洽谈会时，必须争取的结局应当是既利己又利人的。现代的商界社会，最讲究的是伙伴、对手之间同舟共济。既要讲竞争，更要讲合作。自己所获得的利益，不应当建立在有害对手或伙伴的基础上，而是应当彼此两利。对于这种商界的公德，商务人员在洽谈中务必应当遵守。主持人不能偏向任何一方。

（六）主持人的风格应趋于理智

在洽谈会上，洽谈者在处理己方与对手之间的相互关系时，必须做到人与事分离，各自分别而论。在洽谈中，要将对手的人与事分开，是要求商界人士与对方相处时，务必要切记朋友归朋友、洽谈归洽谈，对于二者之间的界限不能混淆。正确的认识，是应当在洽谈桌上，大家彼此对既定的目标都志在必得。因此，既不要指望对手之中的老朋友能够"不忘旧情"、良心发现，对自己"手下留情"，或是"里应外合"，也不要责怪对方"见利忘义""不够朋友"，对自己"太黑"。业已明言：商务洽谈并不是一场你死我活的人与人的战争，因此商务人员对它应当就事论事，不要让自己对洽谈对手主观上的好恶，来妨碍自己解决现实问题。商界人士在洽谈会上，应当理解洽谈对手的处境，不要对对方提出不切实际的要求，或是一厢情愿地渴望对方向自己施舍或回报感情。

同理，商界人士在洽谈会上，对"事"要严肃，对"人"要友好。对"事"不可以不争，对"人"不可以不敬。不然的话，商务人员要是在商务洽谈中"小不忍则乱大谋"，那可就怪不得旁人了。

在商界，有一句行话，叫作"君子求财不求气"。它再次告诫各位，意气用事，在商务交往中的任何场合，其中自然也包括洽谈会在内，都是弊大于利的。

商界同时还流行着另外一句名言，叫作"君子爱财，取之有道"。将其应用于洽谈之中，也是合情合理的。它告诉商界人士，要想在商务洽谈之中尽可能地维护己方的利益，减少己方的损失，就应当在洽谈的方针、策略、技巧上下功夫，从而名正言顺地在洽谈会上获得成功。要是心思用到了其他地方，甚至指望以见不得阳光的邪门歪道出奇制胜，不是痴心妄想，便是自欺欺人。

第四节　新闻发布会的主持

一、主持人要了解新闻发布会

新闻发布会，简称发布会，有时亦称记者招待会。它是一种主动传播各类有关的信息，谋求新闻界对某一社会组织或某一活动、事件进行客观而公正的报道的有效的沟通方式。对商界而言，举办新闻发布会，是自己联络、协调与新闻媒介之间的相互关系的一种最重要的手段。

新闻发布会的常规形式是：由某一商界单位或几个有关的商界单位出面，将有关的新闻界人士邀请到一起，在特定的时间里和特定的地点内举行一次会议，宣布某一消息，说明某一活动，或者解释某一事件，争取新闻界对此进行客观而公正的报道，并且尽可能地争取扩大信息的传播范围。按照惯例，当主办单位在新闻发布会上进行完主题发言之后，允许与会的新闻界人士在既定的时间里围绕发布会的主题进行提问，主办单位必须安排专人回答这类提问。简言之，新闻发布会就是以发布新闻为主要内容的会议。

新闻发布会主要有以下三方面的特点：

（一）正规隆重

一般情况下，新闻发布会形式正规，档次较高，需要对场地进行精心布置；邀请的对象为记者、媒体负责人、行业部门主管、各协作单位代表及政府官员。

（二）方式优越

新闻发布会的传播面广，涉及报刊、电视、广播、网站，且发布时间集中，能够迅速扩散到公众。

（三）沟通活跃

新闻发布会一般是双向互动。先发布新闻，后请记者提问，并对其进行回答。

二、主持人要积极参与准备发布会

主持新闻发布会就要符合相应的规范。对商界而言，发布会礼仪至少应当包括会议的筹备、媒体的邀请、现场的应酬、善后的事宜等四个主要方面的内容。

（一）会议的筹备

筹备新闻发布会，要做的准备工作甚多。其中最重要的，是要做好主题的确定、时空的选择、人员的安排、材料的准备等项具体工作。

1. 有一个恰切的主题

决定召开一次新闻发布会之后，即应首先确定其主题。新闻发布会的主题，指的是新闻发布会的中心议题。主题确定是否得当，往往直接关系到本单位的预期目标能否实现。一般而言，新闻发布会的主题大致上有三类：一类是发布某一消息，一类是说明某一活动，还有一类则是解释某一事件。具体而言，本组织开业、扩建、合并或者关闭，组织创立的周年纪念日，经营方针发生改变或推出新举措、新产品、新技术或者新服务面世，组织的首脑或高级管理人员发生变动，组织针对遭到社会的误解或者批评的解释，都可以是新闻发布会的主题。

2. 注意选择合适的时间地点

新闻发布会的时空选择，通常是指其时间与地点的选择。对这两个具体问题不加重视，即便主题再好，新闻发布会往往也难以奏效。

一般来说，一次新闻发布会所使用的全部时间，应当限制在两个小时以内。具体而言，在选定举行新闻发布会的时间时，还须谨记以下四个方面的细节问题：

一要避开节日与假日；

二要避开本地的重大社会活动；

三要避开其他单位的新闻发布会；

四要避免与新闻界的宣传报道重点撞车或相悖。

如果新闻发布会只讲紧迫性、时效性，而忽略上述问题，往往只会使自己劳而无功。

通常认为，举行新闻发布会的最佳时间，在周一至周四的上午十时至十二时，或是下午的三时至五时左右，在此时间内，绝大多数人都是尽力与会的。之所以将周五排除在外，主要是因为周末随之而至，此刻人心涣散，对新闻报道往往不予重视。

新闻发布会尽量不要选择在晚上。有些新闻发布会的主办方出于礼貌的考虑，会邀请记者在发布会后共进晚餐，但这并不可取，因为很多记者在参加新闻发布会后会立即写稿发表，不愿意在吃饭上耽误太多时间。所以，如果不是历时较长的邀请记者进行体验式的新闻发布会，一般不需要做会后晚餐的安排。

地点也同样重要。新闻发布会的举行地点，除可以考虑本单位本部门所在地、活动或事件所在地之外，还可优先考虑首都或其他影响巨大的中心性城市。必要时，还可在不同地点举行内容相似的新闻发布会。举行新闻发布会的现场，应交通方便、条件舒适、面积适中。本单位的会议厅、宾馆的多功能厅、当地最有影响的建筑物等，均可酌情选择，要让到会人员觉得舒适庄重。

3. 安排好各方面的人员

在准备新闻发布会时，主办者一方必须精心做好有关人员的安排。与其他会议不同的是，新闻发布会的主持人、发言人选择是否得当，往往直接关系到会议成败。因此，安排新闻发布会的人员，首先就是要选好主持人与发言人。

主持人要以发言人为主。主持人要明白，在一般情况下，新闻发布会的发言人是会议的主角，因此发言人通常应由本单位的主要负责人担任。除了在社会上口碑较好、与新闻界关系较为融洽之外，对他的基本要求还应当包括：修养良好、学识渊博、思维敏捷、记忆力强、善解人意、能言善辩、彬彬有礼等。

主持人除了和发言人配合外，还要和其他人员配合，因为除了要慎选主持人、发言人之外，还需精选一些本单位的员工负责会议现场的礼仪接待工作。依照惯例，他们最好是由品行良好、相貌端正、工作负责、善于交际的年轻女性担任。为了宾主两便，主办单位所有正式出席新闻发布会的人员，均须在会上正式佩戴事先统一制作的姓名胸卡。其内容包括姓名、单位、部门与职务。

4. 主持人要准备了解各方面的材料

在准备新闻发布会时，主办单位通常需要事先委托专人准备好如下四个方面的主要材料：

——要了解发言的主要内容。它是发言人在新闻发布会上进行正式发言时的发言提要。它既要紧扣主题，又必须全面真实、准确、生动。这一点主持人要与发言人交流。

——预测问题。为了使发言人在现场正式回答提问时表现自如，不慌不忙，事先可对有可能被提问的主要问题进行预测，并就此预备好合适的答案，以使发言人心中有数，必要时参考。如果准备得不充分，也需要对发言人的发言内容有所了解，便于应变。

——一定要有宣传的内容。为了方便新闻界人士在进行宣传报道时抓住重点、资讯翔实，主办单位可事先精心准备好一份以有关数据、图片、资料为主的宣传提纲，并且打印出来，在新闻发布会上提供给每一位外来的与会者。在宣传提纲上，通常应列出单位名称及联络电话、传真号码、单位网址等，以供新闻界人士核实之用。

——了解室内布置情况。假如条件允许，可在新闻发布会的举办现场预备一些可强化会议效果的形象化视听材料，如图表、照片、实物、模型、沙盘、录音、录像、影片、幻灯、光碟等，以供与会者利用。在会前或会后，有时亦可安排与会者进行一些必要的现场参观或展览。应当注意的是，切勿弄虚作假，切勿泄露商务秘密，所以主持人应慎重。

（二）媒体的邀请是重头戏

在新闻发布会上，主办单位的交往对象自然以新闻界人士为主。在事先考虑邀请新闻界人士时，必须有所选择、有所侧重，否则难以确保新闻发布会真正取得成功。一般而言，在这一问题上，有以下三个侧重点必须认真考虑，权衡利弊。

1. 是否邀请新闻界人士参加

一家务实的商界单位，并非天天要依靠炒卖新闻而自抬身价。举办新闻发布会，首先要看有无必要。即使存在一定的必要性，也要多加论证，要讲究发布会少而精，重要的相关媒体才考虑。

众所周知，商界向社会各界主动传播信息的方式并非只有举行新闻发布会一种。除此之外，发送新闻稿、邀请参观现场，也可以发挥相同的功效。假如采用后两种方式即可达到预期的效果，那么新闻发布会往往可以不举办。如果"新闻"不新，或是新闻界人士毫无兴趣，而硬是一厢情愿地坚持要开新闻发布会，弄得无人到场，可就洋相百出了。总之，不该邀请新闻界人士时，就不要自讨没趣。若是没有必要邀请新闻界人士，也就无所谓召开新闻发布会了，所以一般商家都会考虑这个问题。

2. 应当邀请哪些方面的新闻界人士参加

决定召开新闻发布会之后，邀请哪些方面的新闻界人士与会的问题就显得重要起来。实际上，这一问题又可分为两个方面：一方面，邀请新闻界人士先要了解其主要特点。目前，新闻媒体大体上分为电视、报纸、广播、杂志、互联网等五种。它们各有所长，各有所短。电视的优点是：受众广泛，真实感强，传播迅速；其缺点是：受时空限制，不容易保存。报纸的优点是：信息容量大，易储存查阅，覆盖面广大；其缺点是：感染力差，不够精美。广播的优点是：传播速度快，鼓动性强，受限制较少；其缺点是：稍纵即逝，选择性差。杂志的优点是：印刷精美，系统性强，形式多变；其缺点则是：出版周期较长，读者相对较少。互联网的优点是：受众面广、传播迅速、受限制较少；其缺点是：信息量过大，对虚假信息甄别困难。了解了上述各种新闻媒体的主要优缺点，并在对其邀请时加以考虑，才不至于走弯路，主持人也要根据媒体而调整主持方式。

3. 在邀请新闻界人士时必须有所侧重

在邀请新闻单位的具体数量上，新闻发布会自有讲究。基本的规则是，宣布某一消息时，尤其是为了扩大影响，提高本单位的知名度时，邀请新闻单位通常多多益善。而在说明某一活动、解释某一事件时，特别是当本单位处于守势时，邀请新闻单位的面则不宜过于宽泛。不论是邀请一家还是数家新闻单位参加新闻发布会，主办单位都要尽可能地优先邀请那些影响巨大、主持正义、报道公正、口碑良好的新闻单位派员到场。此外，还应根据新闻发布会的具体性质，确定是要邀请全国性新闻单位、地方性新闻单位、行业性新闻单位同时到场，还是只邀请其中的某一部分。如果邀请国外新闻单位到会，除了要看有无实际需要之外，还需遵守有关的外事纪律，并且事先报批。主持人要明白，哪方面是要配合强调的。

（三）主持人也是一个协调员

主持人应当在现场的应酬中协调好主办单位与新闻界人士的相互关系。

如前所述，新闻界人士是新闻发布会上的主宾。主办单位如欲取得新闻发布会的成功，就必须求得对方的配合，并与之协调好相互关系。具体来说，主持人在与新闻界人士打交道时，一定要注意以下五点：

1.要把新闻界人士当作自己真正的朋友对待，对对方既要尊重、友好，更要坦诚相待。

2.要对所有与会的新闻界人士一视同仁，不要有亲有疏、厚此薄彼。

3.要尽可能地向新闻界人士提供对方所需要的信息。要注重信息的准确性、真实性与时效性，不要弄虚作假，爆炒旧闻。

4. 要尊重新闻界人士的自我判断，不要指望拉拢收买对方，更不要打算去左右对方。

5. 主持人不仅在会上负责，会下的工作也要做。要与新闻界人士保持联络。如经常与对方互通信息，常来常往，争取建立双方的持久关系，为下一次新闻发布会的顺利召开奠定基础。

（四）善后事宜的妥善解决也是新闻发布会礼仪的重要方面

当然，新闻发布会举行完毕之后，主办单位会在一定的时间之内，对其进行一次认真的评估善后工作。这期间，主持人作为与会的重要人物，也要做出总结，一般而言，需要认真处理的事情，一共有如下三项：

1. 要了解新闻界的反应

新闻发布会结束之后，应对照一下现场所使用的来宾签到簿与来宾邀请名单，核查一下新闻界人士的到会情况。据此可大致推断出新闻界对本单位的重视程度。有两件事必做不可：一是要了解一下与会者对此次新闻发布会的意见或建议，尽快找出自己的缺陷与不足。二是要了解一下与会的新闻界人士之中有多少人为此次新闻发布会发了新闻稿。主持人通常也是工作人员，了解情况更重要。

2. 要整理保存会议资料

整理保存新闻发布会的有关资料，不仅有助于全面评估会议效果，而且还可为此后举行同一类型的会议提供借鉴。需要主办单位认真整理保存的新闻发布会的有关资料，大致上可以分为两类：一类是会议自身的图文声像资料。它包括在会议进行过程中所使用的一切文件、图表、录音、录像等。另一类则是新闻媒介有关会议报道的资料。它主要包括在电视、报纸、广播、杂志、互联网上所公开发表的涉及此次新闻发布会的消息、通讯、评论、图片等。具体可以分为有利报道、不利报道和中性报道三类。主持人掌握的情况越充分，主动性越强。

3. 要做好成功或失败的总结

总结了会议的举办经验，收集研究了新闻界对于会议的相关报道之后，对于失误、过错或误导，都要主动采取一些必要的对策。对在新闻发布会之后出的不利报道，特别要注意具体分析，具体对待。这类不利报道大致可分三类：一是事实准确的批评性报道；二是因误解而出现的失实性报道；三是有意歪曲事实的敌视性报道。对于批评性报道，主办单位应当闻过即改，虚心接受。对失实性报道，主办单位应通过适当途径加以解释、消除误解。对于敌视性报道，主办单位则应在讲究策略、方式的前提下据理力争、立场坚定、尽量为自己挽回声誉，主持人更要明晰自己的责任。

三、发布会对主持人的要求

按照常规，新闻发布会的主持人大都应当由主办单位的公关部部长、办公室主任或秘书长担任，他们都满足这些基本条件：仪表堂堂，年富力强，见多识广，反应灵活，语言流畅，幽默风趣，善于把握大局，长于引导提问，并且具有丰富的主持会议的经验。

在新闻发布会正式举行的过程中，往往会出现种种这样或那样、确定或不确定的问题。有时，甚至还会有难以预料的情况或变故出现。要应付这些难题，确保新闻发布会的顺利进行，除了要求主办单位的全体人员齐心协力、密切合作之外，最重要的是要求代表主办单位出面应付来宾的主持人、发言人，要善于沉着应变、把握全局。为此，特别要求主持人在新闻发布会举行之际，牢记下述几个要点：

（一）要注意外表的修饰

毫无疑问，在新闻发布会上，代表主办单位出场的主持人、发言人，是被新闻界人士视为主办单位形象的代表和代言人的。而在新闻发布会召开之后，他们则更有可能在不少新闻媒体上纷纷出镜亮相。在广大社会公众眼里，他们通常与主办单位的整体形象画上了等号，甚至决定了社会公众对主办单位的态度与评价。鉴于此，主持人、发言人对自己的外表，尤其是仪容、服饰、举止，一定要事先进行认真的修饰。

按惯例，主持人、发言人要进行必要的化妆，并且以化淡妆为宜。发型应当庄重而大方。男士宜穿深色西服套装、白色衬衫、黑袜黑鞋，并且打领带，女士则宜穿单色套裙、肉色丝袜、高跟皮鞋。服装必须干净、挺拔，一般不宜佩戴首饰。

主持人坐在主持台前，在面对新闻界人士时，主持人要注意做到举止自然而大方。要面含微笑、目光炯炯、表情松弛、坐姿端正。一定要克服某些有损个人形象的不良举止，例如，抓搔头皮、紧咬嘴唇、眼皮上翻、东张西望、不看听众、以手捧头、双脚乱抖、反复起立、交头接耳、表情呆滞、不苟言笑等。主持人要有风度。

（二）要注意相互的配合

不论是主持人还是发言人，在新闻发布会上都是一家人，因此二者之间的配合默契必不可少。要真正做好相互配合，一是要分工明确，二是要彼此支持，一唱一和，掌握好节奏。

主持人不是一言堂，也不是主角。在新闻发布会上，主持人与发言人分工有所不同，因此必须各尽其职，才有配合可言，不允许越俎代庖。主持人要做的主要是主持会议、引导提问，发言人要做的则主要是主旨发言、答复提问。有时，在重要的新闻发布会上，为慎重起见，主办单位往往会安排数名发言人同时出场。若发言人不止一人，事先必须进行好内部分工，各管一段，否则人多了，话反而没人说，或是抢着说。一般来讲，发言人的现场发言应分为两个部分，首先进行主旨发言，接下来才回答疑问。当数名发言人到场时，只需一人进行主旨发言即可。主持人一定要牢记，你是为发布新闻服务的。

主持人、发言人的彼此支持，精诚配合，在新闻发布会上通常是极其重要的。在新闻发布会进行期间，主持人与发言人必须保持一致的口径，不允许公开顶牛、相互拆台。当新闻界人士提出的某些问题过于尖锐或难以回答时，主持人要想方设法转移话题，不让发言人难堪。而当主持人邀请某位新闻记者提问之后，发言人一般要给予对方适当的回答。不然，不论对那位新闻记者还是对主持人来讲，都是非常失敬的，所以主持人一定要集中精力，头脑灵活。

（三）要注意讲话的分寸

在新闻发布会上，主持人、发言人的一言一语，都代表着主办单位。

因此，必须重视自己的讲话分寸。下述四点很重要。

1. 要简明扼要

不管是发言还是答问，都要条理清楚、重点集中，令人一听就懂，又难以忘怀。在新闻发布会上有意卖弄口才、口若悬河，往往并不讨好。

2. 要提供新闻

新闻发布会，自然就要有新闻发布。新闻界人士就是特意为此而来的，所以在不违法、不泄密的前提下，要善于满足对方在这方面的要求。至少，也要在讲话中善于表达自己的独到见解。

3. 要生动灵活

在讲话之际，讲话者的语言是否生动，话题是否灵活，往往直接影响到现场的气氛。冷场或者冲突爆发在即，讲话者生动而灵活的语言，往往可以使之化险为夷。因此适当地采用一些幽默风趣的语言、巧妙的典故，也是必不可少的。

4. 要温文尔雅

新闻记者大都见多识广，加之又是有备而来，所以他们在新闻发布会上经常会提出一些尖锐而棘手的问题。遇到这种情况时，发言人能答则答，不能答则应当巧妙地进行闪避，或是直接告之以无可奉告。无论如何，都不要对对方恶语相加，甚至粗暴地打断对方的提问；吞吞吐吐、张口结舌，也不会给人以好的印象。唯有语言谦恭敬人、高雅脱俗，才会不辱使命。

第五节　展览会的主持

一、主持人要了解展览会有关礼仪

展览会也需要主持人。对常人来说，在日常生活之中接触最多的商务性会议，大概非展览会莫属。而对商界单位来说，积极参与各种类型的展览会，则是其从事公共关系活动的一种常规手段。所谓展览会，对商界而言，主要是特指有关方面为了介绍本单位的业绩，展示本单位的成果，推销本单位的产品、技术或专利，以集中陈列实物、模型、文字、图表、影像资料等供人参观了解的形式，所组织的宣传性聚会。有时，人们也将其简称为展览、展示或展示会。展览会在商务交往中往往发挥着重大的作用。它不仅具有甚强的说服力、感染力，可以以现身说法打动观众，使主办单位广交朋友，而且还可以借助于个体传播、群体传播、大众传播等各种传播形式，使有关主办单位的信息广为传播，提高其名气与声誉。正因为如此，几乎所有的商界单位都对展览会倍加重视，踊跃参加。展览会礼仪，通常是指商界单位在组织、参加展览会时，所应当遵循的规范与惯例。在一般情况下，展览会主要涉及展览会的分类、展览会的组织与展览会的参加三个方面的大问题。以下分别对其介绍：

（一）展览会的分类

严格地讲，展览会是一个覆盖面甚广的基本概念。细而言之，它其实又分为许多不尽相同的具体类型。要开好一次展览会，自然首先必须确定其具体类型，然后再进行相应的定位。否则，很可能会出现不少漏洞。站在不同的角度上来看待展览会，往往可以对其进行不同标准的划分。按照商界目前所通行的会务礼仪规范，划分展览会不同类型的主要标准，下列六点都需要注意。

1. 展览会的目的

这是划分展览会类型的最基本标准。依照这一标准，展览会可分为宣传型展览会和销售型展览会两种类型。顾名思义，宣传型展览会显然意在向外界宣传、介绍参展单位的成就、实力、历史与理念，所以它又叫作陈列会。而销售型展览会则主要是为了通过展示参展单位的产品、技术和专利来招徕顾客，促进其生产与销售。通常，人们又将销售型展览会直截了当地称为展销会或交易会，主持人在不同的展览会上应有不同的表现。

2. 展览品的种类

在一次展览会上，展览品具体种类的多少，往往会直接导致展览会的性质有所不同。根据展览品具体种类的不同，可以将展览会区分为单一型展览会与综合型展览会。单一型展览会，往往只展示某一大门类的产品、技术或专利，只不过其具体的品牌、型号、功能有所不同。因此，人们经常会以其具体展示的某一门类的产品、技术或专利的名称，来对单一型展览会进行直接冠名，如"化妆品展览会""汽车展览会"等。在一般情况下，单一型展览会的参展单位大都是同一行业的竞争对手，因此这种类型的展览会不仅会使竞争更为激烈，而且对所有参展单位而言不啻为一场公平的市场考试。综合型展览会，亦称混合型展览会。它是一种包罗万象的，同时展示多种门类的产品、技术或专利的大型展览会。与前者相比，后者所侧重的主要是参展单位的综合实力。主持人应根据规模，调整自己的语言。

3. 展览会的规模

根据具体规模的大小，展览会又有大型展览会、小型展览会与微型展览会之分。大型展览会，通常由社会上的专门机构出面承办，其参展的单位多、项目广，因而规模较大。举办此类展览会，要求一定的操作技巧。因其档次高、影响大，参展单位必须经过申报、审核、批准等一系列程序。有时，还需支付一定的费用。小型展览会，一股都由某一单位自行举办，其规模相对较小。在小型展览会上，展示的主要是代表主办单位最新成就的各种产品、技术和专利。微型展览会，则是小型展览会的进一步微缩。它提取了小型展览会的精华之处，一般不在社会上进行商业性展示，而只是将其安排陈列于本单位的展览室或荣誉室之内，主要用以教育本单位的员工和供来宾参观之用。

4. 展览会的人员范围

根据参展单位所在的地理区域的不同，可将展览会划分为国际性展览会、洲际性展览会、全国性展览会、全省性展览会和地方性展览会。规模较大的国际性展览会、洲际性展览会和全国性展览会，往往被人们称为博览会。应当明言的是，组织展览会不一定非要贪大求全不可，特别忌讳虚张声势、名不副实，动辄以"世界""全球""全国"名之。若是根据参展单位所属行业的不同，则展览会亦可分为行业性展览会和跨行业展览会，根据这点，主持人才更有针对性。

5. 展览会的场地

举办展览会，免不了要占用一定面积的场地。若以所占场地的不同而论，展览会有着室内展览会与露天展览会之别。前者大都被安排在专门的展览馆、宾馆或本单位的展览厅、展览室之内。它大都设计讲究、布置精美、陈列有序、安全防盗、不易受损，并且可以不受时间与天气的制约，显得隆重而有档次。但是，其所需费用往往偏高。在展示价值高昂、制作精美、忌晒忌雨、易于失盗的展品时，室内展览会自然是其首选。后者则安排在室外露天之处。它可以提供较大的场地、花费较小，而且不必为设计、布置费力过多。展示大型展品或需要以自然界为其背景的展品时，此种选择最佳。通常，展示花卉、农产品、工程机械、大型设备时，大都这么做。不过，它受天气等自然条件影响较大，并且极易使展品丢失或受损。一旦场合考虑不周，主持人就很容易失措。

6. 展览会的时间

举办展览会所用的具体时间的长短，称为展期。根据展期的不同，可以把展览会分作长期展览会、定期展览会和临时展览会。长期展览会，大都常年举行，其展览场所固定，展品变动不大。定期展览会，展期一般固定为每隔一段时间之后，在某一个特定的时间之内举行。例如，每三年举行一次，或者每年春季举行一次，等等。其展览主题大都既定不变，但允许变动展览场所或展品内容。一般来看，定期展览会往往呈现出连续性、系列性的特征。临时展览会，则可根据需要与可能随时举办。它所选择的展览场所、展品内容乃至展览主题，往往不尽相同，但其展期大都不长。了解时间的长短，可以使主持人掌握现场的节奏。

（二）展览会的组织

一般的展览会，既可以由参展单位自行组织，也可以由社会上的专门机构出面张罗。不论组织者由谁来担任，都必须认真做好具体的工作，力求使展览会取得完美的效果。根据惯例，展览会的组织者需要重点进行的具体工作，包括参展单位的确定、展览内容的宣传、展示位置的分配、安全保卫的事项、辅助服务的项目，等等。

1. 参展单位的确定

一旦决定举办展览会，由什么单位来参加的问题，通常都是非常重要的。在具体考虑参展单位的时候，必须注意两相情愿，不得勉强。按照商务礼仪的要求，主办单位应事先以适当的方式，对拟参展的单位发出正式的邀请或召集。邀请或召集参展单位的主要方式为：刊登广告、寄发邀请函、召开新闻发布会等。不管是采用其中哪一种方式，均需同时将展览会的宗旨、展出的主要项目、参展单位的范围与条件、举办展览会的时间与地点、报名参展的具体时间与地点、咨询有关问题的联络方法、主办单位拟提供的辅助服务项目、参展单位所应负担的基本费用，等等，一并如实地告之参展单位，以便对方据此加以定夺。

对报名参展的单位，主办单位应根据展览会的主题与具体条件进行必要的审核。切勿良莠不分，来之不拒。当参展单位的正式名单确定之后，主办单位应及时地以专函进行通知，令被批准的参展单位尽早有所准备。主持人还要清楚展览会展台的位置。

2. 展览内容的宣传

为了引起社会各界对展览会的重视，并且尽量地扩大其影响，主办单位有必要对其进行大力宣传。宣传的重点应当是展览的内容，即展览会上的展示陈列之物。因为只有它，才能真正地吸引各界人士的注意和兴趣。对展览会，尤其是对展览内容所进行的宣传，主要可以采用下述几种方式：其一，是举办新闻发布会；其二，是邀请新闻界人士到场进行参观采访；其三，是发表有关展览会的新闻稿；其四，是公开刊发广告；其五，是张贴有关展览会的宣传画；其六，是在展览会现场散发宣传性材料和纪念品；其七，是在举办地悬挂彩旗、彩带或横幅；其八，是利用升空的彩色气球和飞艇进行宣传。以上八种方式，可以只择其一，亦可多种同时并用。在具体选择时，一定要量力行事，并且要严守法纪，注意安全。为了搞好宣传工作，在举办大型展览会时，主办单位应专门成立对外宣传的组织机构。其正式名称，可以叫新闻组，也可以叫宣传办公室。主持人应协调好和他们的关系。

3. 展示位置的分配

对展览会的组织者来讲，展览现场的规划与布置，通常是其重要职责之一。布置展览现场基本的要求是：展示陈列的各种展品要围绕既定的主题，进行互为衬托的合理组合与搭配。要在整体上显得井然有序、浑然一体。可以说，所有参展单位都希望自己能够在展览会上拥有理想的位置。展品在展览会上进行展示陈列的具体位置，称为展位。大凡理想的展位，除了收费合理之外，应当面积适当，客流较多，处于展览会上的较为醒目之处，设施齐备，采光、水电的供给良好。在一般情况下，展览会的组织者要想尽一切办法充分满足参展单位关于展位的合理要求。假如参展单位较多，对较为理想的展位竞争较为激烈的话，则展览会的组织者可依照展览会的惯例，采用下列方法之一对展位进行合理的分配。

——对展位进行竞拍。由组织者根据展位的不同，制定不同的收费标准，然后组织一场拍卖会，由参展者在会上自由进行角逐，出价高者拥有自己中意的展位。

——对展位进行投标。即由参展单位依照组织者所公告的招标标准和具体条件自行报价，并据此填写投标单，而由组织者按照"就高不就低"的常规，将展位分配给报价高者，明晓后果。

——对展位进行抽签。即将展位编号，将号码写在纸签之上，而后由参展单位的代表在公证人员的监督之下，每人各取一个，以此来确定其各自的具体展位。

——按"先来后到"分配，即以参展单位正式报名的先后为序，谁先报名，谁便有权优先选择自己看中的展位。

不管采用上述何种方法，组织者均须事先将其广而告之，以便参展单位早做准备，尽量选到称心如意的展位。

4. 安全保卫的事项

无论展览会举办场地的社会治安环境如何，组织者对有关的安全保卫事项均应认真对待，免得由于事前考虑不周而麻烦丛生，或是"大意失荆州"。在举办展览会前，必须依法履行常规的报批手续。此外，组织者还须主动将展览会的举办详情向当地公安部门进行通报，求得其理解、支持与配合。举办规模较大的展览会时，最好从合法的保安公司聘请一定数量的保安人员，将展览会的保安工作全权交予对方负责。为了预防天灾人祸等不测事件的发生，应向声誉良好的保险公司进行数额合理的投保，以便利用社会的力量为自己分忧。在展览会入口处或展览会的入场券上，应将参观的具体注意事项正式成文列出，使观众心中有数，以减少纠葛。展览会组织单位的全体工作人员，均应自觉树立良好的防损、防盗、防火、防水等安全意识，为展览会的平安竭尽全力。按照常规，有关安全保卫的事项，必要时最好由有关各方正式签订合约或协议，并且经过公证。这样一来，万一出了事情，大家就好"亲兄弟，明算账"了。

5. 其他各方面的配合

主办单位作为展览会的组织者，有义务为参展单位提供一切必要的辅助性服务项目。否则，不但会影响自己的声誉，而且还会授人以柄。由展览会的组织者为参展单位提供的各项辅助性服务项目，最好有言在先，并且对有关费用的支付进行详尽的说明。具体而言，为参展单位所提供的辅助性服务项目，通常要包括下述各项：其一，是展品的运输与安装；其二，是车、船、机票的订购；其三，是与海关、商检、防疫部门的协调；其四，是跨国参展时有关证件、证明的办理；其五，是电话、传真、电脑、复印机等现代化的通讯联络设备的准备；其六，是举行洽谈会、发布会等商务会议或休息之时所使用的适当场所；其七，是餐饮以及有关展览时使用的零配件的提供；其八，是供参展单位选用礼仪、讲解、推销人员等。这些事项，看似轻松，实不简单。

二、展览会中对各个摊位的主持人的要求

参展单位在正式参加展览会时，必须要求自己派出的全部人员齐心协力、同心同德，为大获全胜而努力奋斗。在整体形象、待人礼貌、解说技巧等主要方面，参展单位尤其要予以特别的重视。

（一）要努力维护整体形象

在参与展览时，参展单位的整体形象直接映入观众的眼里，因而对

自己参展的成败影响极大。参展单位的整体形象，主要由展示之物的形象与主持人的形象两个部分构成。对于二者要给予同等的重视，不可偏废其一。展示之物的形象，主要由展品的外观、展品的质量、展品的陈列、展位的布置、发放的资料等构成。用以进行展览的展品，外观上要力求完美无缺，质量上要优中选优，陈列上要既整齐美观又讲究主次，布置上要兼顾主题的突出与观众的注意力。而在展览会上向观众直接散发的有关资料，则要印刷精美、图文并茂、资讯丰富，并且注有参展单位的主要联络方式，如公关部门与销售部门的电话、电报、电传以及电子邮箱的号码等。

主持人的形象，则主要是指在展览会上直接代表参展单位露面的主持人员的穿着打扮。在一般情况下，要求在展位上工作的人员应当统一着装。最佳的选择是身穿本单位的制服，或者是穿深色的西装、套裙。在大型的展览会上，参展单位若安排专人迎送宾客，最好请男士身穿西装，女士则着色彩鲜艳的单色旗袍，并胸披写有参展单位或其主打展品名称的大红色绶带。为了说明各自的身份，全体工作人员皆应在左胸佩戴标明本人单位、职务、姓名的胸卡，唯有礼仪小姐可以例外。按照惯例，主持人不应佩戴首饰，男士应当剃须，女士最好化淡妆。

（二）要时时注意以礼待人

不管是宣传型展览会还是销售型展览会，参展单位的主持人都必须真正地意识到观众是自己的上帝，为其热情而竭诚地服务则是自己的天职。为此，全体工作人员都要将礼貌待人放在心坎上，并且落实在行动上。

展览一旦正式开始，全体参展单位的工作人员即应各就各位，站立迎宾。不允许迟到、早退、无故脱岗、东游西逛，更不允许在观众到来之时坐卧不起，怠慢对方。

当观众走近自己的展位时，不管对方是否向自己打了招呼，主持人都要面含微笑，主动向对方说："您好！欢迎光临！"随后，还应面向对方，稍许欠身，伸出右手，掌心向上，指尖直指展台，并告知对方："请您参观。"

当观众在本单位的展位上参观时，主持人可随行其后，以备对方向自己进行咨询；也可以请其自便，不加干扰。假如观众较多，尤其是在接待组团而来的观众时，主持人亦可在左前方引导对方参观。

对观众所提出的问题，主持人要认真做出回答，不允许置之不理，或以不礼貌的言行对待对方。当观众离去时，主持人应当真诚地向对方欠身施礼，并道以"谢谢光临"，或是"再见"。

在任何情况下，主持人均不得对观众恶语相加，或讥讽嘲弄。对于极个别不守展览会规则而乱摸乱动、乱拿展品的观众，仍须以礼相劝，必要时可请保安人员协助。但不能对对方擅自动粗，进行打骂、扣留或者非法搜身。

（三）要灵活运用解说技巧

解说技巧，此处主要是指参展单位的主持人在向观众介绍或说明展品时，所应当掌握的基本方法和技能。具体而论，在宣传性展览会与销售性展览会上，其解说技巧既有共性可循，又有各自的不同之处。其共性在于：要善于因人而异，使解说具有针对性。与此同时，要突出自己展品的特色。在实事求是的前提下，要注意扬长避短，强调"人无我有"之处。在必要时，还可邀请观众亲自动手操作，或由主持人为其进行现场示范。

此外，还可安排观众观看与展品相关的视频，并向其提供说明材料与单位名片。通常，说明材料与单位名片应常备于展台之上，由观众自取。其不同之处是：在宣传型展览会上，解说的重点应当放在推广参展单位的形象之上。要善于使解说围绕着参展单位与公众的双向沟通而进行，时时刻刻都应大力宣传本单位的成就和理念，以便使公众对参展单位给予认可。而在销售型展览会上，解说的重点则必须放在主要展品的介绍与推销之上。

按照国外的常规说法，解说时一定要注意"FABE"并重。其中，"F"指展品特征，"A"指展品优点，"B"指客户利益，"E"则指可资证明的证据。要求主持人在销售性展览会上向观众进行解说之时，注意"FABE"并重，就是要求其解说应当以客户利益为重。要在提供有利证据的前提之下，着重强调自己所介绍、推销的展品的主要特征与主要优点，以争取让客户觉得言之有理，乐于接受。不过，争抢、尾随观众兜售展品，弄虚作假，或是强行向观众推介展品，则不可取。主持人要掌握分寸。

第六节　赞助会的主持

一、主持人要预先了解赞助会的内容

在一般情况下，人们往往将赞助活动简称为赞助。所谓赞助，通常是指某一单位或某一个人拿出自己的钱财、物品，来对其他单位或个人进行帮助和支持。在现代社会中，赞助乃是社会慈善事业的重要组成部分之一。它不仅可以扶危济贫，向社会奉献自己的爱心，体现出自己对社会的高度责任感，以自己的实际行动报效社会、报效人民，而且也有助于获得社会对自己的好感，提高自己在社会上的知名度、美誉度，为自己塑造良好的公众形象。对商界而言，积极地、力所能及地参与赞助活动，本身就是进行商务活动的一种常规形式，而且也是协调本单位与政府、社会各界的公共关系的一种重要的手段。所以，赞助一向颇受商界的重视。为了扩大影响，商界在公开进行赞助活动时，往往会专门为此而举行一次一定规模的正式会议。这种以赞助为主题的会议，即为赞助会。其主要内容包括赞助的类型、赞助的步骤、项目的审核、会务的安排、活动的评估等。

（一）需要掌握赞助的类型

赞助的类型，指的是赞助的具体形式。赞助的类型选择得当与否，大都对赞助的效果产生直接影响。因此要根据赞助类型的不同，寻找不同的主持人。

主持人的风格要和类型统一，根据不同的标准，赞助的类型可有各种不同的划分。其中最为常见的划分方式，有如下两种：

一类是依据赞助的项目所划分的赞助类型。赞助的项目，在此具体所指的主要是受赞助的对象。据此划分赞助的类型，往往可以对赞助单位的动机、品位进行直观而形象的了解。

在目前情况下，通常商界所积极赞助的项目，大致上有以下十类：

1. 赞助公益事业。它是指对社会的公共设施、公共活动进行赞助，直接造福于社会、造福于人民，并可赢得公众与舆论的欣赏。

2.赞助慈善事业。它是指对社会慈善福利组织或慈善福利活动的赞助。既可以向社会表明本单位勇于承担自己的社会义务、社会责任，又有助于获得政府与社会的好感。

3.赞助教育事业。它是指对教育界的赞助。可以给教育界有力的支持，并且为本单位日后的进一步发展培养必不可少的后备人才。

4.赞助科研活动。它是指对科学研究与学术活动的赞助。此举不仅表明本单位对人才与科技进步的重视，而且还可以使自己得到专家、学者的肯定、支持或指导。

5.赞助专著出版。它是指对确有学术水平的学术专著的出版所给予的赞助。它主要可以表明本单位对知识的无比重视和对学术研究的大力支持。

6.赞助医疗卫生。它是指对医疗、保健、卫生、康复事业的赞助。它体现了本单位对社会的关怀，同时也是对社会的一种奉献。

7.赞助文化活动。它是指对文化事业的赞助。它有助于促进我国的社会主义精神文明建设，用高尚的精神去鼓舞人民、教育人民，提高其文化修养与精神境界。

8.赞助展览画廊。它是指对具有一定艺术品位的非营利性的展览、画廊的赞助。它体现了本单位的艺术品位以及对艺术界的支持和帮助。

9.赞助体育运动。它是指对各类体育比赛活动的赞助。体育比赛是当今的社会热点之一，对其进行赞助，往往可使本单位名利双收，一举两得。

10.赞助娱乐活动。它是指对群众性娱乐休闲活动的赞助。它表达了本单位对广大群众的关怀与诚意，可提高对方对本单位的认同感。

另一类则是依据赞助物所划分的赞助类型。赞助物，在此特指赞助单位或个人向受赞助者所提供的赞助物品。它往往取决于赞助单位或个人的实力与受赞助者的实际需求。通常，赞助物可以分为如下四类：

1.现金。即赞助单位以现金或支票的形式，向受赞助者所提供的赞助。它可使受赞助者根据自己的客观需要，对其进行受一定限制的支配。

2.实物。即赞助单位或个人以一种或数种具有实用性的物资的形式，向受赞助者所提供的赞助。它不仅可以及时地满足受赞助者的需要，而且不易为对方挪作他用。

3. 义卖。即赞助单位或个人将自己所拥有的某件物品进行拍卖，或是划定某段时间将本单位或个人的商品向社会出售，然后将全部所得，以现金的形式，再捐赠给受赞助者。此种赞助的赞助额难以确定，但其影响较大，并且易于赢得社会各界的支持。

4. 义工。即赞助单位或个人派出一定数量的员工，前往受赞助者所在单位或其他场所，进行义务劳动或有偿劳动，然后以劳务的形式或以劳务所得，向受赞助者提供赞助。它可以使有关方面有钱出钱、有力出力，更好地调动其积极性，并获得更为广泛的参与。

除了这些划分标准之外，还可以根据赞助单位或个人向受赞助者所提供的金额的多少，将赞助的类型分为全额赞助或部分赞助。或者根据赞助单位或个人的具体数量的多少，将赞助的类型分为单方赞助与多方赞助。

（二）参与赞助会的安排

在赞助活动正式实施之际，往往需要正式举行一次聚会，将有关的事宜公告于社会。这种以赞助为主题的赞助会，在赞助活动中，尤其是大型的赞助活动中，大都必不可少。有时，人们亦称为赞助仪式。它主要是为了向全社会公告赞助活动正式启动，是赞助活动中作用巨大的一项重要环节。根据商务礼仪的规范，赞助会通常应由受赞助者出面承办，而由赞助单位给予其适当的支持。

赞助会的举行地点，一般可选择受赞助者所在单位的会议厅。亦可由其出面，租用社会上的会议厅。用以举行赞助会的会议厅，除了其面积的大小必须与出席者的人数成正比之外，还需打扫干净，并且略加装饰。举行赞助会的会议厅之内，灯光应当亮度适宜。在主席台的正上方，或是面对会议厅正门的墙壁上，还需悬挂一条大红横幅。在其上面，应以金色或黑色的楷书书写着"某某单位赞助某某项目大会"，或者"某某赞助仪式"的字样。前一种写法，意在突出赞助单位；后一种写法，则主要是为了强调接受赞助的具体项目。

一般来讲，赞助会的会场不宜布置得美轮美奂，过度豪华张扬。否则，极有可能会让赞助单位产生不满，因为由此可能会产生受赞助单位不务正业、华而不实的感觉。

参加赞助会的人士，数量上不必过多，但要有充分的代表性。除了赞助单位、受赞助者双方的主要负责人及员工代表之外，赞助会应当重点邀请政府代表、社区代表、群众代表以及新闻界人士参加。在邀请新闻界人士时，特别要注意邀请那些在全国或当地具有较大影响力的电视、报纸、广播、网络等媒体人员与会。

所有参与赞助会的各界人士，在与会之时，皆须身着正装，修饰仪表，并且检点个人的举止动作。赞助会的整体风格是庄严而神圣的，任何与会者都不能与之唱反调，主持人应格外注意。

依照常规，一次赞助会的全部时间，不应当长于一个小时。因此赞助会的具体会议议程，必须既周密，又紧凑。

二、主持赞助会的一般程序

（一）宣布赞助会正式开始

赞助会的主持人，一般应由受赞助单位的负责人或公关人员担任。在宣布正式开会前，主持人应恭请全体与会者各就各位，保持肃静，并且邀请贵宾到主席台上就座。

（二）奏国歌

此前，全体与会者须全部起立。在奏国歌之后，还可奏本单位标志性歌曲。有时，奏国歌、奏本单位标志性歌曲，可改为唱国歌、唱本单位标志性歌曲。

（三）赞助单位正式实施赞助

其具体做法通常是赞助单位的代表首先出场，口头上宣布其赞助的具体方式或具体数额。随后，受赞助单位的代表上场，双方热情握手。接下来，由赞助单位的代表正式将标有一定金额的巨型支票或实物清单双手捧交给受赞助单位的代表。必要时，礼仪小姐应为双方提供帮助。若赞助的物资重量、体积不大时，亦可由双方在此刻当面交接。在此过程之中，全体与会者应热烈鼓掌。

（四）赞助单位代表发言

其发言内容，重在阐述赞助的目的与动机。与此同时，还可以对本单位的情况略作介绍。

（五）受赞助单位代表发言

此刻的发言者，一般应为受赞助单位的主要负责人或主要受赞助者。其发言的中心，应当集中在对赞助单位的感谢方面。

（六）来宾代表发言

根据惯例，可邀请政府有关部门的负责人讲话。其内容主要是肯定赞助单位的义举，同时亦可呼吁全社会积极倡导这种互助友爱的美德。该项议程，有时亦可略去。至此，赞助会即可宣告结束。

主持人还要在赞助会正式结束后，与赞助单位、受赞助单位双方的主要代表以及会议的主要来宾，一起合影留念。此后，宾主双方可稍事晤谈，然后来宾即应一一告辞。在一般情况下，在赞助会结束后，东道主大都不为来宾安排膳食。如确有必要，则至多略备便餐，而绝不宜设宴待客。在极个别的情况下，赞助会亦可由赞助单位操办。由赞助单位所操办的赞助会，其会务工作与以上所述基本相仿。

第七节　茶话会的主持

一、主持人要了解茶话会礼仪

茶话会与洽谈会、发布会、赞助会、展览会等其他类型的商务性会议相比，恐怕是社交色彩最为浓重，而商务色彩最为淡薄的一种类型。所以，有人将其称为"商界务虚会"。

所谓茶话会，在商界主要是指意在联络老朋友、结交新朋友的具有对外联络和进行招待性质的社交性集会。因其以参加者不拘形式地自由发言为主，并且因之备有茶点，故此称为茶话会。有的时候，也有人将其简称为茶会。从表面上来看，茶话会主要是以茶待客、以茶会友，但是实际上，它的重点往往不在"茶"，而在"话"，即意在借此机会与社会各界沟通信息、交流观点、听取批评、增进联络，为本单位实现"内求团结、外求发展"这一公关目标，创造良好的内外环境。从这个意义上来讲，茶话会在所有的商务性会议中并不是无足轻重的。茶话会礼仪，在商务礼仪之中特指有关商界单位召开茶话会时所应遵守的礼仪规范。其具体内容主要涉及会议的主题、来宾的确定、时空的选择、座次的安排、茶点的准备、现场的发言等几个方面。这些情况主持人都要明白。

（一）关于会议的主题

茶话会的主题，特指茶话会的中心议题。在一般情况下，商界所召开的茶话会，其主题大致可分为如下三类：

1. 以联谊为主题

以联谊为主题的茶话会，是平日所见最多的茶话会。它的主题，是为了联络主办单位同应邀与会的社会各界人士的感情，增进友谊。在这类茶话会上，宾主通过叙旧与答谢，往往可以增进相互之间的进一步了解，密切彼此之间的关系。除此之外，它还为与会的社会各界人士提供了一个扩大社交圈的良好契机。

2. 以娱乐为主题

以娱乐为主题的茶话会，主要是指在茶话会上安排了一些文娱节目或活动，并且以此作为茶话会的主要内容。这一主题的茶话会，主要是为了活跃现场的局面，增加热烈而喜庆的气氛，调动与会者人人参与的积极性。与联欢会所不同的是，以娱乐为主题的茶话会所安排的文娱节目或文娱活动，往往不需要事前进行专门的安排与排练，而是以现场的自由参加与即兴表演为主。它不必刻意追求表演水平的一鸣惊人，而是强调重在参与、尽兴而已。

3. 以专题为主题

所谓以专题为主题的茶话会，是指在某一特定的时刻，或为了某些专门的问题而召开的茶话会。它的主要内容，是主办单位就某一专门问题搜集反映，听取某些专业人士的见解，或者是同某些与本单位存在特定关系的人士进行对话。召开此类茶话会时，尽管主题既定，仍须倡导与会者畅所欲言，并且不留情面。为了使会议进行得轻松而活跃，有些时候，茶话会的专题允许宽泛一些，并且许可与会者的发言稍许有所离题。主持人要注意引导和调节气氛。

（二）关于来宾的确定

茶话会的与会者，除主办单位的会务人员之外，都为来宾。邀请哪些方面的人士参加茶话会，往往与其主题存在着直接的因果关系。因此，主办单位在筹办茶话会时，必须围绕其主题来邀请来宾，尤其是确定好主要的与会者。

在一般情况下，茶话会的主要与会者，大体上可分为下列五种情况：

1. 本单位的人士

具体来讲，以本单位人士为主要与会者的茶话会，主要是邀请本单位的各方面代表参加，意在沟通信息、通报情况、听取建议、嘉勉先进、总结工作。有时，这类茶话会亦可邀请本单位的全体员工或某一部门、某一阶层的人士参加。有时，它也叫作内部茶话会。主持人对他们相对熟悉一些，可以随便一点。

2. 本单位的顾问

以本单位的顾问为主要与会者的茶话会，意在表达对有助于本单位的各位专家、学者、教授的敬意。他们受聘为本单位的顾问，自然对本单位贡献良多。同时，特意邀请他们与会，既表示了对他们的尊敬与重视，也可以进一步地直接向其咨询，并听取其建议。主持人要对其保持敬意。

3. 社会上的贤达

所谓社会贤达，通常是指在社会上拥有一定的才能、德行与声望的各界人士。作为知名人士，他们不仅在社会上具有一定的影响力、号召力和社会威望，而且还往往是某一方面的代言人。以社会上的贤达为主要与会者的茶话会，可使本单位与社会贤达直接进行交流，加深对方对本单位的了解与好感，并且可以倾听社会各界对本单位的直言不讳的意见或反映。

4. 合作中的伙伴

合作中的伙伴，在此特指在商务往来中与本单位存在着一定联系的单位或个人。除了自己的协作者之外，还应包括与本单位存在着供、产、销等其他关系者。以合作中的伙伴为主要与会者的茶话会，重在向与会者表达谢意，加深彼此之间的理解与信任。这种茶话会，有时亦称联谊会。

5. 各方面的人士

有些茶话会，往往会邀请各行各业各个方面的人士参加。这种茶话会，通常叫作综合茶话会。以各方面的人士为主要与会者的茶话会，除了可向主办单位传递必要的信息之外，主要是为与会者创造出一个扩大个人交际面的社交机会。茶话会的与会者名单一经确定，应立即以请柬的形式向对方提出正式邀请。按惯例，茶话会的请柬应在半个月之前送达或寄达被邀请者之手，但对方对此可以不必答复。主持人基本上要明白与会者的情况。

（三）关于时间和场地的选择

一次茶话会要取得成功，其时间、空间的具体选择，都是主办单位必须认真对待的事情。关于举行茶话会的时间，进而言之又可以分成两三个具体的、相互影响的小问题，即举行的时机、举行的时间、时间的长度。

1. 茶话会举行的时机

在举行茶话会的时间问题上，它是头等重要的。唯有时机选择得当，茶话会才会产生应有的效益。通常认为，辞旧迎新之时、周年庆典之际、重大决策前后、遭遇危难挫折之时等，都是商界单位酌情召开茶话会的良机。

2. 茶话会举行的时间

举行的时间，在此是指茶话会具体应于何时举行。根据国际惯例，举行茶话会的最佳时间为下午四点钟左右。有些时候，亦可将其安排在上午十点钟左右。需要说明的是，在具体操作时，不必墨守成规，而主要应以与会者尤其是主要与会者的方便与否以及当地人的生活习惯为准。

3. 茶话会时间的长度

即一次茶话会到底举行多久的问题。可由主持人在会上随机应变，灵活掌握。也就是说，茶话会往往是可长可短的，关键是要看现场有多少人发言，发言是否踊跃。不过在一般情况下，一次成功的茶话会，大都讲究适可而止。若是将其限定在一个小时至两个小时之内，它的效果往往会更好一些。

举行茶话会的场地问题，指的是茶话会举办地点、场所的选择。按照惯例，适宜举行茶话会的大致场地主要有：主办单位的会议厅、宾馆的多功能厅、主办单位负责人的私家客厅、主办单位负责人的私家庭院或露天花园、包场高档的营业性茶楼或茶室等。而餐厅、歌厅、酒吧等处，均不宜用来举办茶话会。在选择举办茶话会的具体场地时，还需同时兼顾与会人数、支出费用、周边环境、交通安全、服务质量、档次名声等诸问题。这些问题主持人提前都要了解。

（四）关于座次的安排

同其他正式的工作会、报告会、纪念会、庆祝会、表彰会、代表会相比，茶话会的座次安排具有自身的鲜明特点。从总体上来讲，在安排茶话会与会者的具体座次时，必须使之与茶话会的主题相适应，而不应令二者相互抵触。

具体而言，根据约定俗成的惯例，目前在安排茶话会与会者的具体座次时，主要采取以下四种办法：

1. 环绕式

所谓环绕式排位，指的是不设立主席台，而将座椅、沙发、茶几摆放在会场的四周，不明确座次的具体尊卑，而听任与会者在入场之后自由就座。这种安排座次的方式，与茶话会的主题最相符，因而在当前流行面最广。

2. 散座式

所谓散座式排位，多见于举行于室外的茶话会。它的座椅、沙发、茶几的摆放，可以散乱无序，四处自由地组合，甚至可由与会者根据个人要求而自行调节，随意安排。其目的，就是要创造出一种宽松、舒适、惬意的社交环境。这样，话题才能展开。

3. 圆桌式

圆桌式排位，指的是在会场上摆放圆桌，而请与会者在其周围自由就座的一种安排座次的方式。在茶话会中，圆桌式排位通常又分为两种具体的方式：一是仅在会场中央安放一张大型的椭圆形会议桌，而请全体与会者在其周围就座。二是在会场上安放数张圆桌，而请与会者自由组合，各自在其周围就座。当与会者人数较少时，可采用前者；而当与会者人数较多时，则应采用后者更方便。

4. 主席式

在茶话会上，主席式排位并不意味着要在会场上摆放出一目了然的主席台，而是指在会场上，主持人、主人、来宾应被有意识地安排在一起就座，并且按照常规，主持人居为上座之处。例如，中央、前排、会标之下或是面对正门之处，主持人注意要有亲和力。

就总体而言，为了使与会者畅所欲言，并且便于大家进行交际，茶话会上的座次安排尊卑不宜过于明显。不排座次，允许自由活动，不摆与会者的名签，乃是其常规做法。

（五）关于茶点的准备

茶话会，顾名思义，自然有别于正式的宴会，因此，它不安排主食，不安排品酒，而只是向与会者提供一些茶点。不论是主办单位还是与会者，大家都应当明确，茶话会是重"说"不重"吃"的，所以没有必要在吃的方面去过多地下功夫。设想一下，若是在茶话会上有美酒佳肴，大家一味地沉浸于口腹之乐，哪里还有闲情逸致去发表高见呢？

商务礼仪规定，在茶话会上，为与会者所提供的茶点，应当被定位为配角。虽说如此，在具体进行准备时，亦需注意如下讲究：

对用以待客的茶叶与茶具，务必要进行精心准备。选择茶叶时，在力所能及的情况下，应尽力挑选上等品，切勿滥竽充数。与此同时要注意照顾与会者的不同口味。对中国人来说，绿茶老少咸宜。而对欧美人而言，红茶则更受欢迎。在选择茶具时，最好选用陶瓷器皿，并且讲究茶杯、茶碗、茶壶成套，尽量不要采用玻璃杯、塑料杯、搪瓷杯、不锈钢杯或纸杯，也不要用热水瓶代替茶壶。所有的茶具一定要清洗干净，并且完整无损，没有污垢。

目前，很多茶话会为了方便起见，也用矿泉水代替茶水。除主要供应茶水之外，还可以为与会者略备一些点心、水果或是地方风味小吃。需要注意的是，在茶话会上向与会者所供应的点心、水果或地方风味小吃，品种要对路、数量要充足，并且要便于取食。为此，最好同时将餐巾纸和湿纸巾一并上桌。

按惯例，在茶话会举行之后，主办单位通常不再为与会者备餐。主持人应在适当时间结束会议，以免尴尬。

（六）关于现场的发言

与会者的现场发言，在茶话会上举足轻重。假如在一次茶话会上没有人踊跃发言，或者是与会者的发言严重离题，都会导致茶话会的最终失败。根据会务礼仪的规范，茶话会的现场发言要想真正得到成功，重点在于主持人的引导得法和与会者的发言得体。

在茶话会上，主持人所起的作用往往不止于掌握、主持会议，更重要的是要求能够在现场上审时度势，因势利导地引导与会者发言，并且有力地控制会议的全局。在众人争相发言时，应由主持人决定孰先孰后。当无人发言时，应由主持人引出新的话题，求教于与会者；或者由其恳请某位人士发言。当与会者之间发生争执时，应由主持人出面劝阻。在每位与会者发言之前，可由主持人对其略作介绍。在其发言的前后，应由主持人带头鼓掌致意。万一有人发言严重跑题或言辞不当，则还应由主持人出头转换话题。

主持人要起示范作用。与会者在茶话会上发言时，表现必须得体。在要求发言时，可举手示意，但同时也要注意谦让，不要与人进行争抢。不论自己有何高见，打断他人的发言而插嘴，是失当的行为。在发言的过程中，不论所谈何事，都要使自己语速适中、口齿清晰、神态自然、用语文明。肯定成绩时，一定要实事求是，力戒阿谀奉承。提出批评时，态度要友善，切勿夸大事实，讽刺挖苦。与其他发言者意见不合时，要注意"兼听则明"，并且一定要保持风度。切勿当场对其表示出不满，或是在私下里对对方进行人身攻击。主持人要控制气氛。

二、主持茶话会的一般程序

在正常的情况之下，商界所举办的茶话会大体有如下四项议程：

（一）主持人宣布茶话会正式开始

在宣布会议正式开始之前，主持人应当提请与会者各就各位，并且保持安静。而在会议正式宣布开始之后，主持人还可对主要的与会者略加介绍。

（二）主办单位的主要负责人讲话

主要负责人的讲话应以阐明此次茶话会的主题为中心内容。除此之外，还可以代表主办单位，对全体与会者的到来表示欢迎与感谢，并且恳请大家今后一如既往地给予本单位以更多的理解，更大的支持。

（三）与会者发言

根据惯例，与会者的发言在任何情况下都是茶话会的重心所在。为了确保与会者在发言之中直言不讳，畅所欲言，通常主办单位事先均不对发言者进行指定与排序，也不限制发言的具体时间，而是提倡与会者自由地进行即兴式的发言。有时，与会者在同一次茶话会上，还可以数次进行发言，以不断补充、完善自己的见解与主张。

（四）主持人略作总结

随后，即可宣布茶话会至此结束并散会。

第六章

婚丧祝寿活动主持

婚丧祝寿礼仪，是对结婚礼仪、丧事礼仪和祝寿礼仪的简称，这三种礼仪均是人生长河中的几次大礼。婚礼，是指男女双方结为夫妻时的一个重要仪式。它标志着人生步入了一个崭新的时期。祝寿礼仪，是指人活到了一定高寿后，晚辈为祝贺老人延年益寿而举办的一种仪式。丧礼，是指人去世后由家庭、朋友等为此操办的一种哀悼、纪念的仪式。婚丧祝寿活动都有一定的礼节规范。

第一节　如何做一个成功的婚礼司仪

一、了解婚礼相关的礼仪和程序

结婚是每个人一生中的大事，是人生的一个转折点。我国古代的婚礼被分为六个阶段，称为"六礼"。即纳采、问名、纳吉、纳征、请期、亲迎。旧式婚礼十分繁缛，现代的婚礼趋向简便化、新式化。新式婚礼根据新人的数量，可以分为个人婚礼和集体婚礼。根据结婚的场地，可以分为家庭婚礼、酒店婚礼、草坪婚礼、海底婚礼、悬崖婚礼、热气球婚礼等几种。除了以上几类，还可以旅行结婚，旅行结婚一般没有固定的婚礼仪式。婚礼的规模无论大小，喜庆的气氛和欢乐的场面最为重要。下面简单介绍一下婚礼的礼节规定。

（一）婚礼前的准备工作

新郎、新娘要根据意愿选择一个最佳日期举行婚礼，并制订一个周密的结婚计划。在结婚计划中，应包括邀请人数、被邀请人名单、举办婚礼的地点、婚宴的规格、结婚请柬的制发、婚礼中所需的物品、结婚仪式的安排等。然后，要给亲朋好友发请柬，并选定一些担任婚礼的招待员，负责婚礼操办的前后工作。

（二）婚礼程序

一般来说，婚礼程序为：①奏乐；②司仪主婚人、介绍人及男女来宾入席；③新娘、新郎入席；④证婚人宣读证婚书；⑤新郎、新娘行结婚礼；⑥致辞；⑦新郎、新娘向来宾行礼；⑧退席；⑨茶点；⑩喜宴。

不过，婚礼的形式不同，流程上也会有所不同，主持人应根据婚礼的形式来策划流程。

1. 传统婚礼

所谓传统婚礼，是能够体现中国特色的一种婚礼形式，这样的婚礼是由一个迎亲仪式拉开序幕的，所谓的迎亲仪式是，新郎在伴郎等亲朋好友的陪同下，到新娘的娘家去迎接新娘，而新娘家的亲属和朋友则负责习难新郎，等得到满意的答复之后才允许新郎带走新娘，有些地方还会要求新郎将新娘抱到车上。

当新郎好不容易抱得美人归之后，如果是在酒店举行婚礼，则新郎和新娘直接到酒店，如果在家举行仪式，则新郎新娘回到新房，但是不管怎样，两家的亲朋好友都是要到新房去参观的，这时，需要鸣放代表喜庆的鞭炮，有些地区禁止鸣放鞭炮可以用踩红气球、撒彩色纸屑来代替。

当新郎新娘准备好之后，就可以开始举行婚礼，一般婚礼都会选择吉时，吉时一般由主持人把握。

传统式婚礼仪式的具体过程是：

首先，由主持人宣布婚礼开始，同时鸣放鞭炮，奏乐。同时新郎新娘入席。之后新郎新娘向尊长、亲友行鞠躬礼、新郎新娘互行鞠躬礼、新郎新娘向来宾行鞠躬礼。

其次，主婚人讲话，之后双方家长讲话、单位领导、介绍人、尊长及来宾代表讲话或致祝词，最后新郎新娘致答谢词。

最后，婚礼结束，再次鸣放鞭炮，奏乐。

这样的婚礼形式，比较适合中国的国情，在广大农村应用的最为广泛，现在很多城市家庭也会选用这样的婚礼形式。

2. 酒宴式婚礼

酒宴式婚礼一般没有固定的婚礼形式，一般是由婚礼的当事人，大部分时候是由男方，当然如女方需要也可由女方，来在酒店预订宴席，邀请亲朋好友，由主持人简单主持，由双方家长和新郎新娘简单致辞之后，就开始宴席的一种婚宴形式。这样的婚宴简单快捷，能节省参与者的时间。同时新人可以依桌敬酒，表达对亲朋好友的谢意。

这样的婚礼形式一般可以作为举办过正式的婚礼之后，对亲朋好友的答谢宴。

3. 茶话式婚礼

这是一种方便又省钱的婚礼形式，这种婚礼的重点是在于婚礼的形式。这种婚礼由新郎新娘准备一个场地，这样的场地可以是接待室、会议室等地方。这样的婚礼不需要准备酒菜，只要有简单的茶点即可。

举办婚礼时，只要邀请单位或部门同事、领导、亲戚朋友等来到事先准备好的会场，大家在轻松愉快的氛围内举行婚礼。

这样的婚礼也是要有一定的形式的。

首先由主持人宣布结婚典礼开始，同时放喜庆的音乐。与其他婚礼不同的是，这样的婚礼的主持人需要专业的人士，由新人的朋友、长辈等人来主持也可以。主持人的作用是引导整个婚礼，同时宣布新人正式成婚。之后，由新人单位领导讲话，来宾（亲友及同事）致辞，新郎新娘致答谢词。然后新人用茶点简单地招待参加婚宴的客人。最后，由主持人宣布婚礼结束。

茶会婚礼一般是在工作繁忙或工作单位相同的新人之间举行，由新人和新人的同事、朋友共同策划。

4. 旅行婚礼

旅行婚礼是现在社会上比较流行的一种比较流行的婚礼形式，这样的婚礼形式简单便捷，同时经济实惠。

新人选择旅行婚礼这种形式，是将婚礼和蜜月旅行相结合之后的一种形式，这样的婚礼，没有繁文缛节，给亲朋好友减轻了负担，同时将举办婚宴的金钱节省下来，这样就能够有更多的金钱和时间，去更多的地方旅游。

5. 集体婚礼

参与集体婚礼的新人们，可以是素昧平生陌生人，也是好朋友们相约同时举办婚礼。不管怎么说，集体婚礼都是最为繁华热闹的婚礼之一。

集体婚礼的组织者一般是，新人所在单位的工会、共青团等部门，也可以是妇联等团体，同样现在也有很多有电视台等单位组织的集体婚礼。

集体婚礼一般对参与者的装扮没有特殊要求，可以按照自己的喜好来打扮，男士可以穿西服或唐装，女士可以穿婚纱或旗袍，当然如果新人参加的集体婚礼有特殊的主题，主办方对新人的着装就会有一定的要求了。

集体婚礼，一般是不需要新人的亲朋好友都参加的，一般双方家属亲戚和单位领导一部分人参加就可以了，具体的参与人数要看活动的主办方的要求。

集体婚礼的自由度比较高，没有什么固定的仪式流程，全看新人的要求和集体婚礼的主题。比较常见的形式是，由主持人宣布婚礼开始，在《婚礼进行曲》的音乐声中，新郎新娘缓步进入会场，这时参加婚礼的来宾，全体起立来欢迎新人。

当新人全都来到会场之后，婚礼的仪式正式开始。主持人主持全场婚礼，相关的领导或主办方讲话和发放礼品。

6. 广告婚礼

广告婚礼是一种比较新颖、奇特的婚礼形式。按照我们的习惯性思维，这种形式其实并不能称为婚礼。它只是新人借助大众传媒来将自己要结婚的消息传播出去。

这样的婚礼形式利用了传播媒介的传播速度快、受众众多的特点，使新人能够快速地通知亲朋好友自己要结婚了，同时可以得到很多认得和不认得的人们的祝福。

同时，这样的婚礼形式没有烦琐的步骤和要求，能够省去许多麻烦，同时可以减轻新人自己和亲朋好友的时间和金钱。

7. 西式婚礼

西式婚礼原本是信奉基督教或天主教的人们举行的一种婚礼形式，这种形式的婚礼从传入中国，就因其美丽的服装、浪漫的形式，受到了很多新人的喜爱。

西式婚礼必须在教堂举行，当婚礼开始之后，婚礼进行曲响起，这时牧师、新郎、男傧相相继进入教堂。

牧师首先进入，他登上圣坛，这时新郎来到圣坛的右边，站好。男傧相站在新郎的左边稍后。

当新郎准备好之后，有女傧相、花童，相继出现在教堂之中，在这之后，新娘就可以出场了，新娘是挽着父亲的右臂，慢慢地走向新郎。这时双方的母亲及宾客要从座位上站起来，当新娘来到新郎的面前时，新娘的父亲将新娘的手交给新郎，这时婚礼仪式开始，牧师做祈祷和致辞。这时，婚礼的嘉宾可以落座了。

在婚礼中新郎新娘宣誓要一生相伴，然后交换结婚戒指，最后牧师宣布新郎新娘成为夫妇，新郎新娘交换誓言之吻。至此，婚礼结束，新人开始接受大家的祝福。

8. 其他形式的婚礼

随着社会的发展，人们的想法越来越多，越来越多的新奇婚礼形式出现在了我们的眼前。

植树结婚典礼。环保、低碳是我们现在大部分人追求的生活方式，植树婚礼就是响应了这样的生活理念的一种婚礼形式。新婚夫妇到政府指定的植树地点，进行植树，既有纪念意义又有益于社会。

婚礼电影晚会。这样的婚礼形式，在很多农村很常见。农村举办婚礼希望能够热热闹闹的，所以，现在很多新婚夫妇会包一场电影，招待村里乡亲一起去看电影，这样的婚礼形式既热闹，又简单便捷。

二、对司仪口才的要求和口才的培养

每一位新郎、新娘都希望婚礼既温馨浪漫，又热烈喜庆。婚礼能否圆满成功，固然与环境、各方面准备等因素有关，但其主要因素之一，就是看有没有一个善于随机应变、口才出众的司仪。

（一）对司仪口才的要求

一个好的司仪能使婚礼热闹非凡，不仅能使来宾们在笑声中享受到乐趣，也能使人们增长知识，受益非凡。那么，一个好的司仪应该做到哪些呢？

1. 司仪要因人、因事、因地恰当选择话语

例如，在酒店举办婚礼，司仪可以这样说："各位来宾，请让我们共同举杯，首先祝新郎新娘结为秦晋之好；再祝夫妻比翼双飞，互敬互爱，相敬如宾，白头到老。为他们祝福，干杯！"在酒店的婚礼上，司仪的言辞与酒相联系，气氛适宜。在不设宴的婚礼上，司仪可把香烟和喜糖作为话头："各位来宾，现在新郎新娘正怀着深深的敬意和谢意，把特别的爱献给特别的您，一支烟，会带给您一份真诚的祝福；一块糖，将祝愿您生活美满。"

2. 司仪要会借题发挥

司仪要根据婚礼现场的情况即兴发挥，这样才能推波助澜，使婚礼的气氛益趋生动、活泼。

有一次，当证婚人宣读结婚证书时，司仪发现新娘的名中有"燕"字，正好新郎名"英"，就索性即席吟诗一首，作为对新婚夫妇的祝福："爆竹声中比翼飞，莺（英）歌燕舞紧相随。四化征程互勉励，双双携得捷报归。"顿时会场上掌声雷动，连新娘都情不自禁地鼓起掌来。又如，在新郎、新娘喝交杯酒时，司仪可以这样说："喝了这杯酒，生活美满全都有；喝了这杯酒，夫妻恩爱心中留；喝了这杯酒，祝福你们天长又地久！"这一番祝福的话烘托气氛，怎能不使新郎、新娘高兴万分，永生难忘这美妙的时刻呢？

总之，在婚礼进行的过程中，借题发挥的机会很多，只要留心寻找，动脑思考，便可捕捉到。

3. 司仪要幽默风趣，意味深长

这是司仪语言的主要特色。幽默风趣并不等于无聊地插科打诨，更不等于庸俗地耍贫嘴，而应含蓄、文雅，切忌低级粗俗。有口才的司仪都长于用幽默隽永的语言取代低级、无聊的玩笑，寓教于乐，使婚礼在欢声笑语中充满高尚的情趣。

4. 司仪要善于控制场面

婚礼不同于其他的仪式，因为是喜庆的场合，难免闹得过火。这时，司仪要善于控制气氛，免得使新娘感到过于尴尬、难堪。例如，如果新娘性格比较内向，而有些人由于兴奋，会问一些生僻、直露的问题，致使新娘下不了台，造成现场秩序混乱，这时司仪要善于掌握火候，善于弥补，说话得当，使尴尬变潇洒。这就要求司仪有敏捷的思维，机智的口才。

5. 司仪在婚礼中要面面俱到

许多人为了婚礼忙前忙后，默默地做了许多的奉献。作为一个好的司仪，在把新郎、新娘作为主角突出时，不忘那些幕后者，肯定他们的工作，一定会使人感到周全，心里觉得温暖。例如，司仪在举杯庆贺的间隙，不失时机地插入几句："借此机会，我们衷心感谢为这次婚宴付出辛勤劳动，给予优质服务的酒店经理及工作人员，感谢为这次婚礼的顺利、圆满而劳累奔波的司机师傅、摄影师、摄像师、伴郎、伴娘及所有为婚礼做出贡献的朋友们。"

（二）司仪口才的培养

司仪的口才和临场应变能力对婚礼的成功，对增进友谊具有不可忽视的作用。因此，要想做一名出色的司仪，必须注意自己口才的培养。这种口才包括很多技巧，这里介绍一种最常用的方法，即谐音法。

含义截然不同的几个词往往发音相同，即使同一个词也可能有着完全相反的意义。语言的这个特点为扫除意外情况带来的不吉利阴影提供了很多转机。利用谐音，随机应变地进行联想和转义，巧妙地把人们忌讳的情况用吉祥欢庆的语言描述出来，把令人尴尬的话语改编成人们欢迎的祝福，这样就能重新调动快乐的气氛，冲散人们心中的阴霾。

举个例子：小朱正在举行婚礼，按照家乡风俗，新婚那天，新郎、新娘要入席吃饭喝茶，然后分桌敬酒。他和新娘在众人簇拥下入席，各位来宾也分别入席。一个帮忙的朋友将盛满喜糖和糕点的盘子端了出来。就在朋友把盘子放在餐桌上的时候，只听"咔嚓"一声脆响，盘子破裂了。宾客们听到刺耳的声音，全部的目光都扫了过来。端盘子的朋友吓了一跳，慌了神，脱口而出："怎么是个破货？"这句话就像一声惊雷，所有的人真真切切地听到了，气氛一下子紧张了。司仪见此情景，灵机一动，高声说："破旧立新，移风易俗，这为我们带了个好头啊！"听了他的话，全场一片欢腾。

打破了装喜糖的盘子本来已经让人感到震惊和不祥，再加上端盘子朋友的一句话，更让当时的情况雪上加霜。司仪抓住这个"破"字做文章，赋予其去旧立新的意义，既激励人们打破陈规陋俗，符合年轻人新婚的场合，又迅速扭转了伙计不合时宜的话语造成的难堪局面，使婚礼得以顺利进行。

同样的，若是在婚礼上打碎了插满鲜花的花瓶，主持人可以说："岁岁（碎碎）平安，百年好合（百合）"。总之，主持人在主持婚礼时可以充分利用这种谐音来说吉利话，化解危机。

彩灯高悬，宾朋满座，新娘、新郎在爆竹声中相依相偎缓缓而来。不料，一团火星溅到新娘的衣服上，顿时窜出火苗幸亏有人手疾眼快，上去将火捏灭，烧了条衣边。不过，新娘的脸红了，人家并不在乎这一件衣服，问题是，新婚宴尔就把衣服烧破了，怕不吉利。客人都有憾意，却不知说什么好。这时候，司仪对新娘说："恭喜你！新娘的衣服边没了是个好兆头，它将预示你们这对新人将来一定恩爱美满，幸（新）福（服）无边！"一句话，说得众人都乐了，新娘也转忧为喜了。

喜气洋洋的婚礼上差点发生火灾，新娘的衣服被烧掉了边儿，这确实是让人扫兴的事情，而司仪却把"新服无边"的窘况说成是"幸福无边"，表达对新婚夫妇的美好祝愿，这种巧妙的解释可谓化险为夷，又平添几分喜气与甜蜜。

三、司仪发言的内容

司仪的主持发言是指司仪（民间婚礼主持人）在主持婚礼时为保证婚礼各道程序顺利进行同时带动整个婚礼气氛所做的发言。对于婚礼而言，主持人是不可或缺的。主持人的发言直接影响到了婚礼气氛的调节和婚礼程序的进行，因而是非常重要的。

（一）司仪主持发言的主要内容

1. 自我介绍，表达有幸担任司仪的喜悦之情，然后向新人及家长贺喜，向各位来宾表示热烈欢迎。

2. 宣布婚礼开始。

3. 按照既定的程序主持婚礼（如宣读结婚证书，介绍新郎、新娘，请双方家长讲话，请领导或来宾致辞，向父母或来宾鞠躬，新人互相鞠躬、互喝交杯酒，以及其他一些小节目等）。

（二）司仪主持发言应注意的问题

1. 主持的风格可庄重可诙谐，但总体上要把握"努力营造喜庆祥和的气氛"这样一个原则。

2. 注意语言不可过于随意，虽然可以添加幽默的佐料，但要适可而止，切莫失之于低俗。

3. 应善于针对不同年龄和身份的婚礼参加者发表言论，使大家都能够深切感受到婚礼的喜悦。

4. 应善于通过一些小节目或即兴机智的语言来增加婚礼的乐趣。

（三）典型示范

各位来宾、各位亲朋好友：

大家好！

今天是×××× 年×月×日，农历×× 年×月×日。在×× 与××喜结良缘的大喜日子里，承蒙新郎、新娘双方家长的厚爱，我有幸担任新婚庆典的主持人。自从这朵美丽的绢花戴在我胸前的时候，本司仪就走马上任了。首先我代表新郎、新娘及双方家长，向莅临今天庆典的各位来宾，表示热烈欢迎。（掌声）现在，我宣布，×× 与×× 的新婚庆

239

典正式开始。新郎、新娘入场。(播放婚礼进行曲)

(分别介绍新郎、新娘。[可灵活掌握])

谢谢大家热烈的掌声。现在,我要向朋友们介绍一下这对幸福的新人。首先,请看站在我旁边这位英俊潇洒、气度不凡的男士,他就是今天的新郎官×××。在他旁边那位女士就是今天最美丽的新娘×××。一身洁白的婚纱,象征着纯洁无瑕。她手里的娇艳的玫瑰象征着这对新人炙热、浪漫的爱情。还有那几朵百合,正是应了那句话,叫作百年好合。请大家再次伸出热情的双手,用掌声祝福这对新人恩恩爱爱,百年好合。

接下来,我们有请证婚人宣读结婚证书。(略)

新郎、新娘交换结婚戒指。

今天是他们携手走向新的旅程的日子。八月的金秋,是天高气爽的时节,珍珠玛瑙般的果实遍布山川,遍布原野。这两位新人用爱耕耘着心田的土地,今天也在这里品尝着丰收的喜悦。可是坐在前面的双方的父母,他们用半生的经历哺育了他们的儿女,此时此刻,没有任何一件事能比自己的子女成家立业更让他们高兴了。在今天的大喜日子里,双方家长是什么样的心情呢?

下面请双方家长讲话。(略)

为人父母者,无不把子女的快乐当作自己的快乐,无不以子女的幸福为自己的幸福。今天双方家长坐在这里,他们那慈祥的笑容,完全表达了他们现在的感受。各位来宾,你们给这对新人带来了良好的祝愿。我想在这种场合下,掌声是最好的方式。(全体鼓掌)掌声给这对新人带来了新生活的好运,那么让这对新人用鞠躬礼对大家表示感谢吧。

一鞠躬,苍天为凭,你们的爱与日月同辉。

二鞠躬,大地为证,你们的情似江河奔腾。

三鞠躬,人心所向,你们的生活将如火如荼。

新郎、新娘,你们已经成人了,那么你们将如何感谢你们的父母呢?请新郎、新娘走下台阶,面向父母。

一鞠躬,养育之恩,终生无以为报。

二鞠躬,孝敬父母,晚辈理所应当。

三鞠躬，不当之处，还请多多包涵。

请新郎、新娘回到台上，互赠礼物，互相鞠躬，喝交杯酒。

今天的新婚庆典就要结束了，下面请双方家长入席就座。在座的各位宾朋，把你们良好的祝愿放入你桌前的美酒中，下面开宴。

以上是一篇比较标准的婚礼主持人致辞。通篇来看，这位主持人采用的是较为典雅庄重的主持风格，并力争做到以情动人。除了内容上比较完整之外，还有以下两点可供借鉴的地方：

1. 主持人比较善于抓住不同婚礼参加者的心理特征来发表言语，特别是新人的家长和在座的宾客，都从主持人富于针对性的发言中获得了很大的心理满足。

2. 通过主持人对新人鞠躬这一环节的主持，我们可以看到主持人的用语优美而又典雅，这有力地保证了婚礼在一个较高格调中进行。

四、祝婚词例析

祝婚词是在结婚典礼仪式上发表的，以赞颂新郎新娘人品、郎才女貌般配，祝愿他们婚后美满幸福、白头偕老等为中心内容的演讲。其内容是多种多样的，重点在于给予良好的祝愿，没有什么约束和规定，只要符合喜庆气氛就好。

祝婚词可以结合新郎新娘的职业特点、工作、性格、爱好或婚礼的场所、时间、天气等，就某一方面大加发挥，形成特色，这就是好的婚礼祝词。

祝婚词的一般结构是：

开头首先对新郎、新娘的幸福结合表示祝贺。比如这样一个开头："良辰美景，新人成双。今天晚上，×××和×××喜结良缘，我向你们表示热烈的祝贺，衷心祝你们幸福美满，白头偕老！"

中间部分往往是叙述几句对他们结婚一事的感想，最好讲些自己了解的有关新郎、新娘相识、相知、相爱的趣事，以活跃婚礼的气氛。例如这样一段："他们都是计算机专业毕业的，在毕业后又都找了同一家公司。过去同校、同班、同学；现在是同单位、同部门、同行。俗话虽说'同行是冤家'，可他们不仅没有成为冤家，反而成了'亲家''亲'到了一家，成了比翼鸟，携手齐飞，形影不离。刚才，主婚人宣读了他们的结婚证书，这就表明，从登记之日起他们就是一对合法的、幸福的、恩爱的、非常般配的夫妻了！"这段话由新郎、新娘的文化程度谈起，过去是大学里的同学、同窗，现在是同单位、同行，"同行是冤家"，他们却成了"亲家"——妙趣横生，为婚礼平添了许多喜庆气氛。

结尾部分应当是对新郎、新娘表示美好的祝愿，比如说："我祝你们小夫小妻月圆花好，白头到老！""祝你们相爱一生，白头到老，孝敬双亲，生个胖娃，锦上添花！"等。

祝婚词的语体形式也可以多种多样。有的是口语体，说的是大白话，词意恳切，如数家常；有的是散文体，半文半白带些书面语言的特点，以表文雅之意。如这样的祝婚词："今天，本人承蒙莎士比亚的派遣，不远万里，来到中国，为罗密欧与朱丽叶主持婚礼，感到十二万分的荣幸……"语言文雅而诙谐，多适用于文化水平较高的来宾场合。

从以上的例子和分析，我们可以看出，祝婚词的内容是丰富多彩的，形式是不拘一格的。总之是越贴近新人实际、越结合现场实际，则越亲切，越有喜庆气氛。

祝婚词（实例）
联想创始人柳传志在儿子婚礼上的祝婚词

我荣幸地有机会给柳林当父亲有四十几年的历史了，近十余年来，他虽也常有欢笑的时候，我总觉得他的大多数快乐是短暂的，是发自皮肤层面的。多数的时候表情平淡，略有忧郁。而自从和康乐交了朋友以后，感情明显发生变化，随着时间的推进，他的快乐从皮肤进入了骨髓、筋脉，进入了五脏六腑。看来康乐的笑容融化在了柳林的心田里面。柳林开始脑门发亮，眉眼中总带着愉悦和笑意。

在我家的相亲相爱一家人的微信群中，康乐以前是见习秘书长。今天，公元 2016 年 12 月 24 日起，康乐将正式担任秘书长一职。康乐的阳光将不仅照向柳林，而且洒向全家，为全家的和睦、幸福、昌盛贡献力量。

这时候应该表达感谢了。首先，我们全家、我们整个大家庭对康健民先生、陈秋霞女士能培养出康乐这样善良、贤淑、聪明、能干，形象内涵俱佳的女儿感到由衷地钦佩，更重要的是能把女儿无私地输送到老柳家当儿媳妇，且掌管钥匙，表示万分感谢。对这样无比珍贵的礼物，我们实在无以回报，只能把儿子送到您那儿当女婿，以表达感激之情。柳林还行，以后如果有冬天储存大白菜、搬蜂窝煤这样的重活尽管叫他干，他绝无二话，因为他从小就这么跟着我给他妈干过很多年。

在我们公司考察干部有句行话叫：既要看前门脸，也要看后脑勺。前门脸指的是这个人的业绩、能力，他要给人看的地方；后脑勺是人的品行，一般考核不到的地方。

柳林不在我们公司上班，我的注意力不放在他的前门脸上，而是在后脑勺上。如实讲，柳林的后脑勺长得还是很漂亮的。柳林善良、忠厚、孝顺，对朋友讲情义、重承诺，说话幽默，有味儿，而且从不高调，他的朋友都认可他。

在我们大家庭中有一个至高无上的尊者，那就是我的父亲。由于柳林在家族中独苗单传的特殊位置，也由于柳林孝顺善良的性格，爷爷奶奶对他的成长高度关注。在他结婚的重要时刻，我要对他讲的一句深刻的话，就是我父亲送给我的一句话，转送给柳林。

我十七岁高中毕业的时刻，由于家庭成分的原因，发生过一个突然的变故，我曾受到重重的一击，我被完全打蒙了。在这时候，父亲和母亲一起和我谈了话。

父亲说："只要你是一个正直的人，不管你做什么行业，你都是我的好孩子。"父亲的话让我无比温暖，在我的一生中经历坎坷、天上地下、水中火中，但我父亲的这句话，让我直面任何环境，坦荡应对。

今天，当我要把这句话转送给儿子的时候，我想加一点补充。正直两个字含了忠诚坦荡、光明磊落等多种真善美的内涵，我想加的半句话是"懂得融通"，也就是说"有理想而不理想化"。

在我懂事成人的20世纪50年代，何曾想过今天世界会是这样，而对你们——你和康乐，将面临一个更大不确定性的未来，真正理解有理想而不理想化也会让你们以强大的心脏面对未来，我想会受益无穷。

每当看到柳林和康乐相视，会心一笑的时候，这种幸福的光环不但笼罩着你们，而且传递到了我们心中。做父母的有什么比儿女生活幸福还幸福的事呢！尤其是此刻，我从沙场退下来，希望要充分享受天伦之乐的时候。

希望柳林、康乐永远相亲相爱。这是柳家的传统，爷爷奶奶、爸爸妈妈、叔叔婶婶，都是这样。我们：我、你妈妈、叔叔婶婶、姑姑都在热烈地、殷切地盼望看你们结下幸福的果实，越多越好！三十多年前有一个电视剧叫《阿信》，电视剧的开头就是在日本的高速列车上，一个满头银发的老奶奶带她的孙子看她创造的产业帝国。我正殷切地盼望着这一天！

这篇祝婚词以一个父亲的角度，从儿子——新郎恋爱前后的性格转变，描述了两位新人相知相爱的过程，并引出对新娘这个儿媳的欣赏，接着通过赞赏两位新人的品格，表达了希望双方家庭和谐共进的期望，最后通过对新郎的忠告，表达了亲人希望他们永远相亲相爱的美好祝福。全文可谓是真诚朴实，感人至深。

第二节　如何主持好祝寿活动

一、了解祝寿方面的礼仪知识

祝寿是对老年人的生日而言的，年轻人只能称为"过生日"，比如父母给小孩过生日，请亲朋好友吃生日宴，祝愿孩子快快长大、顺利成长。年轻人过生日，主要是召集朋友、同学聚在一起，想方设法寻求一点快乐，仪式倒是其次。为老人祝寿的礼节仪式比较讲究。传统的祝寿方式是家庭祝寿，但目前酒店祝寿也比较盛行；在政府机关中，一般对德高望重的艺术家、老教授、科学家等老人，也开展祝寿活动。

家庭祝寿重在礼仪，不重吃喝，所以，在为老人祝寿时，主要是使老人开心，家庭所有成员必须全部参加。平时，年轻人工作繁忙，很难服侍在老人身边，趁祝寿的机会，可以向老人表示自己的祝福。老人看到子孙满堂，势必心花怒放，其乐融融。

参加老人的祝寿活动，要衣着整洁、举止大方、彬彬有礼、多说吉语，如"福同海阔，寿与天齐""福如东海长流水，寿比南山不老松""老当益壮，老骥伏枥""松鹤延年，高风亮节"等。为了表示祝寿的诚意，一般还应带上祝寿的礼品、礼金，以正规的方式郑重地交给老人，向老人表示祝贺。礼品以实用、有一定价值的东西为宜。同时，还可以考虑老人的爱好等。例如，喜欢书法的老人，可以送上一套文房四宝；喜欢花草虫鱼的老人，可以送上一个盆景等。如身在异地他乡，不能前去祝寿，作为晚辈可以特意用电话、录制视频等的方式，向老人祝寿，或托人顺便带上贺寿礼，以表自己的孝心。

对于对社会有特殊贡献，或者在事业上有卓越成就的那些人，人们常常在他们生日的时候，给他们授奖授勋，或以其他方式给他们以"殊荣"，来表示祝贺。

杂交水稻之父袁隆平院士 80 岁生日的时候，深圳市龙岗区委为他举行了简朴而隆重的寿宴，40 多名学生同唱《生日快乐》，祝福老人。同时，他还与 120 位湘籍人士共同被评为了"湖湘之子"，以表明他为展现湘人风采做出的贡献。

有些国家还保留着给领导人祝寿的习惯，有的还给领导人和其他知名人士在生日时颁奖授勋，举行宴会。因此，在对外交往中，对外国人，尤其外国领导人的生日，可视具体情况祝寿。可以发电报或写信，可以送花或送礼品，也可发贺卡，还可应邀参加他们的祝寿活动。总之，要看两国关系情况，尊重各国不同的习惯和风俗，来适宜地表达祝贺。此外，还有些国家的领导人中，采取"避寿"的做法。

例如，2019 年 6 月 15 日，是中国国家主席习近平 66 岁的生日，当时正值习近平主席访问俄罗斯期间，因此俄罗斯总统普京亲自前往习近平主席下榻的宾馆，当面向习近平主席祝贺生日，并赠给向习主席俄罗斯冰激凌，而习近平主席则回赠了中国茶叶。

二、生日宴会的流程

过生日的时候，中国人不免邀上三五好友或者宴请宾客一同庆贺。这样就形成了正式或者非正式的生日宴会。正式的生日宴会流程与一般宴会大致相同，主要有 5 个部分。

1. 开场白。由主持人宣布宴会开始，介绍到场的来宾，聚会的目的。

2. 介绍寿星登场，寿星致辞。

3. 来宾代表或者亲友拜寿。

4. 推出蛋糕，点燃蜡烛，寿星许愿并熄灭。

5. 寿星致谢词。

相对于正式的生日宴会，更常见的是非正式的生日聚会。一般非正式的生日宴会，没有特定的步骤和程序，最重要的就是主客同乐。

三、调动生日宴会的氛围

生日宴会最重要的就是氛围，氛围这两个字看似简单，却是最难掌控的。生日宴会不同于其他宴会，是以给寿星祝寿或过生日为主。生日宴会的气氛也远比其他正式宴会重要。区别于严肃紧张的宴会气氛，生日宴会更强调的是主客同乐，愉快诙谐。

作为生日宴会的主持人，要懂得运用幽默的语言来调节气氛，主持用词不要过于正式严肃，要适用于场合。也可以讲些小笑话之类的，博得主客一乐。但是笑话不要低俗或者让人难堪，省得适得其反，让人不舒服。

在流程设计方面，整个流程中，除了介绍来宾等环节相对正式外，还可以穿插一些游戏环节或唱歌环节助兴。这样有利于活跃气氛，让宴会变得更加热闹，更符合贺生日祝寿的主题。

游戏和歌曲的选择也是活跃气氛必须要注意的细节。就拿歌曲来说，既然是生日宴会，所选择的歌曲应该符合祝寿的主题，或者体现美好愿景的，节奏应该欢快、愉悦，不能选择那些曲调悲伤，让人心生感伤的曲子。如果错选了歌曲可能不但没起到助兴的作用，反而弄巧成拙，使宴会的气氛变得尴尬，让主人或者客人难堪。可以请一些专业的演员来表演戏曲、相声等。

　　游戏的选择上也要格外注意。所玩的游戏，最好参与人数不要过多，否则易于造成场面混乱。令所选的游戏，最好是应景的有些彩头。像丢蛋糕、抹奶油一类的游戏就不适合，应该尽量避免。游戏不仅要大方得体，更重要的是与场景相符。

　　总的来说，调动场上气氛的方法还有很多，不一一枚举。不同的场合，不同的环境，不同的生日宴会规模都有其适合、适当的调动气氛方法。要看主持人的灵机应变，也要看宾客的配合程度。

四、巧说生日祝词

　　生日祝词是指在对方生日之际，向他表示祝愿，希望他幸福长寿，事业取得成绩，进一步做出贡献的言辞。很多人都会在给老人祝寿时说"祝您福如东海，寿比南山"，在给年轻人庆祝生日说："祝你在新的一年事事顺心"，等等。但只有这一句是不够的，还应当结合寿星的具体情况，真挚、恰当、热情洋溢地发表祝词。

（一）对老年人说祝寿词

国务院副总理孙春兰写给袁隆平85岁生日的祝寿词

尊敬的袁隆平先生：

　　在您八十五岁寿辰之际，衷心祝愿您生日快乐！

　　您从事杂交水稻研究半个多世纪，行走田间，撒播梦想，耕耘希望，以一粒种子改变世界，用五十余载春秋践行"让世界远离饥饿"的志向。大师胸怀，百姓心态，几十年不变的是您心系国家的责任与担当！

　　您是无党派人士的杰出代表，与党肝胆相照，风雨同舟。在您身上，集中展现了无党派人士爱国报国、追求进步的优良传统，敬业为民、淡泊名利的无私风范，团结合作、自我砥砺的人生境界，为广大无党派人士和知识分子树立了时代标杆。

禾下乘凉晚年劲松曾傲岁，田上遂愿千里宝马再争先！衷心祝愿您工作顺利、阖家幸福、健康长寿！

该篇祝寿词的内容重点在总结了袁隆平院士在杂交水稻研究上的卓越贡献，赞扬老人几十年如一日地践行"让世界远离饥饿"的志向的毅力，最后提出老人是"无党派人士的杰出代表"，希望广大无党派人士和知识分子都能学习老人"爱国报国、追求进步""敬业为民、淡泊名利""团结合作、自我砥砺"的精神，最后以一副对联"禾下乘凉晚年劲松曾傲岁，田上遂愿千里宝马再争先"表达了对老人老当益壮、健康长寿的祝福，实现了祝寿的目的。

祝寿词的语体形式不完全一样，例如在单位举办的祝寿宴会上，祝寿词往往书面语化，更文雅一些，家庭宴会上，祝寿词口语化些，也比较简短。

在致祝寿词的时候，有一点需要注意，即祝词中虽然离不开"寿"字，但不要渲染"老"字。俗话说"人老心不老"，即心理不老，心理不老人就不服老。人的心理年龄和生理年龄并不等同，一般心理年龄比生理年龄年轻，所以寿而不老是人的正常心态。如果大家都说他老，一旦他自己也从心理上感到年老了，那么就会加速其心理和生理的衰老，与祝寿的目的背道而驰。如说："人生自当五十始，您还年轻着呢……"就比较好，心理上不老，保持年轻人的精神状态，是有益于长寿的。

（二）对年轻人说祝词

驻以色列使馆科技参赞韩军写给女儿的十八岁生日寄语

亲爱的飞飞：

转眼之间，你已经18岁。爸爸的心情十分复杂，往事如烟，思绪万千。说真的，父母盼着你早点长大成人，成就一番事业，但又不希望你长大，总留恋你小时候的天真和浪漫。

伴随着你成长的脚步，父母清晰地记得：18年来，我们曾经有多少次为你骄傲，我们曾经有多少次为你牵肠挂肚，我们曾经有多少次为你泪湿双眼。孩子，有一点你应该牢记，无论父母在人生的道路上如何艰难，但我们对你的感情和关心一如既往，永不改变。

最近，爸爸常常翻看你小时候的照片。看到你幼年时天使般灿烂的笑容，我又一次感动。从你牙牙学语开始，父母的第一次感动来自你的第一声"爸爸"和"妈妈"。从那时起，父母就感受到了一份沉甸甸的责任——今生对你的生活、学习和事业负责。从你一岁刚刚学会走路，迈出人生的第一步起，从你第一次背着书包走向小学的大门时，父母望着你稚嫩的背影不由自主地流出了幸福的泪花。

其实，作为父母，我们并不渴望你将来成为一个叱咤风云、青史留名的人物，能够做一个善良、诚实、忠诚、勤奋、自强、自立的普通人，做一个对国家、民族和社会有用的人就是我们的期盼。

老实说，爸爸对你感到很惭愧。18年来，爸爸无论在国内，还是在国外，由于工作繁忙，对你生活上照顾很少，学习上过问不多，思想上沟通交流不够。总之，爸爸做得很不够，这里我向你表达歉意。

1999年至2003年，我和妈妈到驻意大利使馆工作，把你留给老家的爷爷、奶奶照顾。分别那一年，你12岁，上小学五年级，正值青春期。分别那一刻，你抱着父母哭得昏天黑地，此时我们心碎了。随后的日子里，爷爷、奶奶不辞辛苦，无微不至地照料你，对你严格要求，让你的学习保持了优异的成绩，我们对他们总是心怀敬意，总是心怀感恩。

2003年夏，爸爸结束任期回国，你也参加了中考，并在老家全市12万名考生中获得了第三名的好成绩，我们为你感到骄傲和自豪！但是，我很在意你对爷爷、奶奶的感情，很在意你如何看待他们五年来对你的呵护和照料，即你曾经如何感动过？

随后，我找到了答案。在你转学到首师大附中后不久写的一篇作文中，你描述了和爷爷、奶奶一起生活时的点点滴滴，描述了他们对你无微不至的关怀以及你的感恩之情。爷爷、奶奶看了这篇作文，激动不已，热泪纵横。至今，他们还珍藏着这篇作文。

　　女儿，你18岁啦，我为你祝福！小时候，当奶奶、妈妈嘱咐你"注意安全！""骑车子，慢一点！""天冷了，多穿点儿衣服！"时，你总是不耐烦地回答："知道了！"其实，你当时并不真正理解长辈对你"啰唆"的含义，这是中国长辈表达爱意和关心的一种方式，这也是中国现阶段的国情，请你慢慢体会。

　　明年就要高考了，这是人生第一次重要测验，希望你能够接受挑战和考验。无论你将来高考的成绩是否理想，考取的学校是否如意，父母都不会埋怨你，都会接受高考的结果。因为我们对你充满信心，相信你会尽力拼搏的，也相信你的判断力。至于你想选择什么学校和专业，从而设计你今后的人生道路，这取决于你的兴趣、爱好、理想和抱负，父母绝不会干涉。但是，首师大附中老师们的建议对你报考高校志愿有重要参考价值，因为他们比我们更了解你的学习情况，更了解你的优势和不足。到时候，你一定要找老师们多聊一聊。

　　诗言志。李白叔叔的语录，我很欣赏，如"天生我材必有用""长风破浪会有时，直挂云帆济沧海"等。多年来，爸爸一直坚持一个观点，即一分耕耘，一分收获，也就是"天道酬勤"。再聪明的孩子如果不勤奋、刻苦地学习，终将一事无成！在这方面，你做得不错，望继续努力。但是，爸爸很关心你的身体健康，建议在繁重的学习之余要加强体育锻炼，注意学习方法，提高学习效率。总之，你要以饱满的精神状态、强健的体魄迎接明年高考最后阶段的冲刺！

　　最后，爸爸将自己喜欢的一首诗抄给你，它是美国著名黑人诗人兰斯顿·休斯撰写的"Dreams（梦想）"。我把它翻译成了中文，不准确的地方，还请女儿批评指正。同时，在实现梦想的征程中，让我们父女以此诗共勉。

Dreams（梦想）

Hold fast to dreams！

紧握梦想，别放！

For if dreams die,

因为梦想一旦破灭，

Life is a broken-winged bird,

生活就像折断翅膀的鸟儿，

That cannot fly.

不能再飞翔。

Hold fast to dreams！

紧握梦想，别放！

For when dreams go,

因为梦想一旦离去，

Life is a barren field,

生活就像贫瘠的荒野，

Frozen with snow.

遍地是冰霜。

结尾方式有很多，这篇祝词以诗结尾，可谓匠心独运，意味深长。无论什么类型的祝词，均要力求设计一个好的结尾，因为好的结尾最易长留听众心中。而结尾对祝词本身的作用也很大：要么提示主旨，加深认识；要么收拢全篇，统一完整；要么鼓起激情，促进行动；要么促人深思，耐人寻味。

第三节　如何主持丧礼

一、了解丧礼的习俗和相关情况

丧礼，又称"葬礼"，是人去世后由亲属、同事、朋友、邻居等进行哀悼纪念的仪式。它是对逝者生前业绩的追念和总评，也是人类特有的处理逝者的一种信仰方式。按照我国古代"生有所养，死有所藏"的原则，我国历代对逝者的处理均被看作是一种十分庄严的大事。从古代舶天葬、土葬，到现在火葬的变迁，丧礼的一些礼节也发生了变化。

（一）吊丧的必要性

失去亲人的悲哀，是人世间最大的痛苦。人们总希望此时能得到他人的帮助。所以，在听说亲朋好友家遇有丧事时，应主动去表示关心，前往吊丧，帮助安排丧葬事宜。这对死者家属来说，是最大的安慰和帮助。如果自己的亲友、师长、长辈去世，知道了也不去奔丧，是很无礼的行为。如果说参加喜事是"锦上添花"，前往吊丧就是"雪中送炭"了。

（二）吊丧的四种礼仪方式

过去，人们对亲友的丧事，是非常重视的。我国的古礼，对丧事比婚事还要郑重。因为对亲友不幸的关怀、慰问，是人与人之间一种崇高的感情，理应认真对待，注意礼节。

1. 参加逝者的追悼会

这是吊丧的最好方式。参加追悼会前，应先以个人或集体名义送去花圈表示悼念。追悼会这天，参加者应怀着极其沉痛的心情，认真地履行追悼会的每项仪式。一般来说，追悼会的仪式比较简单。首先奏哀乐，然后默哀、致悼词，向逝者遗像鞠躬，最后向遗体告别。

追悼会的气氛是很沉痛的，我们的服装打扮要与之相适应，以清淡、素雅为宜。在追悼会的过程中，我们要本着沉痛的心情，静心听取他人对逝者的悼念之词，虚心学习逝者的好品质。

2. 到逝者家中抚慰逝者亲属

如果自己没有赶上追悼会，或者追悼会后，均应到逝者家中劝慰其家属节哀顺变、保重身体。有时还应给予必要的资助。对逝者家属的帮助，也是对逝者的悼念。此时要谈吐得体、服饰朴素、感情真挚，让逝者家属真正得到精神慰藉，化悲痛为力量，以便早日恢复正常生活。

3. 向逝者家属发唁电

由于自己远在异乡，或有别的特殊原因未能赶回参加逝者丧礼，不能给逝者家属当面慰问时，可用唁电的方式吊丧。在唁电语言中，应表示出自己沉痛哀悼的心情，并以真情劝慰家属要尽快从悲痛中走出来，尽快恢复正常。目前，唁电的致哀对象多是原机关或单位团体的重要领导人或在革命和建设中曾做出较大贡献的人物，普通人用得较少。

4. 谒墓仪式

谒墓仪式指的是向已故领袖、民族英雄或无名战士的纪念碑或陵墓献花圈的活动，这是对历史的尊重，也是对历史上有影响的杰出人物的敬意。

各国向纪念碑或陵墓献花圈的礼仪程序大致是：仪式开始时，军乐队奏乐，花圈由礼兵抬着走在前面。谒墓（碑）人由陪同人员陪同，随行于后。仪仗队分列两侧，持枪致敬。礼兵将花圈放置于碑前时，主献人可上前扶一下，或者整理一下花圈上的飘带。然后稍退几步，肃立致敬。致礼毕，绕场一周。

参加谒墓仪式时，一般着素色服装。肃立致敬时应脱帽（军人若不脱帽应行军礼）。

二、丧葬主持的流程和用语规范

每个人都会经历生老病死这个阶段，因此，丧事如结婚生子般亦是人生的大事。在丧事的操办过程中常常会涉及社会、家庭等诸多方面，于是人们便形成了一定的形式与规矩，以此来保证丧事的顺利进行。

（一）丧葬主持的流程

1. 追悼会和遗体告别仪式的流程

开追悼会是人去世后人们用以缅怀和寄托哀思的一种较为普遍的丧祭仪式，名人、学者、明星等在社会上有一定影响力的人物常常采用这种方式。追悼会的会场通常要求肃静、庄严，以黑、白两种色调来装扮。

其仪程大体如下：

（1）主持人宣布追悼会开始，全体肃立，奏哀乐。

（2）介绍到场嘉宾和敬献花圈的个人及单位的名称。

（3）××领导致悼词。

（4）××代表发言。

（5）主持人宣读唁函。

（6）家属代表讲话。

（7）追悼会结束，奏哀乐。

2. 遗体告别仪式的流程

遗体告别仪式也是人们用以表达哀思的一种形式，普通的老百姓常采取这种同追悼会相比，较为简便的方式。仪程大体如下：

（1）主持人宣布遗体告别仪式开始，奏哀乐。

（2）向××同志遗体致敬、默哀。

（3）献花圈。

（4）亲友致悼词。

（5）向××同志的遗体告别。

（6）告别仪式结束，奏哀乐。

（二）丧礼主持的用语规范

在主持丧礼的过程中除了要避免丧祭本身的禁忌之外，其用语也有要求：

首先，丧礼主持需要严肃，不仅在主持的态度上要求严肃，主持人的行为举止要稳重，在主持用语的过程中也需要控制情绪，保持沉稳，不可冲动，特别当逝者是亲人和挚友时。

其次，主持人的用语一定要简洁，主持稿的内容不宜过长，主持时间也不宜太久。

在主持丧礼的过程中，主持人应抱以一颗同情的心来进行，因为丧礼主持的目的很大一部分是给予逝者家属一定的安慰和鼓励，千万不能以教诲的姿态出现。

遵循真实的原则下对逝者进行适当的推崇与褒奖，不仅能够使逝者在亲友间留下好的印象，也会使到场的朋友和亲属深感安慰。

还有，就是主持人在丧礼主持的过程中，言语中要向家属传播着一个充满希冀的信息。让亲友们明白去世并非永远的别离，即使肉体死去了，其精神或是某些物件依然停留在人世间，陪伴在左右。

总而言之，主持丧礼，除了对逝者表达深切的哀悼之外，还要起到对家属的安慰，使其对生命充满希望的效果，这样才称得上成功地主持了一个丧礼。

三、有针对性地写追悼词

悼词又叫凭吊词，是在追悼会上由一定身份的人宣读的，用以追悼逝者生平业绩，向逝者表示哀悼的一种演讲文件。悼词的作用是对逝者的一生做出评价，勉励人们化悲痛为力量，学习逝者的可贵精神和品德，振奋精神继续做好本职工作。

（一）悼词的主要内容

——写明自己怀着何种心情悼念何人。

——介绍逝者生前身份、职务、逝世原因、时间、地点及其享年。

——追述逝者生平的主要业绩，做出恰如其分的评价。

——表达对逝者去世的悲痛、惋惜的心情，激励生者化悲痛为力量，学习逝者的品质和精神，继续前进。

鉴于悼词所出现的特殊场合及其悼念逝者、激励生者的主要目的，致辞者应以沉痛而又积极向上的语调来表达。

（二）写追悼词应注意的问题

——致辞者应对逝者的生平有较为全面的掌握，依据翔实、具体的资料才能使悼词言之有物。

——一般情况下不提逝者的缺点和错误，如果非提不可也应尽量使用委婉含蓄的方式，既照顾到逝者家属的心情，又使悼词确实起到激励生者的作用。

——对与逝者关系密切或十分崇敬逝者的致辞者来说，如能采用第三人称称呼逝者并贯穿全文，将起到感人至深的效果。

——致辞者可抓住能够充分体现逝者道德品质的典型事例来发表议论，阐发某些观点或哲理，使生者受到更深刻的教育。

——强调逝者未完成的遗志，以激发生者的责任感和上进心。

——选择亲身经历的事例加以细致描述，使追悼者对于逝者的业绩、人品有更为形象、具体的感受。

（三）实例

让我们举个例子来具体研究一下悼词。

"褚橙"接班人褚一斌在父亲褚时健追思会上的悼词

尊敬的各位长辈、各位来宾、家人和亲友们：

首先，我代表全家向你们表达最真诚的感谢，感谢你们在百忙之中前来吊唁，并送我父亲最后一程。

有太多的话想在这个时间、送别的时候说，但能想起来的都是作为家人的他，我们相处的一些点滴。是作为一个家长的他，教会我们的一些道理。

我想说，在父亲走的时候，我们身边缺了一个很强的支撑，我们很悲痛。但是今天我想，我们太悲痛，父亲也不会……所以，我想轻松一点跟大家一块儿，送父亲归西。我用一些生活的点滴、父亲生活中的一些细节，来表达我对父亲的思念。

我在十五六岁的时候，早上起床的时候总感觉睡不够。父亲有一个特点，比如他说，明天早上要在6点50分起床，虽然没有闹钟，但是他一定能在6点50分前后3分钟准时起来。

作为一个少年我很奇怪，为什么他能够做到？反过来，我们定了很多闹钟，闹了很多遍，都起不来。随着时间的过去，有一次，无意中，我听到他讲自己少年时的一个故事。

我父亲少年时候就失去双亲，他年龄较大，带着两个兄弟一个妹妹。长兄如父，所以在生活上、精神上，他都是弟弟妹妹的家长。他讲，他在15岁的时候烤酒，那个时候他的家庭每年有一半以上的收入，大概靠3炉的苞谷烤出的苞谷酒，苞谷的价格低廉，但是烤成酒就有比较高的收入。他的时间概念的形成，是因为他在烤酒过程中的经历（烤酒大概两个小时要加一次柴，不然火断掉以后，这炉酒就烤坏了）。有一次，15岁的他不小心睡过了，醒来后就发现（3炉苞谷中）一炉苞谷已经坏了，相应的收入就没有了。这意味着，他们都要挨饿，或者吃不太饱。从那以后，每次添柴，他能准时地在几分钟前后醒来。所以我看到，他后来每次跟人约时间，不管是领导、下属或者是后辈，说8点整，他一定会提前5分钟到达，等着，几十年了一直如此。

随着年龄的增长，一直到50岁，我对父亲的理解和学习都一直在持续。

另外，母亲一直在抱怨一件事。我记得母亲跟父亲曾经开玩笑说："我希望有一天你能牵着我的手上街走走。"老父亲回答，他说："行啊，你牵着我，但我马上变'崴脚'。"这是什么意思呢？就是假装是崴了脚，需要别人扶着他走。

父亲对爱的表达不是我们常人衡量的状态，但是母亲最后的总结是，下辈子我还嫁给褚时健。下面我说说我的理解。

在20世纪50年代末期、60年代，我们的生活非常艰难，母亲的身体也刚好是最差的时候。在我的记忆当中，她一年有2/3的时间躺在床上，饮食上稍微吃一点差的东西，身体马上就不行了。

作为一个家长，作为一个强者，那个时候他的爱的表达，我觉得很有意思。他是一个老游击队，在农场的时候，有一只属于集体的"79式"步枪，他枪法很好。当时我母亲病得厉害，不能保证一个病人的营养供应，是非常麻烦的一件事。他（褚时健）经常在最困难的时候，拿上步枪（去打猎），他曾经一枪打到两只猎物。在那个时候，父亲的身体非常强悍，是家庭强大的支柱。他很擅长钻研，上山能打猎，下水能抓鱼。

那时候，很多家庭因为缺乏营养，患水肿病。但是父亲很自豪，他说我们这个家没有一个人得水肿。这就是靠上山打猎，下水抓鱼，靠他的强悍。父亲的爱，是一种很强悍、可靠、坚实的爱，这就是母亲"下一辈子，我还要嫁的原因"。

还有很多场景，是我自己的感受。可能是天资的问题，我从小有关节炎、缺钙，在小学3、4年级的时候，一天会不小心跌倒2、3次，那时候父亲和我相处，我并不理解。

我们一起走路，从来没有并行过，往往是我走前面，他走后面。跌倒时候他永远说："那么大的人，干吗，走路都不会走，起来。"实在看不下去，再跌倒一次："行，你走后面，我走前面，要跟上。"

几十年过去，一直到我50岁左右的时候，都感觉后面有一双很严厉的眼睛盯着。但是接近55岁的时候，父亲曾经跟一位记者讲了一句话，对方问他："你对儿子现在的状态打多少分？"父亲说："打80分。"

当时，那个记者很开心地对我说："老人家给你打了80分。"我说有没有搞错，记者问我心里期望是多少，我说最多 60 分。在我 50 多岁的时候，他给了我一个超出我希望的指标。

但是，过去几十年他用严厉的眼睛一直盯着我，一直以来，基本上没有什么褒奖，在我成长过程中，父亲是用一种很沉重的教育方式。如果没有我背后这双眼睛，我可能没有今天，我可能变成另外一个人，变成一个很不负责任，很没有担当的一个人。

另外一个我想讲讲，我们家庭非常重要的成员，我的外甥女。外甥女留学回来以后结婚，生了两个孩子，孩子很可爱。但她有一个很大担心，担心孩子和祖祖（褚时健）在一块的时候，有太多的爱。

我们家后院有一个火塘，天气凉的时候，我们经常烧烤，土豆、番薯、烤肉，两个孩子是我父亲最喜欢的，一见到他们，（褚时健）就说："过来、过来、过来"，然后"喜欢吃什么？"说什么好吃马上烤什么，孩子坐在他膝盖上。

孩子母亲就担心，那种爱、过剩的爱，一口接一口、一口接一口地吃，他妈一次次地阻止："吃饱了，不能再吃了。"祖祖："还吃不吃？"

孩子总是觉得好吃的东西多吃点，所以经常把肚子吃坏了，这个就是母亲的担心。但是这个是长辈的爱。有时候连我都嫉妒，为什么我小时候没有得到这样的爱，但后来自己有了孩子就理解了。

另外一个是我的女儿，她对爷爷的一个感受，也是我作为一个旁观者的总结，她也得到很多爱。她在幼儿园的时候，第一个骑上老父亲的脖子，我听我母亲讲，我小时候他基本上没抱过我。褚楚小时候经常是爷爷到幼儿园接她，回来的时候是坐在肩膀上、骑着脖子回来的，大家都羡慕她。

褚楚有个最大的特权，老父亲工作忙，晚饭之后经常坐在那儿不动，我们都担心他的身体，动员他出去走走，都做不到。但是褚楚做得到，一句话"老爹（爷爷），我们出去走走。"他就必须得动，所以我们经常把这个特权、认真地、多次地充分发挥。

另外他有两个孙子在新加坡，不太懂云南话。孙子有点调皮，爷爷问他："要吃点什么？"孙子调皮，开玩笑说："爷爷我听不懂你说什么。"

老父亲就着急了，孙子说听不懂，憋了半天没办法。在我的印象中他没有说过普通话，汇报工作也是方言。后来，他会讲普通话了："吃不吃米线。"不久孙子也学会云南话了："爷爷我想吃米线。"这种交流、这种爱，是我们比较羡慕的——他的隔代亲。

在我记忆当中，对母亲、对我从来没说过一个爱字。老爷子这种方式，在我们做了父亲之后，慢慢理解了。

他的孙子孙女曾经得到过，在新加坡的孙子，因为生活习惯、特点和我们不同，孙子到了十来岁的时候个头和他差不多高了。离开的时候跟他告别，会伸手抱爷爷。第一次，我看到他抱爷爷的时候，爷爷的身体是僵硬的，爷爷不习惯。但是随着时间过去，孙子临走的时候他会上前来抱抱，这就是我看到老父亲柔情的一面。

大家都有不同的方式，对每个人来说，都不会绝对一样。但是，随着时间快也好、慢也好、刚也好、柔也好、厚也好、薄也好，我觉得体现自己的爱，不管对家庭、对社会、对每一个人，爱是创造一切的真正的动力。

记得他太多，记得他好处的人太多，很多朋友对父亲都很尊重，充满敬意，这也是他今天走的时候，还有那么多的人，那么多的朋友来为他送行的原因。感谢各位，感谢大家来送老父亲最后一程，谢谢，谢谢。

这是一篇悼念父亲的追悼词，这篇悼词写得情真意切，以一个儿子的角度追忆了父亲对家庭、妻子、儿女、孙辈的关心和爱护，将褚时健这样一个商业传奇人物背后的铁汉柔情展现得淋漓尽致，一句"爱是创造一切的真正的动力"更是点睛之笔，既抒发了自己对父亲的爱，同时也勉励在场的人像褚时健那样去爱，以爱为动力去创造美好的生活。

第七章

舞会主持

在各式各样的社交性聚会当中，若以号召力、受欢迎的程度而论，恐怕要首推舞会了。实际上，舞会也的确是人际交往，特别是异性之间进行交往的一种轻松、愉快的良好形式。

舞会，一般是指以参加者自愿相邀共舞为主要内容的一种文娱性社交聚会。在舞会上，人们可以自娱，兼以娱人。在优美的乐曲、美妙的灯光、高雅的舞姿的相互衬托之下，人们不仅可以从容自在地自我放松，而且还可以联络老朋友，结识新朋友，进一步扩大自己的社交面。

从礼仪规范方面来讲，舞会的成败，既取决于它的组织工作，又受制于参加者的自身素质与临场时的表现。

舞会是一种高雅的社交娱乐活动，而高雅的活动要靠一套严格的礼仪来维持。舞场具有浓厚的交际氛围，可以使人们在轻松优雅或热情奔放的乐曲中，结识朋友，交流情感，传递和接受信息。要使舞会顺利圆满，与之相关的舞会礼仪就显得至关重要。

第一节 舞会的组织和筹备

在组织一般性的社交舞会时，应当注意的主要问题是：时间、场地、曲目、来宾、接待等。

一、时间

举办舞会，首先必须选择适当的时间。这又涉及下述两方面问题：

（一）时机

举办任何一场舞会，都要"事出有因"，为其找到一个恰当的名义，如庆祝生日、纪念结婚、晋职升学、欢度佳节、款待贵宾等。换言之，碰上这些情况时，便是举办舞会的最佳时机。在一般情况下，周末和节假日，也适宜举办舞会。

（二）长度

确定一次舞会的具体长度，应当兼顾各种因素。但是其中最重要的是不要令人过度疲劳，以至于妨碍工作和生活。

在正常情况下，舞会最适合于傍晚开始举行，并以不超过午夜为好。其最佳的长度，通常被认为是 2 ~ 4 小时。

二、场地

舞会的场地问题，具体来说又分为举办地点与舞池选择两个方面。

（一）地点

确定舞会举行的具体地点时，既要考虑人数、交通、安全问题，更要注意其档次与气氛。与此同时，还须量力而行。

依照常规，举办小型舞会，可选择自家的客厅、庭院或是公园、广场。而举办大型舞会，则宜租借单位的俱乐部，或是营业性的舞厅。

（二）舞池

舞池，一般是指在舞会举办地点之内专供跳舞的地方。在举办大型、正式的舞会时，对于舞池的选择与布置，必须再三考虑。其中有五个细节尤须高度重视：

其一，舞池的大小应当适度，最好与跳舞的总人数大致般配，人均 1

平方米左右最佳。

其二，舞池的地面务必干净整洁，若其过脏、过滑、过糙，都会有碍于跳舞。

其三，舞池的灯光应当正常，并且在柔和之中又有变化。若其"失明"，或是过强、过弱，都不甚合适。

其四，舞池的音响需要认真调试，音量也要适度，切勿影响休息。

三、曲目

舞曲是舞会的导向和灵魂。在为舞会选择舞曲曲目时，主要考虑以下四条：

（一）从众

选择舞曲应符合大多数人的需要，切忌"曲高而和寡"。在一般情况下，最好选择众人熟悉的，节奏鲜明、清晰，旋律优美、动听的曲目作为舞曲。

（二）交错

从总体上讲，曲目的安排应当有"快"有"慢"，在节奏上令人一张一弛，各取所需。可将不同国家、不同风格、不同节奏的曲目穿插在一起，使舞曲时而婉转抒情，时而热烈奔放，好似波涛起伏一般，令人为之陶醉。

（三）适量

在正式的舞会上，最好提前将选好的舞曲印成曲目单，届时人手一份。曲目单上所列的舞曲总数，应与舞会的所定时间相呼应，并且"雷打不动"，一经确定，便不再增减。跳舞者一看曲目单上的舞曲数量，便对舞会的时间长度略知一二了。

（四）依例

选择舞曲曲目，还须遵守约定俗成的惯例。比如，一般的舞会均以《一路平安》或《友谊地久天长》等作为最后一支舞曲。此曲一经演奏，等于是在宣布"舞会到此结束"。

四、来宾

对舞会的来宾，组织者要做的主要工作有邀请、限量、定比等。

（一）邀请

确定舞会参加者名单后，即应尽早以适当的方式，向对方发出正式邀请。在常用的口头邀请、电话邀请、书面邀请等几种方式中，书面邀请最为正规。要强调的是，为了便于被邀请者早做安排，在一般情况下，最好令对方在舞会举行的一周之前得到邀请。

（二）限量

舞会的来宾绝非多多益善。来宾过多，不仅会在现场造成拥挤，使舞者难以尽兴，而且还有可能危及大家的人身安全。

因此，在筹办舞会时，必须以舞池面积为重要依据，规定参加者的具体数量，并予以认真掌握。

（三）定比

在较为正式的社交舞会上，相邀共舞之人不应当是同性，而必须是异性。要做到这一点，舞会的组织者就要采取一切可行的具体措施，以保证舞会的全体参加者在总量上，做到男女比例大致相仿，基本上各占一半。对已婚者，一般邀请夫妇两人共同参加。

五、接待

要确保舞会的顺利进行，在主人一方，还有一些具体的接待工作需要认真做好。其中较为重要的工作，是要确定舞会的主持人、招待员，并且准备好适量的茶点。

（一）招待

在可能的情况下，主人一方还需组织一支精明强干的招待人员队伍。他们应由青年男女组成，并穿着统一的服装，或佩戴统一的标志。他们的职责：一是迎送接待来宾，二是为来宾提供必要的服务，三是邀请单身前来的嘉宾共舞，四是为遭到异性纠缠的客人"排忧解难"。

（二）茶点

在时间较长、较为正式的大型舞会上，主方应为来宾提供适量的饮料、点心和果品，以供选用。提供茶点的具体方式，可以是按桌定量供应，也可以是宾主两厢方便的自助式。

第二节　熟识舞会的流程

一、舞会的基本流程

舞会与晚会不同，晚会可以是各种节目的集合，但舞会一定要以舞蹈为主线，可在其中穿插一些游戏、脱口秀表演、服装秀、抽奖等环节，来适当调节舞会气氛。

一般来说，舞会都会遵循以下基本的活动流程。

1. 热辣的开场舞蹈：瞬间激发现场观众的关注和热情。

2. 主持人开场白：进一步激发现场观众的热情。

3. 舞蹈：最好是劲爆的街舞，能快速跳动大家的舞蹈热情。

4. 舞蹈：劲爆的街舞之后，可以安排一些舒缓优美的舞蹈，比如恰恰、拉丁、牛仔舞等专业舞蹈。

5. 游戏：欣赏完几场舞蹈表演之后，应该进行游戏环节，舒缓一下气氛，也为下面的交谊舞环节做过渡。

比如，每位参会者在进场时都可以随机抽取一个号码牌，拿到相同数字的男生女生自动组成初始CP，然后通过一轮又一轮有趣的游戏，找到自己今晚的舞伴。

又如，男生戴面具站在场中央，逐个说出自己的"择偶"标准，符合要求的女生往前走一步。最后留在场上的女生进行反选，可以选出自己心仪的男嘉宾，为他们摘下面具，并合影留念，结成今晚的舞伴，可准备同色丝带系在手上，作为他们牵手的礼物和见证。

再如，蒙眼"踢毽子"和"抛接球"，考验的是舞伴之间的默契，开心娱乐的同时也培养了舞伴之间的感情。

6. 交谊舞：选出一两对舞技超群的搭档领舞，引领现场观众纷纷参与。这个环节应适当长一些，以 30 分钟至 60 分钟为宜。

7. 其他表演：交谊舞环节结束后，大家都有点疲惫，这时候可穿插进行一些歌曲演唱、魔术表演、脱口秀表演、服装走秀、抽奖等节目。

8. 舞蹈：两三个舞蹈表演，先进行舒缓一些的民族舞、古典舞、现代舞，最后进行比较热烈一些的爵士舞、肚皮舞、踢踏舞、甩手舞等。

9. 颁奖：选举舞会最佳舞者（一对），舞会最人气奖（男女各一名），舞会最佳装扮奖（2 名），舞会最活跃奖（2 名）等。

10. 集体舞蹈，主持人总结陈词：全场一起跳集体舞版的"恰恰恰"和兔子舞，在一曲《难忘今宵》的悠扬乐声中，主持人宣布舞会圆满落幕。

二、如何举办家庭舞会

随着人们对精神生活要求的日益提高，在节假日或一些喜庆日子举办家庭舞会已经被越来越多的人接受。由于参加舞会的客人都经过主人挑选，因此舞会上的气氛通常都轻松愉快，不会太拘礼节。举办家庭舞会需要做哪些准备呢？

1. 舞会的成功与否在于来宾是否高高兴兴，能否达到交际目的，而不在于舞会的奢侈程度。

2. 选择来宾应从以下几方面考虑：依据场地大小来控制人数；可邀请喜欢跳舞而且比较熟悉的朋友；尽量不邀请大家都不欢迎的人；要有意邀请一两位比较活泼的朋友，以活跃舞会气氛。

3. 在选择舞曲时，应注意交替播放不同风格的曲目，以调众口；根据来宾性格特征挑选曲子，例如，如果来宾多为年轻人，可多准备一些节拍鲜明、节奏感较强的曲子；注意音乐播放次序的设计。

4. 在布置场地时，应力求大方雅致，可在舞池（即客厅）周围设置一些座椅，同时尽量充分利用阳台的空间。

5. 为了烘托气氛，舞会的灯光也应该精心设置。如果只有日光灯，则可以考虑用彩色玻璃纸蒙住。

6. 在舞会中安排一些集体游戏，并备一点有纪念意义的小礼物，发给游戏的幸运者，这样可以使舞会不显单调。

三、舞会上的注意事项

身为舞会的主持人，必须要熟悉舞会上的各种礼仪以及注意事项，避免出现一些不愉快的事情，影响现场的气氛。

（一）舞会上下场礼仪

上场时，男士应主动跟在女士身后，由对方来选择跳舞地点。女士则应注意自己所选择的地方不宜过于拥挤，或者过于空旷。

下场时，不宜在舞曲未完之际先行离去。等舞曲演奏完毕，应立于原处，面对乐队或主持人鼓掌，以示感谢。随后，男士可在原处向女士告别，或是把对方送归原来的地方再离开。告别时，男士应对女士说："谢谢。"女士应回答："不客气"或"再见"。未与女士作别时，男士不宜离去，尤其是不要为了急赶他人而不告而辞。

上下舞场时，应缓步而行，不要拐来绕去，动作轻佻。

（二）跳舞时的礼仪

跳舞时，身体要端正。通常为男士领舞。领舞与伴舞者之间不宜相距过近，双方胸部应有 30 厘米左右的间隔，以维护各自的人格尊严。

跳舞时，体态和表情应当活跃自然，不要呆滞、拘谨。同时，动作要把握好分寸，以免引起对方和他人的反感。

跳舞时，男女双方都不要目不转睛地凝望对方，也不要表情不自然。男士不可把女士的手捏得太紧，不可把整个手掌掌心向内地全贴在女士的腰上。不要在旋转时把女士拖来扯去，或是腿部过分地伸入女方的两腿之间。女士不要把双手套在男士的脖子上，也不要把头部主动俯靠在对方的肩上。

要注意不要踩踏舞伴。如果因为自己的不慎而踩踏、碰撞了舞伴或周围的人，不管与对方相识与否，都应主动向其道歉。

（三）舞会上的注意事项

1.如果身体不适，就不要勉强参加舞会，特别是在你有传染病时更不可进舞场。否则，不仅影响自己的休息，不利于早日康复，而且还容易传染疾病。

2.刚学跳舞的人士，进舞场前最好多学几种舞步，否则会影响别的舞伴跳舞。不要在舞场学舞步，这会影响对方的情绪。

3.跳舞时如和对方比较熟悉，可以小声地交谈，声音小到不影响其他舞伴为好。对不熟悉的舞伴，不可问长问短，闲聊不止。如果遇到一对密谈的舞伴，就应立即离开。舞伴之间有什么重要事最好在休息时找地方谈，不可在舞场上争论不休、大声喧哗、高谈阔论。

4.如有事找人，找到后不能在舞场交谈，要到休息室去谈。更不能在音乐进行中就把人从舞池中拉出来，这会使人尴尬。有事需要到舞池的对面，应绕道而行，不可穿越舞场。

5.跳舞休息时，不能把吃剩的果皮等物随手扔掉，这是一种很不文明的行为。

6.舞兴要有所控制。不能在舞场上出风头满场飞，抓住舞伴不放，让其他舞伴无可奈何。

7.要尊重主人为舞会所做的安排。不管当面还是背后，都不要对舞会安排进行批评或讽刺。不要随便要求改动舞会的既定程序，或凭个人兴趣和愿望要求临时改换舞曲，或要求延长舞会的时间。

8.切忌争风吃醋。不要为了在异性面前逞强，或受不良情绪指使，对同性过分尖酸刻薄。

9.异性之间要自重自爱。不要跟刚结识的异性乱开玩笑，说话要注意分寸。

第八章

宴会主持

除了与日常工作、生活紧密结合的一些社交行为活动外，还有许多专门化的社交礼仪活动。由于这些活动专门用来处理各种相互关系，因此礼仪的作用显得更为重要和突出，而且礼仪规范在内容上、程序上更为复杂，规格和要求也更为细致、具体和严格。这需要我们具有相关的专业知识和组织管理能力，才能科学地、得体地搞好这类活动。

第一节 宴会的性质、规格和形式

一、清楚宴会的性质

宴会，也就是宴请，是一种常见的礼仪社交活动，较家宴规范性强，内容复杂，要求严格。

宴请就活动的性质而言，有三种：

（一）礼仪性的。例如，为欢迎外国元首、政府首脑来访；为庆祝国庆日、建交日和其他重要节日；为庆祝重大工程的竣工；东道国为某一重要国际会议的召开，由于礼仪上的需要而举行宴请。这种活动要有一定的礼宾规格和必要的礼宾程序。

（二）交谊性的。主要是为了表示友好，发展友谊。例如，接风、送行、告别等。有的时候并无特定的题目，也有时是借题目做文章。这种宴会，规格讲究没那么严，讲究气氛热烈，强调亲切、友好，促进友谊的发展。

（三）工作性的。主人或参加宴会的各方，为解决特定的工作问题而举行宴请，以便在席间进行商谈。

这三种情况，有时交相为用，兼而有之。

二、了解宴会的规格和形式

宴会规格对礼仪效果的影响是十分明显的。宴会规格一般应考虑宴会出席者的最高身份、人数、目的、主人情况等因素。规格过低，会显得失礼；规格过高，则无必要。确定规格后，应与饭店（酒店、宾馆）共同拟定菜单。在拟定菜单时，应考虑宾客的口味、禁忌、健康等因素。对个别宾客需要特别照顾的，应尽早做好安排。

由于活动目的、邀请对象及经费开支的不同，宴请也可分为多种不同的形式。国际上通行的宴请形式有宴会、招待会、茶会、工作餐等。每种形式均有特定的规格和要求。

宴会，指比较正式、隆重的设宴招待，按其规格又有国宴、正式宴会、便宴之分。国宴是国家元首或政府首脑为国家的庆典或为欢迎来访的外国国家元首及贵宾而举行的正式宴会，因而最隆重，规格也最高。正式宴会在规格上仅次于国宴，除不悬挂国旗、不奏国歌及出席人员身份不同外，其余安排均与国宴相同。便宴即非正式宴会，按时间可分为午宴、晚宴和早宴。这类宴会形式简单、随便，可不排座位，不做正式讲话，故气氛显得自由而亲切，宜用于日常友好交往。

招待会是一种不备正餐，较为灵活的宴请形式，具体形式有两种：冷餐会和酒会。冷餐会的特点是不排座位，菜肴以冷食为主，也可用热菜。菜肴与餐具一同陈放在餐桌上，供客人自取。地点可在室内，也可在院子或花园里举行。冷餐会的规格及隆重程度可视主、客双方的身份及需要而定。一般来讲，这种形式常用于官方非正式活动。酒会又称鸡尾酒会，形式较为活泼，便于广泛接触、交谈。酒会宴请内容以酒水为主，略备小吃，不设座位，仅置小桌以便客人自由走动。酒会举行的时间也较为灵活，早、中、晚均可。请柬上往往注明整个活动延续的时间，客人可在其间任何时候到达和退席，来去自由，不受拘束。

茶会是一种更为简便的宴请形式，一般在上午十时或下午四时左右举行。茶会通常在客厅举行，厅内设茶几、座椅，不排席位，但在入座时，应有意识地将主宾与主人安排在一起，其他人则随意入座。茶会主要是请人品茶，因而对茶叶、茶具的选择要有所讲究，或具有当地特色。

工作餐是现代国际交往中经常采用的一种非正式宴请形式，按时间可分为工作早餐、工作午餐和工作晚餐。餐会期间，宾主双方可利用进餐时间，边吃边谈。此类活动一般只请与工作有关的人员，不请配偶。

第二节　宴会的组织和筹备

一、了解宴会的组织和筹备情况

了解宴会的组织和筹备情况，对一名主持人来说是必不可少的。因为它有助于主持人熟悉宴会，从而更好地主持宴会。具体说应该做好以下几点。

（一）确定好宴会的目的和缘由

宴会的目的一般都很明显，如节庆日聚会、工作交流、贵宾来访等。根据目的决定邀请什么人、邀请多少人，并列出客人名单，宴请人数，通常应为偶数。避免邀请平时有积怨者同时赴宴。

（二）要确定好宴会的地点

官方正式隆重的活动，一般安排在政府、议会大厦或宾馆饭店的大厅举行。其余按活动性质、规模大小、宴请方式及实际可能选定。小型正式宴会，宴会厅外另设休息厅（又称等候厅），供宴会前交谈用，待主宾到达后一起进入宴会厅。

（三）要认真安排好宴会的服务

宴会举行之前，组织者一定要安排好宴会的工作，尽可能周全地做好宴会的各项准备，以便为来宾提供完善的服务。比如，在宴会厅附近设有休息厅、吸烟室，设有存衣处。还应在宴会厅门口安排迎宾人员、引导人员，在休息厅安排接待人员等。

（四）要确定宴会参加者的范围

也就是说，要确定好拟邀请哪些方面、多少人赴宴，己方又有多少人出席作陪。这要根据宴会的性质、目的、主宾的身份及双方的关系、习惯做法和国际惯例等确定。大型招待会有时可以适当多邀请一些客人，但过分扩大邀请范围，客人太多，招待不过来，效果反而不好。所以，一般而言，邀请的范围不宜过大。对与己对立方人士的邀请，对相互间对立客人的邀请，应该慎重考虑。小型宴会的邀请名单，更应逐个研究。邀请夫妇一同参加的活动，要注意有些人是独身的男子或女子，写请柬时要有所区别。为人送行的宴会，一般以请熟人作陪为好。家宴一般也只请认识的人。出席宴会的主人和客人人数的比例要适当。未被邀请的人员不可进入宴请活动场所。

（五）要确定好宴会的菜单

在确定菜单时，既要符合有关规定和惯例，考虑规格的限定；又要尽可能地照顾赴宴者，尤其是主宾的年龄、性别、健康、民族饮食习惯和个人特殊的口味。不要以主人的爱好为准，应当着重讲究质量，精心调配。在正式的宴会上，菜单至少要一桌一份，或是人手一份，以便使大家在用餐时可以各取所好，量力而行。

（六）要确定好宴会的形式

这主要取决于自己的习惯做法。目前我国宴会基本上都是中餐宴会、自助餐、酒会等简便的用餐形式，正在被提倡用来替代一些正式宴会。

（七）确定好宴会的名义

宴会的名义，主要是指在对外宣传口径上所公布的宴会主办单位或主持人。这实际上关系到宴会的档次和规格。原则上讲，宴会主持人的确定，要兼顾客人的身份。对外宴会的主持人，一般应为我方出面接待外宾的身份最高者。国内宴会的主持人，通常应为宴会主办单位的最高负责人，邀请客人应当采用他的个人名义。

（八）要确定好宴会的时间

宴会时间的选定，应以主客双方的方便为合适。另外，不要选择重要的节假日、活动日，要避开双方或其中某一方的禁忌日。比如，对信奉基督教的人士不要选 13 日；伊斯兰教在斋月内白天禁食，等等。小型宴请的时间，应首先征询主要客人的意见，主宾同意后再邀请其他宾客。根据国际惯例，晚宴被视为规格最高的宴会。

（九）要慎重填写和及时发出请柬

请柬内容一般应包括活动的主题、形式、时间、地点、主人的姓名等。外文请柬通常还打上被邀人的姓名称呼，中文请柬则把被邀请人的姓名写在信封上。请柬行文不用标点符号，其中的人名、单位名、节日名应尽量采用全称。请柬上的字迹应清晰、美观。

除了宴请临时来访人员，时间仓促的情况除外，宴会请柬一般应在两三周前发出，至少亦应提前一周。已经口头邀约好的也以补送请柬备忘为好。

需要排座位的宴会，为了便于事先确切掌握和安排座位，可要求被邀者收到请柬后给予答复。为此，可以在请柬下角注明"请答复"。如果仅要求不能出席者给予答复，则可注上"不能出席者请答复"，并注明己方电话号码。另外，也可以在请柬发出后，打电话询问对方是否出席。比较隆重、正式的大型宴会，最好先排好座位，并在请柬左下角注明席次号，然后根据落实后的出席情况，再略加调整。

国际上的通常做法，如果邀请夫妇二人，可以合发一张请柬。我国国内有些场所需凭请柬入门的，也可夫妇各发一张。请柬的格式和行文，中文本与外文本不完全一致，可以各按其习惯办事，不必强求一致。

二、了解安排座位和入座的情况

（一）一般的座位安排

正式宴会，一般都事先排好座次，以便宴会参加者入席时井然有序；同时这也是对客人的尊重。非正式的小型便宴，有时也可以不必排座次。

安排座位时，应考虑以下几点：

1.以主人的座位为中心。如主人的配偶也参加时，则以主人及其配偶为基准，以靠近者为上，依次排列。

2.要把主宾及其配偶安排在最尊贵、显要的位置上。安排座位通常以右为上，即主人的右手是最主要的位置；其余主客人员，按礼宾次序就座。

3.在遵从礼宾次序的前提下，尽可能使相邻就座者便于交谈。例如，在身份大体相同时，把职业、专业相同相近，或使用同一语种的人排在邻近。

4.主人方面的陪客，应尽可能插在客人之间坐，以便同客人接触交谈，避免只和自己人坐在一起。

中餐宴会与西餐宴会席位安排应遵循不同的规则，我们以下面两图为示来说明（见图8-1、图8-2）。

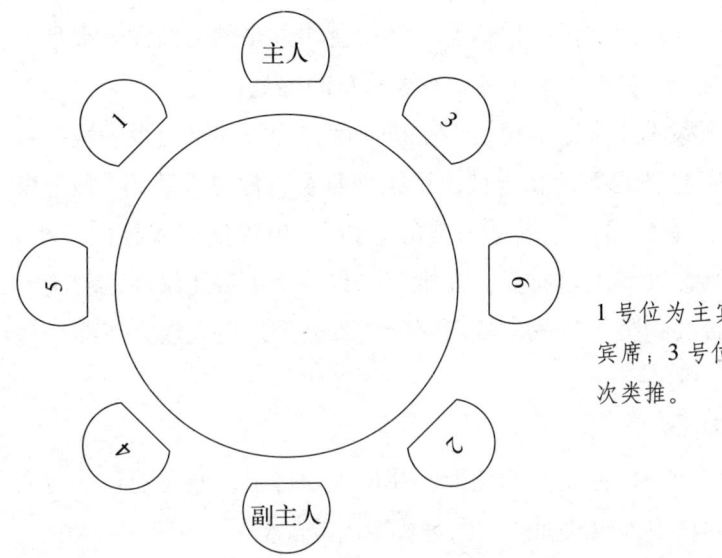

1号位为主宾席；2号位为副主宾席；3号位为第三宾客席，依次类推。

图8-1　中餐宴会8人席席位安排

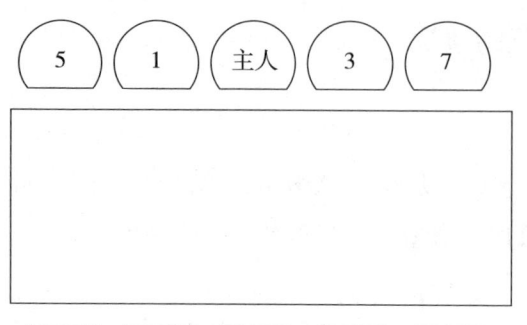

1号位为主宾席；2号位为副主宾席；3号位为第三宾客席，依次类推。

图 8-2　西餐宴会 10 人席席位安排

（二）商业性宴会座位安排

每一位经理都应该知道按照礼仪的优先来安排客人的座次。座次的安排，应先掌握客人在餐桌上是否要性别彼此间隔、丈夫和妻子分开（甚至在不同桌）等基本原则。若你的客人在他的公司里担任相当高的职务，参加你的宴会时，就必须按照他们的重要性，而非性别，来安排他们的座次。

因为对级别十分敏感，所以事前应先打电话到客人的公司，调查他们在公司里的职位；也可以用其他方法了解，例如官员名册的参考资料。当每个人都就座，感觉座次安排得很适当，客人会印象深刻，感到荣耀且十分高兴、使杰出的政府官员和企业领袖有被尊重的感觉。

当你按照资历深浅为自己公司员工安排座次，你的同事会很愉快。若你随便安排，不考虑谁的级别高于谁、谁比谁重要，你也许认为"整个事情以民主来处理，本公司不介意这一类的事情"，但你的客人纵使没提，却可能不苟同。当客人座次没有妥善安排，在每一个了解礼仪规范的宾客心目中，都会对贵公司失去好感，从而可能使贵公司声望大跌。下面一些人是要特别注意安排的。

1. 有官阶的客人

有官阶的人必须安排在主客的位置。在席次安排中，他或她是在客人的位置，侧边坐的是主人或共同的主人（或主人的配偶）。

至于携伴参加的餐会，每个人的配偶是依伴侣的级别来安排席次，换句话说，如果市长和夫人一起参加你们总经理的午餐，他可能就是在场级别最高的人，因此他夫人也应受到最高级别的待遇。如果市长是女性，在两性出席的聚会上，她坐在总经理的右边，她的丈夫坐在总经理夫人的右边。

2．地位崇高的客人

在团体中的阶层组织里居高位者，被安排坐上位是毋庸置疑的。例如，政府官员，军队的指挥官，学校的管理者，大学的校长——这些人都是团体中卓越的人物，应该安排在重要的座次。

3．外宾

企业人应该记住一项重要的事，外宾（以及配偶）一向被安排在贵宾的席次，除非相当凑巧有更重要的客人。

4．本公司的同事

这些客人应该按他们在公司组织的地位来安排座次。每家公司的组织机构可能都不一样，不过，这里有一份代表性的公司组织人员地位排序表可供参考。

董事会主席和总经理（如果总裁也兼总经理，则他排名第一，主席排第二）。

总裁（可能兼总经理或执行经理）。

执行经理（若有副主席，则排在执行经理之后）。

财务经理。

执行副总裁（通常包括：总顾问、行政经理、发言人、商务部执行副总裁）。

资深副总裁或副总裁，其中很多都担任经理。

助理副总裁（通常在金融服务业或创意服务业才设有这个职务）。

律师或会计师事务所的组织代表：总经理排名第一。资深的副总裁其次，他们通常是非正式地按照他们的业务量多少来排名。

（三）圆桌座次安排

同样的体制适用于圆桌，但用圆桌不需要一位共同的主人。若你有四位重要客人，有位共同主人会比较容易处理。事先写好主人和共同主人的名牌，好让客人知道坐在哪一桌。

如果客人彼此互不认识，那就只写姓。这时，为了清楚，名牌上要包括主人和共同主人的姓和名。

（四）开放的座次安排

为了避免开放的座次现场混乱，每张桌子上应摆放主办公司高级人员的名牌，而且每位参与盛会的贵宾，也应该有指定的座位，将他的名牌放在该桌主办公司人员名牌的右边或左边。由于主办的公司无法说明谁不出席午餐会，客人随到就随时在圆桌上就座。贵宾那一桌的主人，不仅应平安地将贵宾引导至他或她的座位和名牌前，而且应妥当地介绍给该桌其他的客人。每一桌的主人手上应有餐桌编号图，上面写好每一桌主人和贵宾的名字。

以上是在安排座次时通常要考虑的一些做法。在具体实行时，还应根据当地习惯和主客双方的实际情况，妥为安排。例如，主宾偕夫人出席宴会，而主人的夫人不能出席，通常可以安排其他身份相当的女主人在主宾夫人的邻近就座，以便招呼攀谈。有时还要根据客人临时不能来等情况，在入席前将座次在现场进行调整。

正式宴会一般均排席位，礼宾次序是安排席位的主要依据。桌次的布置和座位的安排都必须严格符合要求。通常的做法如下：

席位座次排定后，最好在入席前通知到每一位出席者，使大家心中有数。此外，现场还应有专人引导来宾准确入座。通常按国际惯例，桌次高低以离主桌位置远近而定，右高左低。同一桌上，席位高低以离主人远近而定。外国习惯是男女混排席位，以女主人为准，主宾在女主人的右上方，主宾夫人在男主人的右上方。我国的习惯则是按各人本身的职务排列，以便于谈话。如夫人出席，通常把女方排在一起，即主宾坐在男主人右上方，其夫人坐女主人右上方。礼宾顺序并非席位安排的唯一依据，尤其是多边活动，更要考虑到客人之间的政治关系，政见分歧大、两国关系紧张的要尽量避免安排在一起。

三、注意协调周围环境

要使宴会大获成功，宴会的现场环境就绝对不可以置之不理。从某种程度上讲，越是正规的宴会，就越是应当讲究现场的环境。人们有言，宴会上不仅要讲究"吃文化"，而且也要讲究"吃环境"。这表明：在正规的宴会上，现场环境也是一道不可忽略的"菜肴"。

所谓宴会的现场环境，通常指的是宴会举办地点及其周围的条件与情况。具体而言，它又可以分为大环境与小环境。前者泛指宴会举办场地及其周围的条件与情况，后者则仅指宴会举办场地的条件与情况。在考虑宴会举办现场的环境问题时，二者均应予以兼顾。

总的来讲，对于宴会举办现场的环境，有如下五个方面的基本要求：

（一）卫生

在考虑宴会的现场环境时，必须对卫生问题给予高度的关注。这不仅直接关乎就餐者的身体健康，而且也关系到宴会与宴会举办者的声誉。

（二）安全

在布置宴会的现场时，切勿忽略安全问题。举办大型宴会或者有要人到场，对此尤其不能等闲视之。对防毒、防火、防爆炸、防停电、防践踏等问题，均应备有预案。

（三）幽静

在力所能及之时，千万不要选择车水马龙、人声鼎沸之处举办宴会。举办宴会的现场，应当越幽静越好。宴会现场过分喧闹嘈杂，会败坏人们的食欲。

（四）雅致

一般而言，宴会的举办现场，均应事先进行必要的布置。在进行宴会的现场布置时，应力求使之高雅脱俗，既有品位，又独具特色。

（五）朴素

宴会的举办现场，还应当布置得朴素大方，整整齐齐，干干净净，亮亮堂堂，有条不紊。在讲究环境的雅致时，千万不要使之与朴素背道而驰。

四、了解菜单的安排和禁忌

在正式的宴会上，主角从来都是菜肴。所谓菜单，指的是主人在主办宴会时正式开列的拟订上桌待客的菜肴的底单。换言之，菜单就是宴会上将要提供的菜肴的计划。要使宴会获得成功，菜单的安排往往至关重要。

（一）菜单安排的基本原则

安排菜单时，主方人员必须树立正确的指导思想，这便是菜单安排的基本原则，它大致包括如下四条。

1. 主随客便

客人从来都是宴会的中心，因此在安排菜单时，必须以客人作为主要的着眼点，努力照顾客人，满足客人，而不是反其道而行之，心中只想着主人自己的爱好与口味。

2. 关注主宾

安排菜单时，还须以主宾作为重点的照顾对象。做什么事情，都讲究有主有次，设宴待客时亦应如此。设宴待客时以主宾作为重点照顾对象，向来都是名正言顺的。

3. 量力而行

主方人员在设计菜单时，还必须从自身的实际能力出发，量力而行。在一般情况下，安排菜单没有必要超出自己的实际能力。

4. 相互体谅

对宴会菜单的设计，宾主双方均应相互体谅。主人应当处处以客人为重，努力为客人着想；客人亦应体谅主人，不要对主人要求过高。

（二）菜单安排的核心问题

在具体操作菜单的设计时，必须对以下两个核心问题予以高度重视。

1. 了解忌用的菜肴。在正式的宴会菜单安排上，最关键的问题，是要了解哪些菜肴忌用。

首先是宗教禁忌。属于宗教上的饮食禁忌，是安排菜单时绝对不宜触犯的。

其次是民族禁忌。不少民族，都有自己独特的饮食禁忌。对此，若不予回避，便是对民族习俗的不尊重。

再次是职业禁忌。有些饮食禁忌，来自职业方面的限制。例如，驾车的司机禁止饮酒。安排菜单时，对此亦不得忽略。

最后是个人禁忌。有的人有一些纯粹属于个人所独具的饮食禁忌。在了解赴宴者的饮食禁忌时，也必须将其考虑在内。

2.选择适宜的菜肴。在安排菜单时，下述三类特色菜肴可予以兼顾。

首先是具有中餐特色的菜肴。鉴于国内宴会通常都是中餐，因此在菜肴的选择上必须注意使之体现中餐的特色。

其次是具有地方特色的菜肴。我国地大物博，各地都有一些本地的特色菜肴。它们显然可以充当宴会菜单的主角。

最后是具有餐馆特色的菜肴。在某些知名餐馆宴客时，还可以酌情选择其特色菜肴，以示大家"慕名而来"，并不虚此行。

在重要的宴会上，拟定好了的菜单应在宴会开始前被摆放在餐桌之上。它既可以各桌一份，也可以每人一份。各桌一份时，应将其摆在主人与主宾之间。每人一份时，则应将其摆在每位就餐者的右手。菜单通常应以卡片纸、折叠卡打印或手书。它一方面可使大家对行将上桌的菜肴胸中有数，另一方面则可供纪念收藏。

设便宴待客时，一般不预先准备菜单，而是临时点菜。临时点菜时，主人应注意"主随客便"，客人则应讲究"客随主便"。临时点菜的基本做法有三：一是主人点菜。主人点菜，应注意与大家协商。二是主宾点菜。主宾点菜，须注意适可而止。三是大家同点。大家同点，即每人各点一菜，然后共拼成一席。点菜时，对不了解其内容的菜肴不应乱点。客人在点菜时，还须避开过于昂贵的菜肴。

第三节　主持宴会的程序

宴会程序，包括宴会整个内容安排的程序，以及上菜用餐程序。

一、内容安排的程序

举行宴会，主人应站在大厅门口迎接客人。官方正式活动，还可以有少数主要官员陪同主人夫妇排列成行迎宾，通常称为迎宾线。客人握手后进入休息厅，如果没有休息厅则直接进入宴会厅。这时，如果还有其他客人陆续前来，可以由其他官员代表主人在门口迎接。

主人陪同主宾进入宴会厅，全体客人就座，宴会即正式开始。如果休息厅较小，或宴会规模大，也可请主桌以外的客人先入座，主宾席最后入座。

我国做法是入席后先讲话，再用餐。西方的习惯是，讲话一般安排在热菜之后，甜食之前。冷餐、酒会，讲话时间可以灵活掌握。讲稿可以事先交换，由主人一方先提供。在主宾致辞时，在座的人只能专心听讲，不可埋头吃喝。只有在主人示意"开始"后，才能动手取食。不然，就是失礼的。

正式宴会，吃完水果，主人与主宾起立，宴会即告结束。西方习惯，上完咖啡或茶，客人即可开始告辞。主宾告辞时，主人送主宾到门口，原迎宾人员顺序排列送客。

二、上菜用餐的程序

在正式的中餐宴会上，上菜的先后顺序是：先上冷盘，后上热菜，最后再上甜食与水果。即使桌数再多，各桌也要同时上菜。上菜的具体方法有三种：一是以小碟盛放，一人一份。二是以大盘盛放，由侍者依次为每个人的食盘里分让。三是以大盘盛放，直接上桌，然后由各人随意自取。

在正式的西餐宴会上，往往要上六道左右的菜。依次是：开胃菜、汤、鱼、肉、水果和甜食、咖啡或红茶。不过西餐宴会现在也在简化，只上两三道菜的西餐宴会现在已越来越多了。所以，用餐前一定要弄明白，不要以为"好戏还在后头"，结果等来等去，最后饿了自己的肚子。一般习惯，分菜应由主宾开始，按先客人后主人，先女宾后男宾的顺序，依次进行。如果有两位以上招待员，也可以分别从主宾和女主宾两头开始。为客人分菜，应从客人的左侧分菜；为客人倒酒则从客人的右侧进行。客人吃完，撤餐具也从右侧进行。每道菜上完第一轮后，还可视客人进食情况，征询主人是否需要添菜。一般做法，每道菜吃完后都应另换食盘。如设便宴，菜的道数又多，来不及每道菜换盘，也不要把味道差别大的两道菜用同样的盘子盛。

第四节　如何致辞

一、怎样举杯祝福

一个好的举杯祝福是智慧、艺术、天赋、技巧的综合，也是一种重要的商业工具。知道如何举杯祝福，就是知道如何为宴会营造美好的气氛，把气氛提升到高潮，不仅使祝福的对象愉快，大家也都会很快乐。一次好的举杯祝福，可以使无聊的夜晚变得非常特别。所以主持人的发言相当重要。

（一）谁首先来举杯祝福

一般的宴会上，主人就是主持人，主人应进行第一次举杯，祝福餐会或鸡尾酒会的贵宾（有时一次就已足够）。如果没有人起来举杯祝贺，客人也可以起来对主人和贵宾做第一次也是仅有一次的举杯祝福。

男人和女人有平等权利（或称为责任）举杯祝福贵宾。主人的配偶或贵宾也可以主动举杯祝福，他们有时候做得更好。

（二）举杯祝福的理由

这可以是宴会举办的理由，也可以再寻找一个相关的有趣理由，如欢迎新同事；跟同事道别；开创新的事业、产品或服务；欢迎一位重要的访客。

（三）举杯祝福的对象

你的外宾。例如，"艾新朋先生，很高兴这个星期你跟我们在一起。

你在广州的工厂对我们十分重要，我们期待合作更愉快、收获更丰硕的未来。我们在北京的总公司跟你这么一位精力充沛、令人喜爱的伙伴一起工作，实在太愉快了。各位女士、各位先生，祝福艾新朋先生！干杯！"

坐在你右边的官员。

老朋友，或路过这个城市的亲戚。

你刚完成（或希望完成）的一笔生意的主角。

庆祝生日、周年纪念、升官提薪的朋友或同事等。

在你生命中很重要的人物。比如你的医生、喜欢的老师等。

坐在你那一桌的长者，或许是一位来访的祖母。

从公司退休的前辈。列出那位退休人员的所有成就，希望他生命的下一阶段幸福、快乐。你可以讲讲他的一些趣事，而在你举杯祝福他之前，送他一份礼物。

（四）举杯祝福的时间

在餐会开始时。主人先让客人集中注意力，然后说一些简短又热情的欢迎词，再介绍坐在贵宾席的贵宾。

餐会一半时，主人先引起客人的注意，然后转向坐在他右边的外宾。

在餐会结束时。香槟酒杯端上餐桌，是餐会要结束的暗示。在甜点或水果上来之时，香槟倒入杯里。等每个人的酒杯都倒好，主人应站起来举杯祝福贵宾。

（五）个人举杯祝福

在你举杯祝福前，看看四周。他们的酒杯里都要有酒，最好是葡萄酒或香槟之类的，但现在以水代酒也没问题。举杯祝福主要是表达祝福、表现机智和智慧，不在于杯里的酒。

作为主人，你面对你要祝福的人，先发表你的评论，最后，正视对方，举起你的酒杯致敬。若你是被祝福的对象，你不必跟别人那样喝酒，因为你举杯也表示你在祝福自己。你只要微笑着说："谢谢你。"同时手离开酒杯，那是你备感荣耀的时刻。

若有位客人坐在你旁边，你可以说："敬你！"若你举办宴会活动，可以举起酒杯对你的客人说："很高兴你来了。"简短的举杯祝福，像"干杯！"

或"敬你!"已变成国际欢迎的祝福语。

作为客人,不要抢在你的主人之前举杯祝福。第一个举杯祝福是主人的权利。换句话说,在你要发动之前,先等等看是否谁会要先举杯。如果好像没有人有意思,你要做一次举杯祝福,宜先轻声对你的主人说:"你会介意我来一次举杯祝福吗?"有九成的主人会乐意你进行使晚宴与众不同的动作。通常对你的要求,主人都会乐于接受。

最好的举杯祝福,时间是1分钟;主要的举杯祝福,时间3～5分钟。任何超过这个时间的举杯祝福,都会失去它的效益,像漏了气的气球,掉落地上。马克·吐温说过:"30秒已长得足以把值得说的话说完。"除非为了自己,任何举杯祝福不应该超过60秒钟。

在你的举杯祝福里包括越多的人(例如,外地来的所有访客,而不是某一个人),就散布越多的欢乐。

若你对一桌10人或略多的人,做一次欢迎的举杯祝福,应站起来举杯祝福。若餐桌很小,你当然可以坐着。其他任何人举杯祝福都不需要站起来,不过,若餐桌很大,或包厢内有好几桌,应站起来大声讲话,使每一个人都能分享趣事。

有人觉得在举杯祝福时,要跟每个人碰杯,那也是对酒杯的虐待。举杯祝福不要求碰杯。喝太多酒后,不要举杯祝福。

(六)回敬举杯祝福

如果你是被举杯祝福的对象,若未在主人祝福你后立刻回敬,就应该在用甜点时或之前回敬。别等到餐会结束,那时与会者已纷纷站起来准备离去。

你的回敬应该简短(你可以在机智和魅力上赢过你的主人,但绝不要在时间的长度上和主人较量)。若你害羞则只要说:"今晚你们给我们准备了一顿美好的晚宴。谢谢你们的殷勤款待,我确信每个人都乐于跟我一起感谢我们了不起的主人。"

二、怎样致欢迎词

欢迎词是在欢迎宾客的酒宴上由主人所作的,向客人表示热烈欢迎的演讲。一篇优秀的欢迎词能够给客人留下良好的印象，加强宾主双方的理解和交流，从而为顺利开展工作打下基础。

（一）欢迎词的主要内容

——首先代表主方向宾客表示欢迎或感谢。

——讲明来宾来访的目的和意义，述说宾主交往的历史和现状，展望未来合作的前景。

——再次表示欢迎或感谢，或讲一些祝福和希望的话或以大家举杯共饮作结。

（二）写欢迎词应当注意的问题

——既要严谨、正式，又要尽量使用热烈的语气，营造活泼的气氛。

——讲述东道主热情好客的传统，可以使来宾感受到亲切的气氛。

——尽量做到求同存异，充分肯定宾主间已有的良好关系或合作成果，对彼此的分歧予以委婉处理或暂时搁置。

——真诚地赞美来宾是迅速赢得来宾认同与好感的有效方法。

——适当引用来宾熟悉的事例、谚语、方言等，可以拉近彼此的心理距离。记住：主人对来宾了解得越全面、越深入，甚至了解到出乎对方意料的地步，则越容易获得来宾的好感。

（三）典型示范

李秋实教授在西华大学 2018 级新生开学典礼的欢迎词

尊敬的各位领导、各位老师、亲爱的 2018 级新同学：

大家上午好！

今天非常荣幸有这个机会在开学典礼上发言。我是两年前从北京航空航天大学来到西华大学的，西华大学的美丽、朴实吸引了我。两年来，我以做一个西华人为荣，以为西华做出点滴贡献为傲。我也很幸运，在西华大学，我入选了教育部"长江学者"特聘教授，但更幸运的是，我在这里遇见了你们！在此，请允许我代表西华大学全体教师，对 2018 级新生的到来表示最热烈的欢迎！

同学们，从今天开始，大家可以自豪地说，我是一名大学生了。可什么是大学？剑桥大学的女校长爱丽森·理查德说："大学是教育者，是研究者，她通过教育和研究，改变世界思考的方式，改变世界运行的方式。"作为一名大学老师，我真切地希望能通过我们的努力，让你们接受这样的大学教育：她能培养你们足够的科学和人文素养，培养批判的、逻辑的和辩证的思维方式，从而能帮助你们抵达乃至超越人类知识的边界。

有这样一所大学，她的发明和创造编织了现代社会的整个经纬：雷达、高速摄影、计算机、互联网、GPS、癌症药物、人类基因图谱、激光、太空旅行……她就是麻省理工学院。是什么赋予了这所大学如此强大的创造力？答案就在麻省理工学院的学生们身上！他们往往寻找世界上最难的难题，然后攻克它！他们在马路边搭建"零能量的房子"，在楼道里讨论着"探索其他恒星系的方案"，在媒体实验室尝试从"人工智能"转向"拓展人类"。我想，这就是大学学习和高中学习的本质不同，同学们学习的重点已不仅是关于已有的知识，而是新的发现、发明和创造。

同学们，在你们开始大学生活之际，作为大学老师，我想给大家提出以下几点建议：

第一，转变学习方式。

建议你们摒弃依赖教师进行"保姆式"灌输的学习方法，尽快培养自己的兴趣和方向，主动地、积极地查阅各种文献资料，培养独立思考和批判思维方法，学会发现和研究问题，学会理解和想象，学会沟通与团队合作，尽快让自己拥有优秀的品格和实践能力。

第二，学会交叉融合。

同学们，21世纪人类面临的挑战将无法在单独的领域里解决，而是必须由科学家、工程师、设计师、艺术家、哲学家，彼此互相关联，在一种开放互动的环境中共同解决。建议你们不仅仅局限于自己的专业领域，而应多学习科学、经济、人文等通识课程，才能够适应未来人类社会和生活的巨大变迁，这样的多科性学习也会使自己的大学生活变得更加绚丽多彩。

第三，学会持续拼搏。

在人的一生中，奋斗从来没有终点，也不应当停歇。西华大学在拼搏，我们老师在拼搏，希望同学们也一起拼搏。已经过去的高考成为我们今天的起点，只要我们珍惜时间，刻苦学习，以旺盛的进取心和坚毅的拼搏精神充实我们的大学生活，我们就一定能达到理想的人生彼岸。

最后，我相信，通过我们师生团结、共同努力，我们一定会让大家的明天更美好，一定会让我们的西华大学更好、更美丽！

谢谢大家！

这篇欢迎词行文规范，是一篇典型的欢迎词。首先，在开头部分，表达了对于新生热烈的欢迎，同时也表明了各自的身份；其次，文中通过给予新生的三个建议，拉近了双方之间的距离；最后，通过热烈而质朴的语言表达了主人殷切的希望，达到了欢迎的目的。

三、怎样致祝酒词

祝酒词是在酒宴开始时宾主双方为祝酒而作的礼仪性演讲。祝酒词的主要作用是加深感情、增进了解、巩固宾主双方的友谊。

（一）祝酒词的主要内容

——回顾宾主间交往的美好往事。

——对双方已有的合作成果做出积极评价，并以乐观的态度展望彼此关系的未来。

——许下美好祝愿，举杯邀祝。

（二）祝酒词的风格

1. 精简凝练的祝酒词

饭局开始，大家纷纷举起筷子准备大快朵颐，如果这时候祝酒人发表一番像演讲一样的长篇大论必然会引起反感，因此这时就需要以简短的篇幅表达祝福和真情。

比如"感情深，一口闷。感谢各位赏脸，咱们先干一杯再说！"这样精简的祝酒词就非常适合在朋友或者同事聚会上做开场白。

2. 真情实意取胜的祝酒词

祝酒陈词，贵在真诚。只有感情真挚的祝酒词才能使酒成为联络感情的黏合剂，祝酒人需要以自己的真诚和酒的作用，通过几句话使宾主之间肝胆相照，使陌生的人们打开心扉。因此，一段好的祝酒词无论在语言构思、句子结构上如何精心雕琢，最重要的还是其中蕴含的真情。

因此，祝酒时切忌说一些假、大、空的话。有些人在祝酒时喜欢这样说："喝了这杯酒，我们的感情更长久！"这样的话不仅没有一点说服力，还让人感到陈旧和厌烦。如果换个说法："这杯酒里融进了我们这么多年的友谊，希望我们的感情能伴着酒香，回味无穷。"这就让友人听了之后不光能回忆起你们之间多年的感情，还能让对方觉到你的真诚。这样，祝酒的目的就达到了。

3. 随意发挥、语句流畅的祝酒词

一段好的祝酒词，言辞流畅是关键。试想，席间大家都举着杯子听你说，结果你一句话说了半天，不仅磕磕巴巴，还词不达意，可能表面上大家不会流露什么，但在心里一定会对你的印象大打折扣。所以，不管你的祝酒词说得有没有文采，至少要保持语言流畅，意思表达清晰，才能给人以愉悦的感觉。要知道，流畅的祝酒发言不仅能让人感受到你所要表达的主题及情感，更加体现了你的素质和风采。

4. 妙趣横生，妙语连珠的祝酒词

酒至酣处，不妨尝试使用这种类型的祝酒词。祝酒人可借助酒劲，引用一些名人诗词、名言警句，加上自己的解释，见机而作，妙趣横生，将酒宴气氛推至高潮。祝酒词尽管很短，容量不大，但这种充满激情的演说方式加上令人兴奋的酒精作用，能充分显示出一个人的交际水平和风采。

（三）祝酒词的要点和分寸

1. 祝酒词要口语化

作为饮食文化的一部分，饭局上的祝酒词无须太过正式。大多数酒宴都是轻松调剂、增进情感的场合，如果祝酒词像演讲一样正式，只会让整个酒宴气氛变得严肃，让宾客感到无趣。因此，贴近生活的口语风格的祝酒词更加适合酒宴的风格，让人感到亲切。当然，口语化的风格不等于不加修饰的随口乱说，而是应该将名人名言、警世妙语等经过口语化的处理变得更加轻松自然，这样才能发挥祝酒词的作用，调动酒宴的氛围。

2. 祝酒词要富有节奏感

我们在酒宴上说得最多的一个字就是"干"。传说"干杯"这个词是从西方传过来的，源于人们在饮酒时，认为眼能观酒的颜色，鼻能闻到酒香，嘴能尝到酒的味道，只有耳朵无法感受到酒的美妙。因此人们就想出了喝酒时碰杯，让耳朵也能分享到悦耳的声音。这在一定程度上也说明如果祝酒的语言有比较好的节奏感，也能为酒宴增加感染力。虽然祝酒词不是作诗，但要想有良好的效果，也需要一定的韵律修饰。如"一条大河波浪宽，端起这杯咱就干"，这样的句子听起来就很押韵，很轻松，也很有感染力。

3. 清楚祝酒的一些礼仪要求

不论是什么样的酒宴或饭局，祝酒词的风格都必须符合酒桌礼仪，这样使宾主之间既能够感受到尊重，又不失亲切感。宴会当中，有时客人情绪高涨，难免多喝几杯，容易发生醉酒后有失礼仪的情况。无论是在开场的时候，还是在中场的时候，祝酒人的言辞都应该在亲切自然的情况下保持有礼有节的态度，这样才能把酒宴的气氛导向尊崇礼仪的方向，使得宾主之间既亲密无间，又在一定的礼仪范畴内保持"距离美"。

（四）典型示范

大学毕业酒会祝酒词

同学们：

今天，我们从四面八方来到了大学的菁菁校园。四年的同窗生活，我们并肩同心，一起走过了许许多多风风雨雨的日子。

犹记得，大海边，我们中秋聚首赏明月；

犹记得，长城上，我们烈日挥汗抒豪情；

犹记得，田径场，我们奋力拼搏争荣誉；

犹记得，教室里，我们埋头苦读修人生；

…………

犹记得，校园里，我们点点滴滴的纯真故事。正是这点点滴滴，它情深、意长、味重，我们一生都忘记不了。在十年、二十年、三十年之后，当我们细细回想这一切时，我们仍会记得那菁菁校园里的良师益友，仍会记得那流金岁月里的成长故事。

要离别了，我想起了古人十里长亭别友人的忧愁和悲壮。但我们今天拥有的则是更多的快乐和更多的豪情，"十年寒窗苦，今朝凌云志"。我们就要怀着成熟的人生理念、丰富的专业技能踏上工作岗位了。曾经有一首歌中唱道"再过二十年，我们来相会"。今天，让我们也来相约二十年。二十年，希望我们在座的各位中既有IT界的精英，又有军队里的将才，更有企业界的巨子，我深信我们大家都将会在各自的岗位上做出一番骄人的业绩。

有语云：无酒，何以逢知己；无酒，何以诉离情；无酒，何以壮行色。让我们举起杯，为了我们这四年的相聚，为了我们的相约二十年，为了我们辉煌灿烂的明天，干杯！

这篇祝酒词转引自金盾出版社出版的《实用致辞演讲范本》，有不少值得借鉴的地方：

1. 致辞者采用了一系列的排比句，让在座各位回忆起四年的生活，引出此次聚会的主题，既进一步增进了彼此的了解，又显得很有意趣。

2. 致辞者引用了古诗和歌词，增加了祝酒词的内涵，同时以其引出了自己的祝愿。

3. 致辞者同样以排比诗句结尾，显得有气势又寓意非凡，很容易赢得大家的共鸣。

四、怎样致答谢词

答谢词是指双方在进行一次友好的成功交际活动的过程中或结束时，一方对另一方所给予的接洽、关照、鼓励、奖赏、馈赠等友善行为表达谢意的致辞。答谢词是在酒宴上常常要用到的应酬语言，它对沟通情感、加深理解、巩固友谊等都能起到很好的效果。

（一）答谢词的主要内容
——回顾双方交往的大致经历。
——选择交往过程中发生的最有说服力的事例。表现对方所给予的关心和照顾，表达本方的感谢之情。

——积极评价双方在交往过程中结下的深厚友谊。

——总结全文，再次向对方致以真诚的谢意。

（二）写答谢词应注意的问题

——语言要庄重得体，语气要诚恳热烈，在此基础上可适当机动和个性化。

——抓住能够表现对方友善态度的典型事例进行细致的描写刻画。特别注意表现对方给予关心和帮助的细节，这种细节体察得越充分，对方的欣慰与满足就会越强烈。

——要善于从演讲的现场找话题，拉近与听众的心理距离，增添亲切、轻松的气氛。

——寻找对方熟悉的话题，引用对方熟悉的事例，有利于增强彼此的认同感。

（三）典型示范

莫言在 2012 年诺贝尔晚宴上的答谢词

尊敬的国王、王后、各位王室成员、女士们先生们：

我的讲稿忘在旅馆了，但我记在脑子里了。

我获奖以来发生了很多有趣的事情，由此也可以见证到，诺贝尔奖确实是一个影响巨大的奖项，它在全世界的地位无法动摇。我是一个来自中国山东高密的农民的儿子，能在这样一个殿堂中领取这样一个巨大的奖项，很像一个童话，但它毫无疑问是一个事实。

我想借这个机会，向诺贝尔奖基金会，向支持了诺贝尔奖的瑞典人民，表示崇高的敬意，要向瑞典皇家学院那些坚守自己信念的院士表示崇高的敬意和真挚的感谢。

我还要感谢那些把我的作品翻译成了世界很多语言的翻译家们。没有他们的创造性的劳动，文学只是各种语言的文学，正是因为有了他们的劳动，文学才可以变为世界的文学。

当然我还要感谢我的亲人、我的朋友们。他们的友谊、他们的智慧，都在我的作品里闪耀光芒。

文学和科学相比较，确实没有什么用处。但是文学的最大的用处，也许就是它没有什么用处。

谢谢大家！

五、怎样致欢送词

欢送词，是在送别宾客的仪式上或会议结束时，为了表示欢送宾客的离去而作的讲话，多在比较正式的场合使用，比如国际交往活动、组织与组织之间的公共关系活动。

（一）欢送词的种类

欢送词的种类主要有欢送外宾的欢送词，欢送国内的外地区、外单位宾客的欢送词，欢送本单位成员出行的欢送词。

（二）欢送词的结构

欢送词的基本结构一般包括标题、称谓、正文、结束语四个方面。

1. 标题

欢送词的标题一般有两种写法，一种是只写"欢送词"，另一种是在"欢送词"前边加修饰限定词语，比如加上致辞人的姓名、职务和欢送会的名称，如《××在欢送退伍战士大会上的讲话》。不过在致辞时，致辞人往往不念标题。

2. 称谓

欢送词的称谓可以是具体姓名，也可以用泛称，这个根据欢送的对象来决定。如果用人名，一定要用全名，不可省略，必要时可以在姓名前冠以"尊敬的""亲爱的"等词语，或是在姓名后边加上头衔、称呼，比如称呼外国元首"××阁下"，称呼科学家"××院士""××教授"。

3. 正文

欢送词的正文内容主要有三部分：

首先，要表示致辞人热情欢送的意愿，即致辞者在什么情况下、代表什么人向宾客表示问候和欢送。

其次，简要介绍欢送对象的工作情况、参观指导情况等，一般是概括性的介绍，不会太繁复。

最后，展望双方未来的合作关系，或是对单位成员提出希望和要求，这根据欢送的对象和场合来定。

4. 结束语

欢送词的结束语，一定要表示对欢送对象的美好的祝愿或希望，比如"祝×××一路顺风""祝××在新的环境中生活愉快"，等等。

（三）欢送词写作的注意事项

1. 篇幅不宜太长

欢送词是一种礼节性致辞，必须由欢送人在欢送仪式上直接宣读，如果写得过长，不仅读的人会觉得劳累，听的人也会觉得不耐烦，因此最好简短一些。

2. 感情真挚自然

欢送词的写作一定要饱含感情，写得情真意切，重点渲染主宾双方的深厚情谊。

3. 欢送色彩强

欢送词是用来欢送宾客回归的，既有礼节形式又有事务内容，既要祝宾客归途顺利平安，又要畅叙友谊、收获，这样欢送气氛才热烈饱满。

（四）典型示范

皖西学院 2018 届毕业生欢送词

亲爱的同学们：

你们好！

仲夏蝉鸣，游子意。合欢花开，毕业季。时光带走了四年青葱茬苒，人生旅途，长路漫漫。此刻，共聚在皖院，共同告别属于你们的四年岁月。1460 个日日夜夜，听起来似乎是那么漫长，可是此时此刻对你们而言又是如此短暂。在你们的双眸中，掩不住对母校的留恋与不舍；在你们的眉宇间，充满了对未来的激情与梦想。道阻且长，行则将至，未来的路你们要好好走。

盛夏，是相识也是离别的季节，你们在这里继续起航。曾经，2014 年9 月，你们载着家人的期望、自身的理想，背着行李踏入皖院，在这里与同学相处，与老师交心，与知识交汇，与思想碰撞。今天，2018年6月，穿着整齐的学士服，背负着母校的重托，怀揣着理想与抱负，在湛蓝的天空下展翅翱翔。明媚的阳光洒在彼此的脸上，摄像师将幸福的这一刻定格。相聚总有一别，带着喜悦与泪水，你们将扬帆远航！

这里，你们用青春和热情燃烧理想岁月；这里，你们从稚嫩懵懂、不谙世事、迷茫浮躁，到成熟稳重、坚强自信、理性睿智。这就是皖院给你们的最好礼物！

若有人向你问起皖院这四年之美，便可以风、花、雪、月作答。风是夏风，是风解乌云，是淠河畔的玫瑰色黄昏。花是春花，是桃樱玉兰，是皖院人的烟雨江南梦一场。雪亦是冬雪，四年遇到的两场大雪，与自己的同窗一不小心白了头。月是秋月，满月的夜从不需要刻意找寻月亮，出了图书馆就能瞧见，圆融无碍，照遍温柔。皖院的模样会一直刻画在你们心里。

这里的银杏大道、玉兰大道、教学楼、图书馆、食堂……一起见证了你们走过春夏秋冬，历经四年师生情、同学情的浇灌，年轻的梦已经发芽成长，愿你们脚踏实地走好每一步！相信你们的未来一定灿烂辉煌！

忆往昔峥嵘岁月稠，看明朝鹰击长空。你们的大学生活即将画上一个完美的句号。"宝剑锋从磨砺出，梅花香自苦寒来。"如今宝剑在手，你们所有的努力将为你们的未来保驾护航。美丽的皖西学院永远是你们坚强的后盾。

浩瀚的大海有海燕引航，深邃的苍穹有星星发光，无论是咫尺天涯还是未知的远方，我们的祝福永远伴你远航！待你凯旋时万众瞩目融化在你清澈的双眸，仍是你年少的模样和所有热血风光，莫失莫忘，眉眼不改鸿鹄满志。浮世千万变，唯你永少年！

皖西学院

2018年6月21日

参 考 文 献

[1] 陆澄著. 节目主持人艺术 [M]. 上海：上海教育出版社，2000.

[2] 卢杉、晓澄著. 感悟与升华——节目主持人素质修养论纲 [M]. 上海：上海教育出版社，2000.

[3] 瞿翔著. 掌握说话魅力的守则 [M]. 上海：世界图书出版公司，2001.

[4] 常建坤主编. 现代礼仪教程 [M]. 天津：天津科学技术出版社，2005.

[5] 武传涛、刘红梅编著. 口出华章 [M]. 山东：山东人民出版社，2000.

[6] 方洲主编. 社交语言现用现查 [M]. 北京：中国青年出版社，2000.

[7] 金正昆主编. 社交礼仪教程 [M]. 北京：中国人民大学出版社，2016.

[8] 孙建庆、叶古编著. 青年必知社交礼仪手册 [M]. 北京：中国国际广播出版社，2002.

[9] 李佳、黄亚男编著. 红白喜事主持辞及典型致辞 [M]. 北京：中国物资出版社，2009.

[10] 肇晓飞主编. 实用致辞演讲范本 [M]. 北京：金盾出版社，2008.

图书在版编目（CIP）数据

非节目主持艺术 / 郭红玲，杨涛编著. -- 3版. -- 北京 ： 中国广播影视出版社，2020.10（2023.1重印）
（应用主持艺术系列丛书）
ISBN 978-7-5043-8437-9

Ⅰ．①非… Ⅱ．①郭… ②杨… Ⅲ．①主持人－基本知识 Ⅳ．①G222.2

中国版本图书馆CIP数据核字(2020)第021591号

非节目主持艺术（第3版）

郭红玲　杨　涛　编著

责任编辑	王丽丹	
封面设计	盈丰飞雪	
责任校对	龚　晨	

出版发行　中国广播影视出版社
电　　话　010－86093580　010－86093583
社　　址　北京市西城区真武庙二条9号
邮　　编　100045
网　　址　www.crtp.com.cn
电子信箱　crtp8@sina.com

经　　销　全国各地新华书店
印　　刷　河北鑫兆源印刷有限公司

开　　本　787毫米×1092毫米　1/16
字　　数　360（千）字
印　　张　19.25
版　　次　2020年10月第3版　2023年1月第2次印刷

书　　号　ISBN 978－7－5043－8437－9
定　　价　46.00元

（版权所有　翻印必究·印装有误　负责调换）